交通大学西迁校址

千年地缘文化考

A Study of the
Millennia of Geoculture Behind
Jiaotong University's Westward
Relocation Site

主编 李 慧
著者 李 慧 李 明 许浩然
　　 王晓勇 魏琛琳 杨金钊

西安交通大学出版社
国家一级出版社
全国百佳图书出版单位

图书在版编目(CIP)数据

交通大学西迁校址千年地缘文化考 / 李慧主编．—西安：西安交通大学出版社，2019.4（2020.5重印）

ISBN 978-7-5693-1124-2

Ⅰ．①交⋯ Ⅱ．①李⋯ Ⅲ．①西安交通大学—校史—研究 Ⅳ．①G649.284.11

中国版本图书馆 CIP 数据核字(2019)第 041967 号

书　　　名	交通大学西迁校址千年地缘文化考
主　　　编	李　慧
责任编辑	柳　晨
出版发行	西安交通大学出版社
	（西安市兴庆南路 1 号　邮政编码 710048）
网　　　址	http://www.xjtupress.com
电　　　话	(029)82668357　82667874（发行中心）
	(029)82668315（总编办）
传　　　真	(029)82668280
印　　　刷	中煤地西安地图制印有限公司
开　　　本	787 mm×1092 mm　1/16　印张 23.5　字数 393 千字
版次印次	2019 年 9 月第 1 版　2020 年 5 月第 2 次印刷
书　　　号	ISBN 978-7-5693-1124-2
定　　　价	258.00 元

如发现印装质量问题，请与本社发行中心联系、调换。

订购热线：(029)82665248　(029)82665249

投稿热线：(029)82668133

读者信箱：xj_rwjg@126.com

版权所有　侵权必究

编 委 会

成　进　马晓彬　李黎明　赵大良　李　重

秦茂盛　李一鸣　王　劲　李　慧　许浩然

李　明　魏琛琳　柳　晨

内容提要

追根溯源话交大，千载风流有继声。1956年，交通大学在她一甲子生日之际从繁华沪上千里迢迢迁至古城西安，从此在这片厚重的黄土地上深深扎根，磨砺铸造出坚毅伟岸的"西迁精神"。西安交通大学独特的地理位置、地缘环境与历史文化背景在全国乃至世界的高校中并不多见。在西迁先驱们选中的这方沃土上，既回荡着邈远深沉的周秦古韵，也散落着庄严典雅的汉唐遗存。拂去历史的尘埃，交大人能亲身感受到先民们存留的气息；蹈循历史的印迹，交大人可以聆听到华夏文明演进的千古足音。本书对西迁校址千年地缘文化做出解说与阐释，让读者去感受充盈其间的神采，去洞察蕴藏其中的哲思，从中获取有益的精神滋养。本书择取史料，力求取精用宏；叙述史事，注重雅俗融通。期望读者在阅读之后，能够更为充分地理解交大地缘文化的丰厚意蕴，从而使这片土地的文明之火，接续相承，光明永传。

Abstract

This is a story of Jiaotong University, a story that traces all the way back to the school's roots and helps us see how it bloomed and prospered even until today. In 1956, upon her sixtieth birthday, Jiaotong University was moved across vast distances from her original home of Shanghai, a glamorous and prosperous coastal city, to the inland ancient capital of Xi'an. Since then, the school has took its roots deep within the firm yellow soil of the city and stayed true to the pioneering spirit it held when it first made the decision to move westward in order to pioneer new and greater frontiers. In comparison with other Chinese universities or even universities across the world, Xi'an Jiaotong University has a very unique geographic location, surrounding environment and historical and cultural background. When the pioneers leading the school's westward relocation set their eyes on Xi'an, they saw not only the ancient resonance of the Zhou and Qin Dynasties that still echoes in its various alleyways, but also the grand solemnity and elegance of the Han and Tang Dynasties one can glimpse from every corner of the city. The people of Jiaotong University enjoys quite a special advantage: brush aside the dust of history and they can feel the ambience in the air left by those who walked the land far before us, follow the footsteps of history and they can hear the heartbeat drumming in the veins of Chinese culture as it flourished and prospered for the past millennia. This book provides valuable insight into the geoculture of the university's new site in Xi'an for the past thousands of years. From the spirited story-telling style that emanates from its pages, readers can discover and examine the philosophies and thoughts hidden between the lines and be nourished by the wisdom in the book. Drawing from real history, this book aims to provide details while preserving the greater picture and retells history in a way that is easy to understand without detracting from the elegance of style. Hopefully, upon the completion of this book, readers can gain a more in-depth and comprehensive understanding of the wisdom behind Xi'an Jiaotong University's geoculture and become cultural torch-bearers who will help preserve the flame of civilization and pass it onto our future generations.

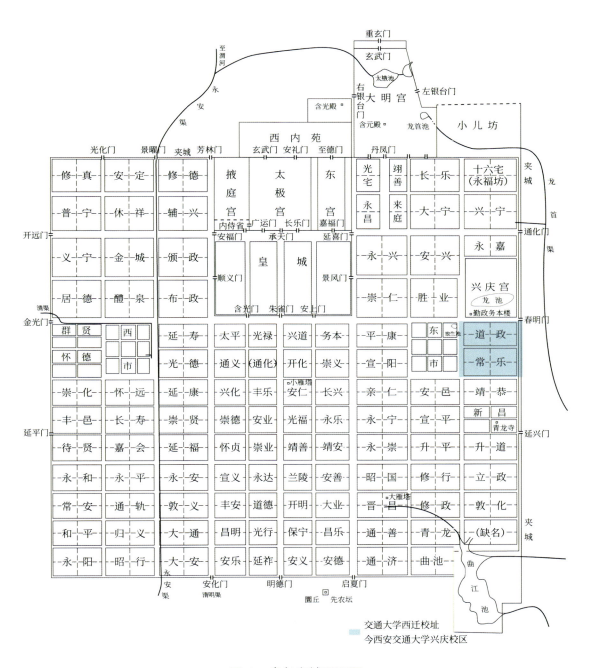

图 A 唐长安城平面图

Figure A Chang'an City Plan in Tang Dynasty

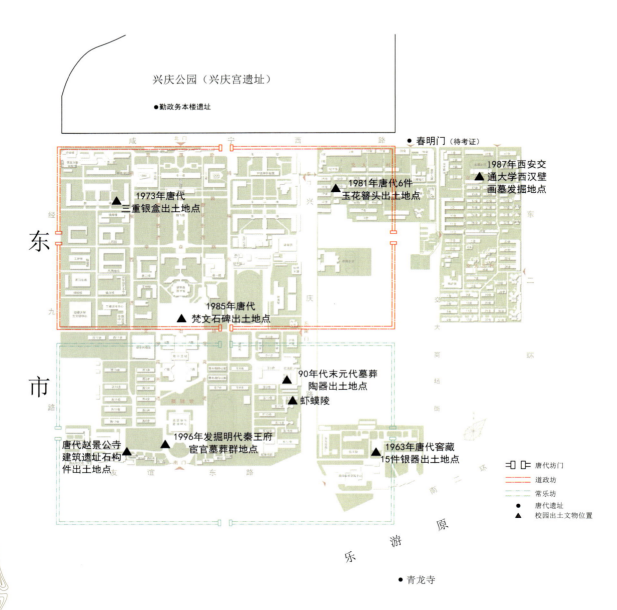

图 B　西安交通大学（兴庆校区）出土文物地点示意图

Figure B　The Site of Unearthed Cultural Relics within Xi'an Jiaotong University (Xingqing Campus)

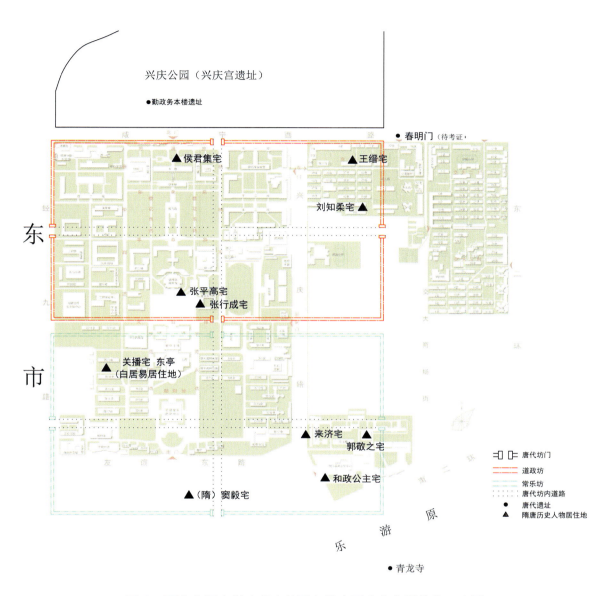

图 C 西安交通大学（兴庆校区）隋唐历史人物居住地示意图

Figure C Map of Former Residences of Sui and Tang Notables within Xi'an Jiaotong University (Xingqing Campus)

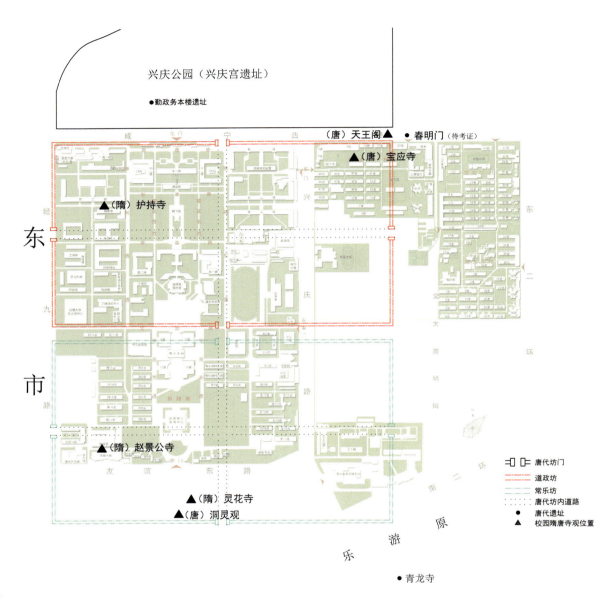

图 D 西安交通大学（兴庆校区）隋唐寺观位置示意图

Figure D Map of Sui and Tang Dynasty Temples within Xi'an Jiaotong University (Xingqing Campus)

图 E 〔西汉〕长生未央砖

Figure E (the Western Han Dynasty) Long-life Brick

图 F （西汉）网纹砖

Figure F (the Western Han Dynasty) Netted Brick

图 G 西汉壁画墓壁画全景

Figure G Panoramic Picture of Western Han Dynasty Tomb Mural

图 H　（汉）桃扇玛瑙

Figure H　(Han Dynasty) Peach Agate

图 I （唐）鎏金镂空花鸟球形银香薰 1

Figure I (Tang Dynasty) Hollowed-out Gilded Silver Aromatherapy Ball with the Pattern of Flowers and Birds 1

图 J （唐）錾花花鸟莲瓣高足银杯

Figure J (Tang Dynasty) Lotus-petal-shaped Silver Goblet with Intaglioed Flowers and Birds

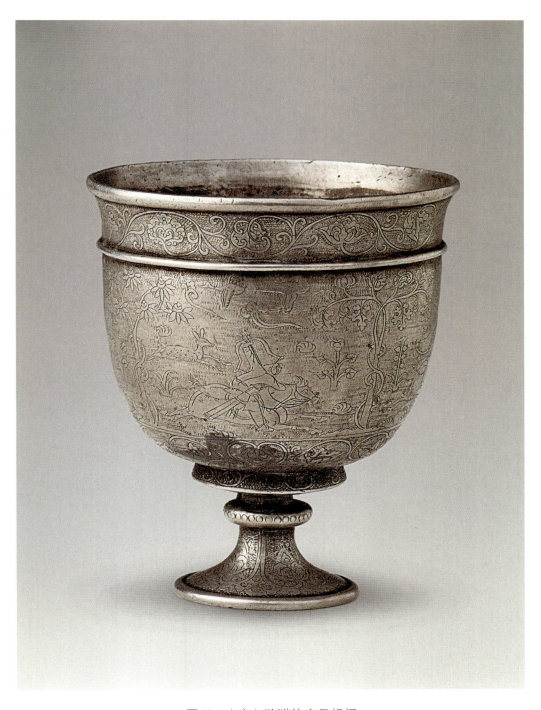

图 K （唐）狩猎纹高足银杯

Figure K　(Tang Dynasty) Silver Goblet with the Pattern of Hunting

图 L （唐）鹿纹十二瓣银碗

Figure L (Tang Dynasty) Silver Bowl with Twelve Petals and the Pattern of Deer

图 M （唐）鎏金錾花花鸟葵式银碗

Figure M (Tang Dynasty) Sunflower-shaped Gilded Silver Bowl with the Pattern of Intaglioed Flowers and Birds

图 N （唐）三重银盒 1
Figure N (Tang Dynasty) Three-layer Silver Box 1

图〇 （唐）玉花簪头1

Figure O (Tang Dynasty) Jade Flower-embellished Hair Stick 1

图 P （宋）豆青釉开片碗 1

Figure P (Song Dynasty) Yellowish-green Cracked Glaze Bowl 1

图 Q （元）灰陶车马侍者俑

Figure Q (Yuan Dynasty) Horse, Carriage and Attendants (grey pottery)

图 R （明）青花瓷碗 1
Figure R (Ming Dynasty) Blue and White Porcelain Bowl 1

序

深掘脚下的土地

肖云儒

读完这本书，我专门去了一趟西交大的兴庆校区。几十年来，这里的一切都那么熟悉，而此刻这里的一切又都略显了陌生。

樱花刚谢、余香犹存，在林荫道上一步一步走过，我问自己，你真的了解这个学校、这所校园吗，真的懂得脚下这片土地吗？

其实从每座校园走过，你的脚印都会重叠万千从这里走出去的学子和终年生活在这里的教工的脚印。但很难有一所学校，在那些杂沓的脚印深处，还积淀着60年、120年，乃至2000年来贤者文士、师长学子的脚印。

我当然知道，此刻自己的脚印正叠印着这所学校创始人盛宣怀以及先行者唐文治、彭康的脚印。但朝樱花道尽头看去，朝高楼和蓝天尽头看去，你怎么能想到，我们的脚步还追随着西汉太学——那所我国最早的学校、最早的博士和学子们的脚步，追随着提倡西汉独尊儒术的董仲舒在下马陵的脚步，追寻着汉壁画天象图24星宿的余韵，追寻着司马相如《上林赋》描绘的汉代勇士的操演呢？

在这个校园里，我们还追随着李白在兴庆宫写"云想衣裳花想容"的才情，追随着唐玄宗与杨贵妃联袂歌舞"霓裳羽衣"的身影，当然，还有安禄山"胡旋"的狂傲。

在这里，你能看到东亚各国遣唐使的足迹，其中有多年跨海任职于斯的日本人阿倍仲麻吕。还能看到唐代画家吴道子和韩干的壁画丹青。而人所熟知的白居易，就是那位写过《长恨歌》和《琵琶行》的中唐诗人白居易，竟在这个校园里住了近三年，写过传颂千古的《养竹记》——竹本固，固以树德；竹性直，直以立身；竹心空，空以体道；竹贞节，贞以立志。他对竹子的称颂，不正是对今天莘莘学子的殷望吗？

你能听到两千年历史在岁月尽头的回响，你能看到汉隋唐、元明清的人物和生活图景在土地深处再现。古代丝绸之路许多国家和地区的文明，也在校园的历史长卷中徐徐展开。

格局如此宏大、文化如此纵深，这是西交大的兴庆校区吗？是的！《交通大学西迁校址千年地缘文化考》的作者们，扒梳史料，广征博引，严谨地考证了这座百年老校的千年文根，确凿无误地告诉我们，这个回旋着史声和文韵的去处，千真万确，就是西交大。在这片现代科技密林的最深处，竟掩映着如此绚丽的传统人文之花，熟悉的校园让人陌生了。

我在国外讲学时，曾经通俗简明地表述过古代中华文明的大结构，那是一种"两区""两河""两圈"和"两路"的双重互补结构。

"两区"：从中华全域看，有农耕文化、游牧文化两大区域。自古以来我国便有着这两种生存方式和生存观。它们相反相成、互激互补，成为中华文化重要的内生动力。

"两河"：从农耕文明看，中国又有黄河、长江两河文明异时异地的传递。黄河文明支撑了中国古代史的上半部，长江文明稍后崛起，支撑起中国古代史的下半部。"两河文明"在唐宋之间接力传递，有效地解决了中国社会稳定发展和中华文明永续不断的问题。

"两圈"：从世界范畴看，中华文明也是两个圈层的互补结构。千百年来多少人去海外打拼，建立起无数华人社区，使中华文化与世界文明的融汇越来越深广。这很像是一个鸡蛋，本土的中华原生文明是"蛋黄"，融汇于异域的中华再生文明是"蛋清"。海外中华文明传播弘扬了本土文化，它在与异国异地文明的融汇中，又不断生成着中华文明新的因子。它极具接轨世界的活力，是中华文明最早融入世界的一部分。

"两路"：陆上、海上丝绸之路。以先行者张骞与郑和为标志的这两条路，拓展了中国以外向发展促内生发展的新空间。经济上看它是一条含金量极大的钻石宝链，文化上看它又是一道飞越地球的七彩霓虹，促进世界在和而不同中共同进步。

应该说我们的每块国土，大致都感应着这种双重互补文化结构的某些局部，但像西交大这样多方面全息着中华文化结构的，怕是不多。一个具体的文化单元有如此辐射力，太珍贵了。

从这个文化坐标来看，可以说交大从成立时的徐汇校区，到西迁后的兴庆校区，再到二度西迁的创新港校区，其实贯穿着两个层面的精神。一是社会实践理性层面，那是国家民族责任感的贯穿，即南洋公学时期的实业救国，徐汇校区时期的精英护国，兴庆校区时期的西迁报国，以及正在起步的创新港时期的创新强国。这是爱国奉献精神的贯穿。还有一个层面，便是文化理性精神的贯穿。从120余年前北洋大学、南洋公学建立，中国有了自己创办的最早的现代模式大学，这是在社会转型（如洋务运动）大背景下，世界现代教育模式引进中国的先声，是世界现代教育文化通过海上丝路，促进中华文化海外融汇圈向本土生成圈辐射的一个成功案例。它和其后清华、北大等一大批现代大学的建立，显示出中华文明内、外两圈层交互作用的活力。

因此，1956年交大由上海西迁到西安，由东部西迁到西部，由沿海西迁到内陆，完全可以视为这是在中华两河文明、两路文明基础上，一次新的融汇再生，也就是相对发达的长江文明、海桥文明，向黄河文明、陆桥文明的一次文化西迁。这是我们民族在开发西部、寻找国家的再次振兴中，一次自觉的文化战略行动。

看起来，它是由发达地区向欠发达地区的迁移，实际上含蕴更为深刻的含义——它还是现代教育、科技研究向中华传统文脉的深度进入和根性回归，同时又是海上丝路与陆上丝路在新历史背景下的一次衔接。西安是古代陆上丝路的起点，不但辐射着中国的腹地，也辐射着中亚、中东直至欧洲、北非。因而，交大"西迁"既回归了本土和根脉，也从另一个方位上回归了现代和世界。

而西安交大在新世纪再度"西迁"到西安之西的"创新港"，就更有着陆海丝路面向新世纪、新世界又一次深度对接的新寓意。"港"是扬帆远航的起锚之地，是新的出发之地。新的出发，主动力是什么？当然是"创新"！

第一阶段的西迁是国家发展战略西移的创新行动，这一次西迁更是引领整个西部科技创新、带动西部经济文化全面发展的创新。这次创新，赓续了这块土地上大唐东市曾经的繁荣及其面向世界的开放精神，促使西交大成为现代"一带一路"起点上的教育科技枢纽和高地。2015年西交大成立"丝绸之路大学联盟"，目前已得到国内外百余所高校的积极响应，不就是一个明证吗？

我们脚下的每一片土地都有着无穷的宝藏，它等待我们去深垦细耘，等待我们去重新发现、重新感味、重新认识。对于中国高校重镇的西安交通大学，更是如此。这本书，正是深掘交大校园精神矿藏和文化积淀的一个成果，是学校难得的"乡土教材"，也是从新角度感知古都长安和千年丝路的一个好读本。

就此打住，好让你开始满怀兴趣的阅读。

2019 年 4 月 29 日写于不散居

Preface

Digging Deep into the Land beneath Our Feet

Yunru Xiao

Upon finishing this book, I went out of the way to make a trip to Xi'an Jiaotong University's Xingqing campus. Over the past decades, everything here had become so familiar in my eyes. And yet, as I stand here today, everything seemed so strangely unfamiliar.

With the fragrance of the fallen cherry blossoms still wafting in the air, I stepped along a shaded path. As I made my way, I asked myself, do you really know this campus, this school? How much do you really know of the land beneath your feet?

If we were to make our way across any campus, our footprints would have fallen on top of the footprint of the countless graduates and faculty of the school who had walked the same path. And yet, it's very rare to find a campus where our footprints overlap not only those of the school's alumni, but also the footprints of countless scholars, intellectuals, students and teachers whose mark upon these lands have been here for sixty years, over a century, or even over two millennia.

Of course, I know that beneath my footprints lies the footprints of the school's founder Xuanhuai Sheng and those of the pioneers, Wenzhi Tang and Kang Peng, but the truth is, there is always more than meets the eye. As you look towards the outline of the tall buildings laid against a clear blue sky at the end of the cherry-blossom-covered path, can you even begin to imagine what else lies underneath our feet? The very path we walk was once treaded upon by the scholarly masters (equivalent of university professors today) and students of the Imperial College of the Western Han Dynasty, by Dong Zhongshu who sought a Confucius victory over all other schools of thought in the Western Han Dynasty when he passed by Xiama Tombs, by those who sought the echoes of the 24 Chinese constellations unearthed in painted Han Dynasty tombs, and by those who followed the training methods done by Han Dynasty warriors as portrayed in Sima Xiangru's *Shanglin Fu*.

As we stand here, we can almost picture the spirit and talent with which Li Bai wrote the famous line in his poem, "as the people behold the cloud and flowers in their eyes, they can only be reminded of the glorious beauty of the Concubine Yang"when he was living in the Xingqing Palace, the figures of the Emperor Xuanzong of the Tang Dynasty and his beloved Concubine Yang as they joined hands in performing the *Rainbow Skirt and Feathered Coat dance*, and the proud movements of An Lushan as he performed the *Hu Xuan* dance.

Here, you can see the mark left by those who were sent on diplomatic missions to the Tang Dynasty from all over East Asia, one of which was the Japanese man Abe no Nakamaro who had spent years working in China. You'll also find wall paintings filled with the reds and blues of ancient China, drawn by the famous Tang Dynasty artists Wu Daozi and Han Gan. Even the famous poet Bai Juyi, author of *the Song of Everlasting Regret* and *The Song of the Pipa*

Player, had spent nearly three years on this campus, during that time he composed the poem *Tending Bamboo*. The poem goes, "the bamboo is unwavering, such that it can establish its excellence of character; it is unbending, so that it may stand up straight; it is hollowed, so that it may be enlightened in its emptiness; its parts are firmly connected, such that it may take a firm stance." His praise for bamboo echoes the fervent hopes he held for the current generation of countless Chinese students.

Here, you can hear the resonance of two thousand years of history past, and see the lives of the people from the Han to the Qing Dynasty revealed deep within the earth. The stories of many of the cultures of the countries and regions that lie upon the ancient Silk Road can also be found unfolding alongside the history of this school.

And thus is the Xingqing campus of Xi'an Jiaotong University, a magnificent school with unfathomable cultural depth. The author of the book , *A Study of the Millennia of Geoculture behind Jiaotong University's Westward Relocation Site*, combs through nearly endless history and draws from a wide variety of diverse references in order to present to the reader a meticulous study of the thousands of years of history of the old Xingqing campus. He tells us with absolute certainty that Xi'an Jiaotong University is indeed a school that reverberates with the sounds of history and culture, and that within this overgrowth of high-tech research lies a secret garden filled to the brink with blossoming flowers of culture.

When I was teaching abroad, I have often summed up the general structure of ancient Chinese culture into several easily-understood concepts: the complementary dual-layer structure of "two zones, two rivers, two circles, and two roads".

Two zones refer to how one can divide China into two regions by the people's way of life: agriculture versus nomadic life. Throughout history, Chinese people have always lived in accordance with one out of these two ways of life or sets of values on life. These two ways of life complement, stimulate and cultivate each other and became the positive spiral that carried forth the growth of Chinese culture from the inside.

Two rivers refer to the Yellow River and the Yangtze River. From an agricultural perspective, there have always been interactions between these two rivers across space and time. The Yellow River supported the development of the first half of the story of ancient China while culture around the Yangtze River sprouted up at a later date and became the pillar supporting the latter half of historic development in China. The two rivers took turns supporting growth between the Tang and Song Dynasty and provided an effective solution which maintained the stable development of Chinese society and ensured that Chinese culture could flourish uninterrupted.

Then there are the two circles. From an international perspective, the Chinese civilization can be seen as having a structure made of two circles that complement each other. Over the past thousands of years Chinese people have gone to work abroad, creating many Chinese communities overseas and deepening the integration between Chinese culture and other foreign cultures. This structure can be compared to that of an egg, the yolk part would be original Chinese culture formed in China while the white part refers to the part of Chinese culture that is reborn overseas and has a certain degree of integration with foreign cultures. Chinese circles abroad, as the earliest part of Chinese culture to become integrated with world culture, continues to spread local culture while maintaining a certain degree of vibrancy that allows it to integrate with the world. As these circles continue to integrate with foreign cultures, they will also continue to create new elements of Chinese culture.

The two roads refer to the Silk Road and the Marine Silk Road. These two roads, symbolized by the two pioneers Zhang Qian and Zheng He, expanded China's path as it strove to create new space for internal development through outward growth. These two roads shine like a diamond chain as it spreads economic prosperity and glows like a rainbow bridge as it connects many diverse cultures that sparkle with different colors. With the help of these two roads, the world was able to develop in harmony despite all the cultural differences occurring between nations.

It can be said that anywhere you look across this vast land, you'll find a reflection of at least one of the four structures mentioned above. However, it is nearly impossible to find a place like Xi'an Jiaotong University, a place that includes on a smaller scale every single aspect of Chinese culture. In fact, it is quite shocking that a single "unit "of culture can have such widespread influences and cover such a wide variety of structures.

As a cultural lighthouse, if we were to look at the school's initial campus in Shanghai's Xuhui district, then follow its path as it went through its Westward Relocation to the Xingqing campus and even opened its new Innovation Harbour campus, we can find that the spirit behind the school also comes in a dual-layered structure. The first layer is a practical social rationality. It is the spirit of the nation's strong sense of responsibility and patriotism. When the school was still known as the Nanyang College, its aim was to save the country through the creation of industries. When the school was moved to the Xuhui campus in Shanghai, its mission was to produce elites that would protect the country. As the school completed its Westward Relocation and ended up in Xi'an, its goal is to move Westward, and, through this act, repay the kindness the country has shown. Then, with the creation of its new Innovation Harbour campus, its purpose became to strengthen China through the power of innovation. As we can see, a strong sense of patriotism shines through the pages of the school's history no matter where we look. The other layer is, then, the cultural rationality. The creation of the Nanyang Mission College 123 years ago marked China's first domestically-founded modern-style university. During that specific era, China was undergoing a series of social transformations such as the Westernization Movement. Thus, the creation of the school acted as the harbinger of China's further importation of modern educational models from across the world and is the very example of the success China has in importing the culture of modern education through the Marine Silk Road and the successful influencing of local Chinese culture by overseas Chinese circles that has integrated with their respective local culture. Along with other modern universities established at a later date such as Peking University and Tsinghua University, the school is a perfect display of the vibrancy of the two circles of Chinese culture as they complement and perfect each other.

Thus, the school's relocation in 1956 from Shanghai to Xi'an, from Eastern China to Western China and from a coastal region to an inland region can be seen as a new integration and rebirth occurring on the basis of the civilization around the two rivers and the two roads. In essence, it is the Westward Relocation of the already-advanced Yangtze civilization, Haiqiao civilization, Yellow River civilization and Luqiao civilization, a designated strategic cultural integration placed during the country's Westward development and journey towards revitalization.

The Westward Relocation may seem like a move from China's more advanced regions to its less developed regions. However, beneath the surface, there is something much greater at work. This move represents the deep integration of modern education and scientific research with the very veins of ancient Chinese culture, it's almost as if these elements are returning to their historic roots. It also signifies the re-connection of the marine and the original Silk Road under a new historical background. Xi'an is the point of origin for the ancient Silk Road, its influences are not only directed inwards toward the most vital parts of China, but also towards Middle Asia, the Middle East and even Europe and North Africa. Thus, in a sense, the Westward Relocation is not only a return to the original land and to traditional cultural roots, but a return to modernity and the world as well.

As we entered into a new century, the university has made the decision to further its Westward Relocation through the act of opening up a new campus, the Innovation Harbour campus, to the West side of Xi'an. Through this act we can see the school's unbending will to connect the two roads and explore new frontiers upon the onset of a new era. The word "harbour" stands for a place where all ships set sail and represents the beginning point of new and greater journeys while the word "innovation" represents the wind on the sails of the ships, the force that shall power the ships as they once again embark upon their missions.

The first phase of the Westward Relocation is meant to be an act of innovation under the grand scheme of the country's Westward development strategy, but this new phase of the relocation is not only meant to be the engine powering technological innovation in Western China but also the force that will bring about a whole new age of economic and cultural development in the region. This round of innovation is a continuation of the spirit of opening up to the world that was embodied by the prosperity of the East Market of the Tang Dynasty and has made Xi'an Jiaotong University into a beacon and an exchange junction for education and technology located at the starting point of the modern Belt and Road. If one needs further proof of this, one only needs to look back to something which had occurred a few years ago. At that time, the university created the "Belt and Road" Universities Alliance, and received eager applications coming from over two hundred universities from over thirty different countries along the Silk Road.

Every inch of earth beneath our feet is filled with endless troves of treasure just waiting there for us to come at them with perseverance and persistence, rediscover them and relive their flavors. This is especially true for Xi'an Jiaotong University, which has taken roots in a Chinese city filled with countless major higher education institutions. This book is a display of achievements made in the exploration of the spiritual wealth contained in the school's spirit as well as its accumulated cultural wealth. It is an excellent guide to the school's local culture and provides a wonderful window through which one can look at the ancient capital city of Chang'an and the millennia-old Silk Road from a brand-new angle.

  That's as much as I will say, for now, please go ahead and enjoy the beginning of your journey as you open the first chapter of the book.

2019.04.29

In Busan Ju

自序

追随西迁先辈的足迹

李 慧

春光和熙的"人间四月天"不知发生过多少动人的故事，1955年的4月，对于坐落于上海徐家汇的交通大学来说注定是刻骨铭心的日子。4月7日晚，时任交通大学校长彭康接到高教部电话通知：中央决定交通大学内迁西安。4月9日，彭康校长主持召开党委会、校务委员会，传达中央重大决定，并开始布署工作。

20世纪50年代，国家确定的万人规模的理工科大学只有两所，即蜚声海内外的"北清华"和"南交大"。

交大这所在繁华沪上诞生、在江南烟雨中成长起来的著名学府，在她一甲子生日之际，要背负起沉甸甸的书囊和行李，告别"芳华鲜美、落英缤纷"[1]的故乡，面向共和国的未来、西部的未来、高等教育的未来起航西征、负重前行啊！

计划过来的6000余名交大儿女在哪里落脚？在哪里生根？选择校址理所当然成为西迁任务的重中之重。

1955年5月上旬，彭康校长与德高望重的五位教授——朱物华、钟兆琳、朱

1955年5月10日,彭康与教授们在西安实地踏勘交大新校址(左起:朱物华、朱麟五、任梦林、彭康、周志宏、钟兆琳、王则茂)

麟五、周志宏、程孝刚以及总务长任梦林、基建科科长王则茂一行8人,风尘仆仆赶到已是麦浪滚滚、丰收在即的三秦大地。他们在西安市提供的城东、城西、城南5处校址间来回奔波、勘察、调研、琢磨、思量。最后,他们把脚步落在了大唐兴庆宫遗址这片土地上。这片土地北邻唐朝盛世兴庆宫故地,南界唐代乐游原、青龙寺旧址。大唐是一个"地负海涵,包罗万汇"[2]的时代,它曾创造辉煌的东方文明,它曾引领世界文化潮流,它是炎黄子孙的不朽记忆。

"晴日暖风生麦气,绿阴幽草胜花时。"[3]当时的这片土地,沉甸甸的麦穗已压弯了腰,在微风吹拂下向远道而来的人们不停地致意,它们仿佛在召唤:"来吧!交大人,就在这里扎根吧!"望着眼前辽阔的麦浪,钟兆琳教授高兴地跳起来,他大声喊道:"多好啊!开阔的土地!"

在这片开阔的土地上,大汉之强音,盛唐之劲舞,穿透历史的时空依然烈烈如鼓。当年，武帝拓疆开土的雄风，相如挥墨唱赋的豪情；当年，玄宗开明励政的睿智，李白放歌吟诗的神采，都在这片丰腴的土地上烙下了深深的历史印痕。

先驱们的独具慧眼，先驱们的良苦用心，先驱们的家国情怀，先驱们的远见卓识，怎能不让今日的西迁新传人心旌摇动、感佩万分！

从此，周秦汉唐壮丽恢宏的气象融进交通大学前行的身躯中，在这块历史底蕴极为丰厚的沃土上，交大人临风傲雪、艰苦奋斗，用一砖一瓦、一草一木建起了新家园。由于新校校址位于盛唐的繁华地段，这就使得巨厦新奠、起土建基之际往往会有惊人的考古发现：或古墓成丛，或将相连宅，或公主旧院，或才子故居，或金银玉器，或石碑瓦当；还有西汉壁画墓的惊现，隋唐古建筑的发掘，白居易东亭的遗迹，虾蟆陵故址的考订。百什珍贵文物出土，几多历史人物留踪，都为这所名校增添了名园的韵致。当然，我们有理由把这看成是这方土地对西迁壮举的厚重人文回报！

交通大学自1956年从上海迁至西安以来，便在这片广袤深邃的历史沃壤上深深扎根。周之王范，秦之霸气，汉之雄风，唐之帝韵，无不渗透在交通大学的血脉中；断砖残瓦，废井颓垣，古道苍柏，晨钟暮鼓，无不让交大人感悟昔日的繁华旧迹。

交通大学虽以"东方麻省理工"著称，但西迁后的她将古城辉煌的古老文明与灿烂的现代文明熔铸在了一起。西安有了交大，古风中透出勃勃新意；交大有了西安，睿智中蕴含着巍巍雄奇。

1959年7月，国务院决定交通大学西安、上海两个部分各自独立成校，分别成立"西安交通大学""上海交通大学"。

60余年过去了，在爱国奋斗的征程上，交大人磨砺铸造出坚毅伟岸的"西迁精神"，成为西安交通大学的文化标志和精神内核。从黄浦江到黄土地，交大人深深扎根在西北人民当中；从教育科研到民族复兴，交大人默默奉献于国家发展大局。卓越厚重的"西迁精神"实际上代表着新中国知识分子的集体精神，是对他们生命、意识、风骨、品格的集体写照，为后代留下了能够继承的宝贵精神财富。

2017年岁末，习近平总书记对西安交通大学15位老教授来信作出重要批示，向当年响应国家号召、献身大西北建设的交大老同志们致以崇高的敬意，"希望西安交通大学师生传承好西迁精神，为西部发展、国家建设奉献智慧和力量"。在2018年新年贺词中，习近平总书记继续为西安交通大学西迁的老教授们点赞："他们的故事让我深受感动。广大人民群众坚持爱国奉献，无怨无悔，让我感到千千万万普通人最伟大，同时让我感到幸福都是奋斗出来的。"总书记的批示与讲话在交大师生中引起强烈反响，这是新时代对"西迁精神"的呼唤！

对先驱们留下的宝贵遗产，我们当发扬其徽绪，步趋其逸躅，这是西迁新传人不容旁贷的重大责任。《交通大学西迁校址千年地缘文化考》一书，是西安交通大学宣传部、博物馆、出版社和人文学院中文系合力推出的新著，书中作者倾情追溯百年交大气接千载的文化渊源，注重历史考察与纳古融今，在兼顾历史学、考古学、文献学研究的同时，更多了些文学的典雅和灵性。

今日之交大校园已由兴庆校区（即西迁校址）、雁塔校区、曲江校区、中国西部科技创新港四部分组成，总面积达8000亩，是西迁过来的最初1260亩面积的6倍之多，而仅中国西部科技创新港的占地就达5000亩。"谁挥鞭策驱四运？万物兴歇皆自然。"[4]昔日，南京市市长赠送给交大的法国梧桐树已长成参天大干，交大人从上海移植过来的雪松、龙柏已高耸入云，银杏、玉兰、樱花已盛开满园。校园里矗立着盛宣怀、唐文治、叶恭绰、彭康等卓越校长的雕像。先辈们的筚路蓝缕之功交大人不会忘记！举鼎拔山的西迁壮举将永远彪炳史册！

己亥年正月

注　释

[1] 逯钦立.先秦汉魏晋南北朝[M].北京：中华书局，1988：985.

[2] 胡应麟.诗薮[M].北京：中华书局，1958：67.

[3] 王安石.王荆文公诗笺注[M].李壁，笺注.高克勤，点校.上海：上海古籍出版社，2010：540.

[4] 李白.李白集校注[M].瞿蜕园，朱金城，校注.上海：上海古籍出版社，1980：267.

Author's Preface

Follow the Footsteps of the Ancestors in the Westward Relocation

Hui Li

In 1955, the eventful month of April marked not only the beginning of beautiful spring days filled with sunlight, but also the start of a series of exciting stories. It was a month that was destined to be forever remembered by Jiaotong University, a school located in Shanghai Xujiahui District. On the night of the 7th of April, Kang Peng, the president of Jiaotong University at that time, received a call from the Ministry of Education's Department of Higher Education notifying them of the decision made by the Central People's Government that the university was to be moved to Xi'an. On April 9th, president Peng hosted a meeting of the school's Party Committee and University Affairs Committee in order to relay this major decision made by the Central Government, as well as deploy working plan.

In the 1950s, there were only two engineering-oriented universities in China that were officially recognized as universities with a population of more than ten thousand people. These two schools are quite well-known both domestically and internationally. They are Tsinghua University up in Northern China, and Jiaotong University down by China's Southern coast.

The famous Jiaotong University was born in the glamorous city of Shanghai and grew up amidst the mist and rain of the Jiangnan region. Upon the arrival of her sixtieth birthday, she was to pick up her heavy bags loaded with books, wave farewell to her dazzlingly colorful home, and start her way down a westward path, carrying with her not only the future of the country but also the future of China's western regions and the future of China's higher education.

Approximately 6000 people from Jiaotong University were to be moved from Shanghai, but where should they be placed? On what soil should they land, settle and take root? With these questions in mind, the people of Jiaotong University set about one of the most important tasks in the school's Westward Relocation process: the selection of the school's new site.

Towards the beginning of May 1955, during the season of golden wheat fields, a party of eight left Shanghai and covered vast distances to visit Shaanxi in person. The party included President Kang Peng, well-respected professors such as Wuhua Zhu, Zhaolin Zhong, Linwu Zhu, Zhihong Zhou and Xiaogang Cheng, and other university staff members, such as the Dean of General Affairs Menglin Ren and Zemao Wang, the head of the University's Facilities and Planning Department. The Xi'an municipal government provided the university with five potential sites located in the Eastern, Western and Southern quarters of Xi'an. Upon arrival, they went back and forth countless times between those five potential sites and conducted meticulous inspections, investigations and evaluations for each site. In the end, their path led them to the site of Xingqing Palace, a historical site that dates all the way back to the Tang Dynasty. Sitting amidst historical ruins, the

On may 10th, 1955, Kang Peng and other professors visited the new relocation site of Jiaotong University in xi'an (Form left: Wuhua Zhu, Linwu Zhu, Menglin Ren, Kang Peng, Zhi hong Zhou, Zhaolin Zhong, Zemao Wang).

site looks towards the remains of the Xingqing Palace to the North, and Leyou Plateau and Qinglong Temple to the South. The Tang Dynasty is known for its all-embracing spirit. It saw a pinnacle in the development of culture in the orient, and it once led the trend of word culture, and now it is a remarkable piece of history that will always be remembered.

A poem once said, "The warmth of the sun and the spring breeze breathes life into the wheat buds such that their fragrance fills the air, and all the greens of the trees and the grass surpasses the beauty of countless flowers all in bloom." When the delegation arrived in Xi'an, the wheat fields were all ready for harvest and danced in the wind as if to welcome these guests from afar. It was almost as if they were saying, "Come, people of Jiaotong University, come make this land your home!" Professor Zhaolin Zhong's eyes swept across this vast ocean of rippling wheat and leapt up in joy, exclaiming "This is wonderful! Such vast, open lands!"

After thousands of years, we can still hear the glory of the Han Dynasty and the music of the Tang Dynasty echo in the wind like beating drums. Looking into history, one can see the bravery of Emperor Wu of the Han Dynasty as he pioneered new frontiers, the spirit behind Sima Xiangru when he wrote and sang and left behind works that will be studied for centuries, the wisdom of the Emperor Xuanzong of the Tang Dynasty as he fought to develop the new dynasty he created, and the talent displayed by the great poet Li Bai as he wrote poems and songs one after the other. All of these people had scorched their mark deep into the history of the rich soil upon which the delegation now stood.

Faced with the great wisdom, efforts, patriotism and depth of knowledge displayed by the delegation of pioneers, we as the new torch-bearers to the spirit of the Westward Relocation are filled with inspiration and gratitude.

From that point on, the splendor witnessed by these lands from the Zhou Dynasty all the way through to the Tang Dynasty became a part of Jiaotong University. On this rich soil full of history, the people of Jiaotong University fought with all they had against adversity and built their new home stone by stone, brick by brick. Due to the fact that the school's new location coincided with a Tang Dynasty city center, as the school was laying down its new foundation, many surprising archeological discoveries were made ranging from tomb clusters, connected courtyards that were home to high-ranking military officials and court ministers, the homes of princesses or talented intellectuals, gold, silver or jade artifacts and stone tablets and roof tiles to painted tombs from the West Han Dynasty, ancient architecture from the Sui and Tang Dynasties, the remains of Bai Juyi's Easter Pavilion and information correcting the historical records on Xiama

Tombs. In the end, hundreds of precious artifacts and footprints left behind by many famous historical figures were unearthed, all of which made this historically-rich site an elegant addition to a first-class school. Of course, one can almost see this as a gift, a gift filled with cultural significance given by the land to those who partook in the daring decision to relocate westward.

Since Jiaotong University's relocation to Xi'an from Shanghai in 1956, it has taken roots deep in the historically-rich soil of these vast lands. In its veins now flows the grandeur and might of the Zhou, Qin, Han and Tang Dynasties. As the people of Jiaotong University glance across all the broken bricks and tiles, empty wells and abandoned city walls, ancient pathways and towering pines and listen to the ringing of the bells and sounding of the drums in the morning and evening, they can't help but stop to wonder at the glory that once spread across this land.

Jiaotong University is known as "the MIT of the East", but after relocating to Xi'an, it has taken the city's ancient glory and rich cultural history and melded it together with China's glorious modern culture. With the university now in Xi'an, the ancient style of this city is intertwined with elements of the new, and the University, after its integration with Xi'an, now has a sense of deep historical resonance mixed into its academic wisdom.

In 1959, after relocating to Xi'an and upon receiving the approval of the State Council, Jiaotong University officially changed its name to Xi'an Jiaotong University.

More than 60 years has passed since the relocation. In the process of these 60 years, as the people of Jiaotong University worked endlessly to better their beloved homeland, the spirit of relentlessly fighting to pioneer new and greater frontiers carried by the Westward Relocation delegation has become the core of their spiritual and cultural values. They have moved from the Huangpu River to inland yellow soil, taken root amidst the people of Northwest China, and, even now, continue to contribute to China's development in areas such as education, research, and the rejuvenation of this great nation. The admirable spirit of the Westward Relocation represents the collective spirit of a new generation of Chinese intellectuals and is a testament to their lifestyle, mindset and their personal and moral qualities. It is also a precious gift of spiritual wealth that can and will be inherited by future generations.

  Towards the end of 2017, fifteen senior professors from Jiaotong University who had written to Chairman Xi have received responses of great significance from the Chairman himself stating that he greatly respects those who have answered the country's call back many years ago and took it upon themselves to contribute to the development of China's great Northwest regions. Also, in the response, the Chairman expressed his hopes that the people of Xi'an Jiaotong University would inherit the spirit of the Westward Relocation and continue to contribute their wisdom and strength to the development of the nation and the country's Western regions. In his 2018 New Year's address, the Chairman continues to praise the senior professors who took part in the school's Westward Relocation. "I am very much moved by their story. In their story, I can see how the Chinese people have continuously dedicated their lives to bettering the nation without a single complaint. Through stories such as this, I know that these countless ordinary people are worthy of the highest respect, and that our happiness is built upon our own unceasing efforts." His words were met with great enthusiasm across the campus from both teachers and students, for in his words they heard the renewed calling for the spirit of the Westward Relocation in this new age.

  The pioneers have worked hard to leave us with a great legacy, and it is our responsibility to follow their heroic footsteps, to inherit and pass on their pioneering spirit. In the book *A Study of the Millennia of Geoculture Behind*

Author's Preface

Jiaotong University's Westward Relocation Site (a new masterpiece created through the combined efforts of the University's Publicity Department, Publishing House, Museum, as well as School of Humanities and Social Sciences). The authors delve passionately into Jiaotong University's centuries of history that encompasses endless aspects in its magnificence. With a heavy emphasis on the historical investigations, this book displays an artistic integration of the old and the new, and relays information in an elegant and graceful manner that made the book a beautiful work of literature that encompasses many areas such as history, archeology and philology.

Today, Jiaotong University has grown to include not only its Xingqing campus (the original site of the Westward Relocation) but also three other parts including the Yanta campus, the Qujiang campus, the Western China Science and Technology Innovation Harbour campus. Together, these four campuses cover over five square kilometers of land, six times that of the school's original size of 0.84 square kilometers when it first settled down in Xi'an. Out of this over five square kilometers of land, the Innovation Harbour campus itself takes up approximately three square kilometers. "Whose are the hands that turn the wheel of fate? It is but the forces of nature at work." Today, the French platans given by the mayor of Nanking to Jiaotong University have become old giants. Out of the trees brought by the university from Shanghai to Xi'an, the pines are now reaching into the sky and the gingko trees, magnolia trees and cherry trees are in full blossom. In Xingqing campus stand the statues of its excellent previous headmasters such as Xuanhuai Sheng, Wenzhi Tang, Gongchuo Ye and Kang Peng. As successors to the spirits of the school's pioneers, we will never forget the efforts and hard work of our predecessors in the face of hardship and adversity! Jiaotong University's legendary Westward Relocation will forever go down in history!

2019.02

目 录

绪言 "草木百年新雨露，车书万里旧江山"

第一节 西迁选址之缘起 ·················· 1
第二节 千年历史之沿革 ·················· 10
第三节 古今中西之交融 ·················· 19

第一章 "天马来兮从西极"：西汉上林苑

第一节 帝国之梦的构筑 ·················· 28
第二节 丝路英雄从这里出发 ·················· 37
第三节 "太学"在世界教育史上的地位 ·················· 42

第二章 "森然古墓何峥嵘"：西汉壁画墓

第一节 壁画墓的由来 ·················· 48
第二节 走近交大西汉壁画墓 ·················· 51
第三节 墓主萧望之 ·················· 71

第三章 "沉香亭北倚栏杆"：盛唐兴庆宫

第一节 兴庆宫的布局 ·················· 82

第二节 "南内"的兴衰成败 ································ 87
第三节 勤政务本楼 ··· 96
第四节 花萼相辉楼 ··· 104

第四章 "古寺名僧多异时"：隋唐寺观

第一节 隋代赵景公寺 ······································ 113
第二节 隋代灵花寺 ··· 125
第三节 唐代宝应寺 ··· 127
第四节 唐代洞灵观 ··· 132

第五章 "别有豪华称将相"：历史人物

第一节 贤能之臣张行成、来济 ························· 137
第二节 功过参半的侯君集 ································ 143
第三节 承平时代的申王李㧑 ···························· 148
第四节 皇位的觊觎者安禄山 ···························· 152
第五节 贤德聪颖的和政公主 ···························· 155
第六节 瑕不掩瑜的关播 ·································· 159
第七节 其他人物 ·· 161

第六章 "同是天涯沦落人"：白居易东亭与虾蟆陵

第一节 白居易的流风遗韵 ································ 166
第二节 《养竹记》与白居易的兼济之志 ············· 174
第三节 虾蟆陵的琵琶情殇 ································ 184

第七章 "早时金碗出人间"：校园出土文物

第一节　西汉昭明铜镜 ·········· 196
第二节　西汉陶器 ·········· 199
第三节　唐代银器精品 ·········· 203
第四节　唐代玉花簪头 ·········· 220
第五节　唐代梵文咒语碑 ·········· 229
第六节　元代陶器陶俑 ·········· 232
第七节　明代宦官墓葬群 ·········· 249

尾声　"新竹高于旧竹枝，全凭老干为扶持"

第一节　南洋传统之坚守 ·········· 278
第二节　西迁精神之光大 ·········· 286

结束语 ·········· 292
参考文献 ·········· 293
文物图片索引 ·········· 300
西安交通大学（兴庆校区）出土文物收藏地点说明 ·········· 313

后　记 ·········· 317

CONTENTS

Introduction

1 Behind the Westward Relocation ………………………………………… 1
2 Evolution across Millennia …………………………………………… 10
3 Intersection of History and Geography ……………………………… 19

Chapter I: Shanglin Garden of Western Han Dynasty

1 Forging Dreams of an Empire ………………………………………… 28
2 Where Heroes Embark on Silk Road ………………………………… 37
3 Imperial Academy (Taixue) in World Education ……………………… 42

Chapter II: Mural Tomb of Western Han Dynasty

1 The Origin of Mural Tombs …………………………………………… 48
2 A Close Examination of Mural Tombs ……………………………… 51
3 Speculated Occupant: Xiao Wangzhi ………………………………… 71

Chapter III: Xingqing Palace in the Heyday of Tang Dynasty

1 The Layout of Xingqing Palace ……………………………………… 82

2	The Story of Inner Palace South	87
3	Hall of Diligence and Basic Practice	96
4	Tower of the Light of Flowers and Sepals	104

Chapter IV: Temples in Sui and Tang Dynasties

1	Zhao Jinggong Buddhist Temple of Sui Dynasty	113
2	Linghua Buddhist Temple of Sui Dynasty	125
3	Baoying Buddhist Temple of Tang Dynasty	127
4	Dongling Taoist Temple of Tang Dynasty	132

Chapter V: Historical Figures

1	Zhang Xingcheng and Lai Ji: Competent Chancellors	137
2	Hou Junji: His Merits and Faults	143
3	Li Hui: A Lord in Peace Time	148
4	An Lushan: A Coveter of the Throne	152
5	Princess Hezheng: Of Virtue and Intelligence	155
6	Guan Bo: The Defects Cannot Obscure the Virtues	159
7	Other Figures	161

Chapter VI: Bai Juyi: Hama Ling and East Pavilion

1	The Legacy of Poet Bai Juyi	166
2	*Tending Bamboo* and Bai Juyi's Aspiration	174
3	The Pipa Love Tragedy in Hama Ling	184

Chapter VII: Relics Excavated on Campus

1 Bronze Zhaoming Mirror of Western Han Dynasty 196
2 Pottery of Western Han Dynasty 199
3 Exquisite Silverware of Tang Dynasty 203
4 Jade Flower-embellished Hair Stick of Tang Dynasty 220
5 Sanskrit Mantra Stele of Tang Dynasty 229
6 Pottery Ware and Terracotta Figures of Yuan Dynasty 232
7 Eunuch Tomb Complex of Ming Dynasty 249

Epilogue

1 Carrying on the Nanyang Tradition 278
2 Carrying out the Spirit of the Westward Relocation 286

Conclusion 292
Bibliography 293
Index 300
Description 313

Afterword 317

绪言　"草木百年新雨露，车书万里旧江山"

> 黄浦江头向古城，当年慷慨赋西征。
>
> 弦歌瞻彼唐宫迹，栋宇于兹汉苑成。
>
> 昔日青青皆稷麦，只今济济尽豪英。
>
> 长安犹控东西路，堪待鲲鹏万里行。

第一节　西迁选址之缘起

甲午战败，国家危亡、民族危亡，南洋公学因时而兴，欲以救亡图存，凡历一甲子此志不绝；新中国肇建，国家独立、民族独立，交通大学顺势西迁，志在建设祖国，又历一甲子其命维新。

作为交通大学的前身，南洋公学草创于国家民族危亡之际，以实业救国；继而交通大学成长于国家民族苦难之中，以育才卫国；再而西安交通大学崛起于国家民族振兴之时，以西迁报国；其后又发展于国家民族奋斗的新纪元，以创新强国。纵观120余年的交大风骨，爱国奋斗，一以贯之，西迁长安，无悔无怨。

《申鉴》有云："为世忧乐者，君子之志也。"[1] 交通大学，这位堂堂"为世忧乐"的自强不息君子，在120余年的岁月中磨砺铸造了坚毅伟岸的"西迁精神"，凝练成"胸怀大局，无私奉献，弘扬传统，艰苦创业"的铮铮内核。63年前，交大人胸怀公忠效国志向，担当起建设西北、服务国家的历史重任，毅然放弃繁华都市的安逸生活，"先天下之忧而忧"[2]，背负起沉甸甸的书囊和行李，随学校西迁，

远赴大西北，扎根黄土地。60余年来，交大人秉持轻以待己、重以报国的家国情怀，不以一己忧乐为念，始终将国家富强、民族复兴、西部建设置于首位，兑现了"俯首甘为孺子牛"[3]的承诺。

交通大学自1956年从上海迁至西安以来，便在这片广袤深邃的历史沃壤上深深扎根，流荡出异彩奇光。"秦中自古帝王州"[4]，周之王范，秦之霸气，汉之雄风，唐之帝韵，无不渗透在交通大学的血脉中；断砖残瓦，废井颓垣，古道苍柏，晨钟暮鼓，无不让交大人感悟昔日的繁华旧迹。

1955年4月7日，交通大学接到国务院下达的迁校命令后，立即做出响应，而选择校址是其中一项重要的工作。以彭康校长为首的一行先驱之所以最终将我们脚下这方热土选为校址，缘于校址的北面是大唐盛世兴庆宫的遗址，校址的南面是大唐乐游原、青龙寺的旧址。唐朝曾创造辉煌的东方文明，曾引领世界文化潮流，它是炎黄子孙的不朽记忆。交大的先驱们选中这块历史底蕴极为丰厚的沃土作为新校校址，实是独具慧眼，其用心之良苦可谓明矣！

除北邻兴庆宫、南接乐游原外，交通大学西迁校址的东面紧靠春明门外、西贴东市街内，地跨道政、常乐二坊。今之兴庆公园西南与交大西北一带，则是开元盛世的"花萼相辉楼"与"勤政务本楼"广场，是帝王向全民宣诏和发布重大决策的地方，也是当时世界上首屈一指的大型皇家广场。

北邻兴庆宫。在唐宫群中，兴庆宫以其林立的玉宇琼楼、壮丽辉煌的建筑艺术成为大唐帝国都城建筑艺术的代表之一。这座豪华的皇家宫苑与太极宫、大明宫并称为"三大内"。内，即内城之谓，一般称为皇宫。兴庆宫内的主要建筑排列随意、错落有致，摆脱了传统对称布局带来的循规蹈矩陷于死板的限制。在那里，李白为杨贵妃作过著名的《清平调三首》；在那里，至今还镌刻着李白误听噩耗为日本国遣唐使阿倍仲麻吕（即晁衡）写的悼念诗《哭晁卿衡》，诗中言"日本晁卿辞帝都，征帆一片绕蓬壶。明月不归沉碧海，白云愁色满苍梧"；也刻着仲麻吕百感交集写下的著名诗篇《望乡》，诗中言"卅年长安住，归不到蓬壶。一片望乡情，尽付水天处。魂兮归来了，感君痛苦吾。我更为君哭，不得长安住"。而王维当时送别晁衡的诗作更是感人至深："积水不可极，安知沧海东。九州何处远，万里若乘空。

向国惟看日，归帆但信风。鳌身映天黑，鱼眼射波红。乡树扶桑外，主人孤岛中。别离方异域，音信若为通！"[5]这里值得我们敬然回首的也包括当时最能显示大唐雄风的留学生制度。唐代的大诗人中有许多是科举出身，科举同时也向外国人开放，允许外国人通过考试在大唐留学和做官，比如大唐和日本国之间建立的遣唐使制度。日本遣唐使的生活费用都由唐廷补助，他们所受待遇极隆。后来，这些日本留学生把中华文明带到了日本，根据中国的草书发明了他们的假名文字，又模仿汉字自造了他们的和字，为日本文化的形成和发展起了重要的作用。

唐开元四年（716），日本政府派遣以多治比县守为首的第八次遣唐使团去大唐学习，共有557人，19岁的仲麻吕被选为遣唐留学生，与其同行的还有著名留学生吉备真备和学问僧玄昉等人。吉备真备年长仲麻吕三岁，在大唐近19年的岁月中研究唐代的天文、历法、音乐、法律、兵法、建筑等，造诣颇深，将大唐的丰富文化和重要典籍带回日本，其中在中国早已失传的《乐书要录》现仍在日本保存，这是研究音乐的重要资料；他还利用汉字的偏旁和部首创制了日文字母的"片假名"和"反切法"。阿倍仲麻吕天资聪敏，勤奋好学，酷爱汉文学，他与李白、王维、储光羲、赵晔（骅）、包佶等人都有密切交往，储光羲的诗名在当时也因晁衡而远播于东瀛。1978年，西安和奈良协议在两市各建一座"阿倍仲麻吕纪念碑"供后人瞻仰和缅怀。西安的纪念碑于次年在兴庆宫内落成，由我国著名建筑大师张锦秋设计，碑高5.36米，端庄峻拔。碑正面刻有"阿倍仲麻吕纪念碑"八字，背面镌刻其事迹，柱顶四侧是樱花、梅花浮雕，柱基采用莲瓣雕饰，柱板上刻日本遣唐使船浮雕，两侧分别是李白的《哭晁卿衡》诗和阿倍仲麻吕的《望乡》诗。

开放的大唐不仅输出自己的先进文化，也吸纳许多外来的文化营养。比如隋唐之际，印度佛学已经被中国的知识界普遍接受和认可，成为当时的显学。随之，佛门弟子那些独特的学术方法和师门规矩自然也就被中国古代知识分子所借鉴，影响着中国学术的发展。唐代形成的禅宗就是印度佛教中国化的一个典型，禅师们以心传心的教学方法更蕴含着超前的教育理念。比如唐代百丈怀海禅师的择徒理念是："见与师齐，减师半德；见过于师，方堪传授。"[6]意思是说如果弟子的见识和老师一样，将来只能学到老师的一半水平；只有当弟子的见识超过了老师，才有资格被传授。这就是我们脚下的大唐盛土留给历史的回忆与断想。

南接乐游原。乐游原在秦代属宜春苑的一部分,得名于西汉初年,《汉书·宣帝纪》载,"神爵三年,起乐游苑"[7]。汉宣帝第一个皇后许氏死后,汉宣帝于此为其立"乐游庙",又名"乐游苑",因"苑"与"原"谐音,"乐游苑"即被传为"乐游原"。乐游原地势高峻、风景幽雅,是唐长安城内地势最高地,登上它可鸟瞰长安城,故为唐代游览胜地,亦是文人墨客作诗抒怀之地。李白的"乐游原上清秋节"[8]、杜牧的"欲把一麾江海去,乐游原上望昭陵"[9]、李商隐的"向晚意不适,驱车登古原。夕阳无限好,只是近黄昏"[10],这些充满诗意的句子描写的就是这里的景致。

乐游原上有闻名遐迩的青龙寺,该寺又名"石佛寺",是中国佛教八大宗派之一密宗祖庭。1996年,国务院公布青龙寺遗址为全国重点文物保护单位。青龙寺唐时在地理上属延兴门内的新昌坊,该寺建于隋文帝开皇二年(582),原名"灵感寺",唐龙朔二年(662)复立为"观音寺",景云二年(711)改名青龙寺,成为唐朝皇家护国寺庙,亦是唐代密宗大师惠果长期驻锡之地。唐代有不少外国僧人在此学法,尤其是空海(号弘法大师)拜惠果为师,潜心研习密宗真谛,后回日本创立真言宗,成为开创"东密"的祖师,故此青龙寺成为日本人心目中的圣寺,也是日本佛教真言宗的祖庭,著名的"入唐八大家"中有六家(空海、圆行、圆仁、惠运、圆珍、宗睿)曾先后在此受法。

东靠春明门。春明门始建于隋初,是唐长安城外郭城门名称;外郭城东面三门分别为:北门通化门、中门春明门、南门延兴门。春明门地靠"南内"兴庆宫,门内春明门街又直通东市、皇城,故被称为唐长安城"东中门"或"东正门"。唐时许多远道而来的客人都要经此门入城,这其中就有从日本渡海前来留学求法的空海及圆仁法师等,而进京的官员和入唐使节到尚书省及鸿胪寺办事也要经过春明门。春明门内东西向的大街即春明门街,是唐长安城主干六街之一,全长2240米,由东而来的商旅进入东市即由此门出入,这里曾热闹非凡。唐时多在郭城外设祭坛,当时春明门外就有四座祭坛,分别是:日坛、帝社坛、青帝坛和九宫贵神坛。开元十四年(726),兴庆宫旁的东郭墙筑起了一条北通大明宫的夹道,开元二十年(732),又沿此墙筑起了一条南通芙蓉园的夹道,史称"夹城"。这条通道宽约23米,它既是一条供皇帝及皇亲国戚通行的"御道",同时也是一条防止外人窥探的秘道。杜牧"六飞南幸芙蓉苑,十里飘香入夹城"[11]的诗句,描写的就是唐皇自夹城通往芙蓉园游幸的场景。春明门也是自古送人东行、灞柳伤别的必经之门,唐刘禹锡有诗云"莫道两京非远别,春明门外即天涯"[12],即指此而言。史载黄巢攻陷长安城时也是"入自春明门"[13],后来人们也将"春明"一词作为京城的通称。

西贴东市街。据史书载,东市四周的具体范围依次是:东线在西安交大西侧,南线在友谊东路,西线在安西街东侧,北线在咸宁西路。"东市"和"西市"是唐长安城的经济活动中心,也是当时全国工商业贸易中心,亦是中外各国进行经济交流活动的重要场所。"东市"和"西市"各位于朱雀街两侧,左右对称,分别处在皇城外的东南方和西南方,占地面积大致相等,为百万人口的唐长安城搭建起了规模宏大的商业格局,无论在对外商贸,还是满足城中居民日常生活、生产需要等方面都发挥着重要的作用。对于东市的繁荣景象,史书是这样记载的:"市内货财二百二十行,四面立邸,四方珍奇,皆所积集。"[14]为了管理这两处店铺毗连、商贾云集的繁荣工商业区,唐朝政府在东、西两市均设有常平仓(用以调节粮价的粮库)和平准署(物价机构),以便维护市场秩序和买卖公平。2015年,中国社会科学院考古研究所在兴庆宫西南角以南约300米的地方进行了考古发掘,发现了450件唐代珍贵文物和一批重要的商业遗迹。根据位置、以往考古调查资料、文献记载并结合本次出土遗迹现象和遗物等综合分析,发掘位置应在东市遗址的中部偏东处。在出土的文物中有砖瓦、陶器、三彩器、玉器、骨器、铜器、玻璃器、宝石戒面、开元通宝以及写有"囗家酒店"字样的瓷壶底片等。出土的器物中,有一块表面有镀膜的虹化玻璃残片,专家推断这并非唐代所制,应该是丝绸之路上的舶来品。从现场发现的众多遗迹可判定东市的布局确实是九宫格局,即两纵两横4条主干道,且商户多是前店后坊结构。发掘现场还发现了3条唐代道路遗迹、3条水沟遗迹、店肆后作坊遗迹1片、水井4口、窖井2口、渗井11口、灰坑12个、活土坑3处以及卧泥池、陶瓮坑各1处,这些遗迹均凸显了东市作为贸易、加工、服务场所的综合特点。据这次考古发掘及传世文献,专家还推测整个东市商铺数量可能多达73000多家。

作为当时世界商品贸易中心之一的东市大街，在那里熙熙攘攘地来往着各国的商旅，他们来自东亚的日本、新罗（朝鲜），南亚的尼婆罗（尼泊尔）、天竺（印度）、林邑（越南）、真腊（柬埔寨）、诃陵（爪哇）、骠国（缅甸）、师子国（斯里兰卡）、室利佛逝（苏门答腊），中亚的康国、石国、安国等昭武诸国以及西亚的波斯，其中甚至还有拂菻（东罗马帝国）人。东市大街四通八达、繁华热闹，它将长安和伊斯坦布尔联系起来，将古老的黄河流域文化、恒河流域文化、古希腊文化和波斯文化联系起来，让中西方文明在这里完完全全地交融。比如中国的绫锦纺织技术和造纸术传入了阿拉伯，而印度僧侣带来的梵文促进了汉语音韵的研究，流寓长安的西域胡人带来的胡腾舞、胡旋舞和柘枝舞，以及中亚音乐成了当时帝都的时尚。

隋唐长安城是经过隋代著名建筑家宇文恺、高龙义和唐代大建筑家阎立德等几代人的努力才设计建筑而成的。翦伯赞先生说："东西对称的布局，棋盘式的街道，宫殿、衙署与坊市的分置，封闭式的里坊和集中的市场，构成了长安和这一时期重要城市布局的特色。"[15] 他归纳得很准确，杜甫的"闻道长安似弈棋"[16]描写的正是这座大唐帝都的真实布局。在长安城内，所有的民居、店铺、寺观等建筑物都被纵横交织的道路齐齐整整地切成108块，史称"一百零八坊"。其中每一坊比一个现代化的城市小区还要大一些。今天的西安交大地跨唐长安城的道政坊和常乐坊，当时在这两坊中居住的大都是显贵巨贾和社会名流，那一排排宏阔宅第，尽显朱门铜钉，檐牙相啄，高墙乔木，争奇斗雄。

从考古实测看，春明门大街宽120米，这样从胜业坊东壁向南面东市划一直线，再将道政坊十六分之一的西北角连同对应的东市东北角削去，便在勤政务本楼正前面形成了东西宽469.4米，南北长256.83米，面积为12万余平方米的视野开阔的勤政务本楼广场，再连同花萼相辉楼前场地，其总面积可达20余万平方米，堪称当时世界上最大的广场。根据当时花萼相辉楼与勤政务本楼广场的记录以及实地勘察情况来看，西迁校址北门偏西一带正处于其广场的一角，今天我校的电子与信息学部、电气工程学院等部分建筑即建在过去的花萼相辉楼与勤政务本楼广场上。花萼相辉楼与勤政务本楼广场类似于今之天安门广场，是大唐彰显其盛世气魄的一个窗口，也是世界了解长安的一个窗口。

如果再往前追溯至汉代，西迁后的交通大学则矗立在西汉上林苑的沃土之上。上林苑最早出现在秦朝，本是众多皇家苑囿中的一所；汉代它在同类苑囿中脱颖而出，并于汉武帝建元三年（前138）扩建。扩建后的上林苑变成了地跨长安、咸阳、鳌屋、鄠县、蓝田五县区的超级园林和中央公园，显示出大汉雄风。扬雄在《羽猎赋》中介绍说："武帝广开上林，南至宜春、鼎湖、御宿、昆吾，旁南山西，至长杨、五柞，北绕黄山，滨渭而东，周袤数百里。"[17] 上林苑纵横数百里，有长安八水出入其中，又修筑有广袤的昆明池。司马相如在《上林赋》中这样描写上林苑的巨丽：

> 左苍梧，右西极，丹水更其南，紫渊径其北。终始灞浐，出入泾渭；酆镐潦潏，纡馀逶迤，经营乎其内。……于是乎崇山矗矗，巃嵷崔巍；深林巨木，崭岩参差。九嵕巀嶭，南山峨峨；岩陀甗锜，摧崣崛崎。振溪通谷，骞产沟渎，谽呀豁閜，阜陵别隝。……于是乎离宫别馆，弥山跨谷……于是乎卢橘夏熟，黄甘橙楱……于是乎玄猿素雌，蜼玃飞鼺，蛭蜩蠼猱，獑胡縠蛫，栖息乎其间。[18]

赋文将上林苑周围山川、草木、鸟兽、宫馆——详细铺陈，每一段文字里面都蕴含着众多以类相从的物象，既有赋家苞括宇宙的视角里有条不紊地呈现的物态静止一面，又有天子校猎中车驾规模庞大、狩猎场面节奏急促、充满物态动感的一面。上林苑的文化精神，就是大汉仪态万方的帝国气象。因此，《上林赋》铺张扬厉的时空格局，代表着中华民族第一次从"天下"观念转向"世界"观念，这也正是西汉丝绸之路开辟以后带来的新视野和新格局。从南洋公学到交通大学再到西安交通大学的发展历程，就是再次把"世界"上先进的知识和学术放在中国古代社会极具包容度的这片"上林盛地"。

西汉上林苑里蓄养着无数的珍禽怪兽、奇花灵草，点缀着许多瑶石美玉、绿池锦波，并且宫殿鳞次，亭阁相望，龙舟泛泛，棹女讴歌，真所谓"殚土木之功，穷造形之巧"[19]。这里曾经驰骋过汉武帝的宝马雕车，这里曾经给了司马相如无尽的灵思，可谓令人神往的福地！古人说得好："赋家之心，苞括宇宙。"[20] 那么这座无所不藏的上林苑，不正是大汉民族开拓进取、兼容并蓄精神的象征吗？

西迁后的交大既然矗立在秦汉"上林盛地"，也就能更好地传承中国古代延续不断的文统和道统。汉武帝创办的太学，是世界教育史上有确切文字记载的由中央政府设立的最早官立大学。太学的设立直接开启了两汉的教育风气，班固在《东都赋》中描写的"四海之内，学校如林，庠序盈门"[21]，所反映的就是当时的教育盛况。甚至连博士这一称呼也和太学有关，当太学正式建立后，博士和博士弟子就分别指太学里的老师和学生。在西汉，博士（相当于今天的教授）由当时的学术名流充任，以征辟或荐举的形式选取，而不必经过考试录取。博士必须是博学多才、腹藏万卷并且有过几十年教学经验的老学者。太学提倡学生之间互相讨论、互相辩论、设疑问难的学风，这与现代教育提倡的发现问题、分析问题、解决问题的学习方法是相似的。许多问题可以在大家互相诘难之中浮现出来，从而体现群策群力的集体智慧。据记载，西汉的"石渠阁会议"和东汉的"白虎观会议"主要是为了确定研究经学的标准，这两次大讨论都长达数月之久，班固后来奉命将白虎观讨论五经的各家见解撰写成《白虎通义》，可见当时论辩风气的强盛。太学生们除了上正课以外，大多数时间都根据自己的兴趣去研究所喜欢的学问。从汉代太学开始，中国的教育就非常重视以考试的形式考查学生的成绩。太学既是最高学府，又是国家的考试机关。那时的考试主要是"设科射策"，这种方式有利于学生的主观发挥和创造性思维。总之，汉代太学的考试制度是开放式的，它往往能够培养出真才实学的人。两汉高级人才中还有一个称谓应该特别注意，就是"通儒"。通儒所掌握的不但包括经史诸子方面的社会人文知识，也必须包括天文历算等自然科学知识，这种学贯天人的理念可以说是中国古代知识界的一种理想追求。汉代大辞赋家扬雄甚至是这样定义"儒"的，他说："通天、地、人曰儒。"[22] "通儒"们学贯天人的气魄所体现的正是对知识结构全面性的追求，是一种超前的教育观。

汉代的太学风范，当然对唐代的"国子学""太学""四门学""书学""弘文馆""崇文馆"等高等学府的建立有启发作用。唐时，国宝级文物石鼓还散弃于野，韩愈建议把石鼓迁到太学内，他说："圣恩若许留太学，诸生讲解得切磋。观经鸿都尚填咽，坐见举国来奔波。"[23] 从这几句话中，也可见太学和文化传承的关系。有意味的是，唐时那些高等学府都设在长安务本坊一带，务本坊在当时东市的西头，按位置说，也和西迁后的交大校址逼近。这就不得不令人感叹，学界的薪火相传似乎有着某些妙合神契的玄机。

"根之茂者其实遂，膏之沃者其光晔。"[24] 在西安交通大学坐落的这片黄土地上，既回荡着邈远深沉的周秦古韵，也散落着庄严典雅的汉唐遗存。所以广义地理解西安交通大学的校史，绝不能离开她的地缘文化。

注　释：

[1] 荀悦. 申鉴·杂言上第四 [M]. 上海：世界书局，1935：22.

[2] 范仲淹. 范仲淹全集 [M]. 李勇先，王蓉贵，点校. 成都：四川大学出版社，2007：195.

[3] 鲁迅. 鲁迅全集·集外集：卷七 [M]. 北京：人民文学出版社，1973：510.

[4] 杜甫. 杜诗详注：卷一七 [M]. 仇兆鳌，注. 北京：中华书局，1999：1493.

[5] 王维. 王右丞集笺注：卷一二 [M]. 赵殿成，笺注. 上海：上海古籍出版社，1984：221.

[6] 普济. 五灯会元：卷三 [M]. 北京：中华书局，1997：132.

[7] 班固. 汉书·宣帝纪：卷八 [M]. 北京：中华书局，1964：262.

[8] 李白. 李太白全集：卷五 [M]. 王琦，注. 北京：中华书局，1999：322.

[9] 吴在庆. 杜牧集系年校注 [M]. 北京：中华书局，2008：320.

[10] 刘学锴，余恕诚. 李商隐诗歌集解 [M]. 北京：中华书局，2004：2168.

[11] 同 [9] 180.

[12] 刘禹锡. 刘禹锡集笺证 [M]. 瞿蜕园，笺证. 上海：上海古籍出版社，1989：1177.

[13] 欧阳修，宋祁. 新唐书·黄巢传：卷二二五下 [M]. 北京：中华书局，1975：6458.

[14] 宋敏求. 长安志 [M] // 中华书局编辑部. 宋元方志丛刊. 影印版. 北京：中华书局，1990：118.

[15] 翦伯赞. 中国史纲要 [M]. 北京：北京大学出版社，2006：356.

[16] 同 [2] 1489.

[17] 扬雄. 扬雄集校注 [M]. 张震泽，校注. 上海：上海古籍出版社，1993：83-84.

[18] 司马相如. 司马相如集校注 [M]. 金国永，校注. 上海：上海古籍出版社，1993：32-63.

[19]杨衒之.洛阳伽蓝记校释：卷一[M].周祖谟，校释.北京：中华书局，1963：20.

[20]葛洪.笔记小说大观·西京杂记：卷二[M].影印版.扬州：江苏广陵古籍刻印社，1983：4.

[21]萧统.文选：卷一[M].上海：上海古籍出版社，1986：38.

[22]汪荣宝.法言义疏[M].陈仲夫，点校.北京：中华书局，1987：514.

[23]韩愈.韩昌黎诗系年集释：卷七[M].钱仲联，集释.上海：上海古籍出版社，1984：795.

[24]韩愈.韩昌黎文集校注[M].马其昶，校注.上海：上海古籍出版社，1986：169.

第二节　千年历史之沿革

拂去历史的尘埃，交大人能亲身感受到先民们存留的气息；蹈循历史的印记，交大人可以聆听到华夏文明演进的千古足音。西迁校址位于唐朝最繁华的黄金地段上，这就使得每次巨厦新奠、起土建基之际，往往能有惊人的考古发现：或古墓成丛，或将相连宅，或公主旧院，或才子故居，或金银玉器、或石碑瓦当；还有西汉壁画墓的惊现、隋唐古建筑的发掘、白居易东亭的遗迹、虾蟆陵故址的考订。百什珍贵文物出土，几多历史人物留踪，都为这所名校增添了名园的韵致。

1987年4月，学校在建附属小学教学楼时，发现一座西汉晚期壁画墓，考古界随后命名为"西安交通大学西汉壁画墓"。该墓总面积约24平方米，墓室内绘满了色彩斑斓的壁画，内容是一幅完整的四象二十八宿环绕日月的天象图，图中存星辰91颗、人物7、各种动物9（未计壁画下部及后壁），星座中各星之间均有直线连接。"西安交通大学西汉壁画墓"不仅为我国古代天文学的研究提供了重要的资料，在天文学史上占有一席之地；其自身在艺术表现上也具有很高的价值，有诸多超越其他汉墓壁画的地方，如画幅大，内容丰富，保存完好，采用的颜料全部是矿物质，质地纯正、研磨精细等，可以说是我国古代绘画史上不可多得的佳品。截至目前，全国发现的西汉壁画墓只有9座，在这较少的发现中，"西安交通大学西汉壁画墓"尤其显得珍贵。

在全国乃至世界各地许多园林式的大学校区内，不难见到"日光穿竹翠玲珑"

绪言
"草木百年新雨露，车书万里旧江山"

图 1 （汉）素面铜钵 1

Figure 1　(Han Dynasty) Bronze Bowl without Decoration 1

图 2 （唐）镂空花鸟纹挂链银香薰 1

Figure 2 (Tang Dynasty) Hollowed-out Chained Silver Aromatherapy Ball with the Pattern of Flowers and Birds 1

图 3 （宋）豆青釉开片碗 2
Figure 3 (Song Dynasty) Yellowish-green Cracked Glaze Bowl 2

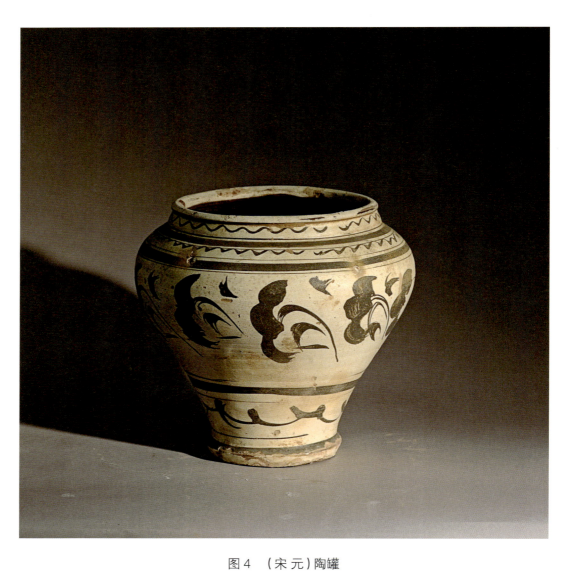

图 4 （宋元）陶罐

Figure 4　(Song/Yuan Dynasty) Pottery Pot

这样的小景，也可以随处见到"柳絮池塘淡淡风"这样的湖色；不难见到"乔柯曲廊倚夕晖"这样的图书馆，也可以随处见到"一夜吹花满闲庭"这样的宿舍区；不难见到"丹枫映窗一灯红"这样幽雅的教室和实验室，也可以随处见到"满架紫英一院香"这样别致的院系和研究所。然而，像西安交大这样随便走上几步便是一处汉唐胜迹，便是一所名人故居，恐怕就不多见了，而这恰恰就是西安交大校园最独特的风景。在校内唐代名人的住宅遗址中，最显赫的莫过于唐代诗人白居易的旧居——东亭。白居易（772—846），字乐天，号香山居士，又号醉吟先生，是中国诗史上的著名诗人。他的很多诗不仅为国人熟诵，还在海外如日本等地有很大影响。白居易的生命轨迹，在西安交通大学校园中留下了重要印记。他早年科举登第之后任校书郎时，在常乐坊原宰相关播宅第的东亭寓居，而东亭位置即在交大校园东南域，现今交大校园内建有白居易东亭故址纪念亭和白居易的塑像。而白居易在谪居江州后所写的名篇《琵琶行》中琵琶女"自言本是京城女，家在虾蟆陵下住"[1]的虾蟆陵，也在交大校园东南域。东亭时期的白居易初入仕途，有兼济天下的风发意气；而《琵琶行》时期的白居易，正处于遭受挫折后的低落之中。从交大校园的这两处遗址，我们可以窥见诗人白居易的不同生命阶段。

　　隋唐两朝统治者都十分重视宗教对治理社会的作用，在这一历史时期，佛、道两教发展非常兴盛，创造出许多辉煌灿烂的文明成就。隋唐时期，佛教逐渐与中国本土的思想文化相融合，成为中华文化重要的组成部分。作为宗教文化的载体，隋唐时代那些宛若河汉星辰、密布大江南北的佛寺道观大多已在历史的风烟中散尽了容颜，可是它们作为横绝千古的诗意王朝所弹奏出来的"凝固的乐章"，仍令人回味无穷。这些寺院宫观像那令人仰止、令人叹吟的古诗一样，讲述的是隋唐统一王朝的雄壮气概与睥睨于世的民族自信心。在历史的帷幕之后，在封尘的书卷之中，在华美的壁画之上，它们若隐若现，美轮美奂，逗引人们拂去朦胧的面纱，顾盼它们的卓绝风姿。从文献记载来看，今日交大，即往昔唐常乐和道政两坊的土地之上，曾有过四处佛寺、一座佛教阁楼、一处道观。让我们先通过史料了解一下它们的大致情况：护持寺，位于道政坊西北部的一座隋代寺院，隋炀帝大业七年（611）被废，仅存二三十年；赵景公寺，本名弘善寺，位于常乐坊西南隅，隋文帝开皇三年（583）独孤皇后为其父独孤信所立，开皇十八年（598）改名赵景公寺，其遗址在今西安交通大学校园西南部宪梓堂一带；灵花寺，位于常乐坊南门之西，隋文帝开皇六年（586）大司马窦毅家舍宅为寺，寺西北角还有观音堂一座，其遗址在校南区思源楼东南方；宝应寺，在道政坊东北角，原为唐代宗时宰相王缙府第，王缙沉溺佛教，其妻亡，王缙请舍宅为寺，代宗嘉之，赐以题号，遗址在交大一村东面交大街东北头附近；天王阁，位于春明门内侧的佛教楼阁，形高大，为当时之最，用来供奉佛教中的天王，类似于佛寺中的天王殿，该阁建造仅五六年后，于大和二年（828）移至长安城大兴善寺内；洞灵观，位于常乐坊灵花寺之西的唐代道观。这两坊土地之上，佛寺、道观就如此稠密，可以想见当时佛、道两教兴盛的景象。

　　西安交大坐落的道政坊、常乐坊两地之于隋代的大兴城、唐代的长安城，是非常重要的所在，它们曾经是皇亲国戚、王侯将相的聚居地，留下了数量众多的风云人物的遗踪，为西安交大这片热土积淀了丰厚的历史遗产。历史上究竟有多少名流在西安交大这片土地上生活过，确切的数目现在无从详考，但综合各种文献记载和碑志资料，可以考证出有名有姓者有四十余位。这些历史人物有的砥节砺行，独步一时；有的招贤纳士，励精求治；有的矫世励俗，创业垂统；有的才高行洁，卓尔超群；当然，也有机诈权谋，为世所戒惕之人。这些人物有的活跃在动荡的历史舞台之上，有的建树于令人魂牵梦绕的盛世之中，也有的成为历史发展进程急转直下的导火索。他们在史册上留下了或浓重，或淡薄，或沉重，或明快，或多彩，或写意的一笔，为交大人留下了许许多多值得追寻的史话。在交大这片沃土留过踪迹的这四十余位人物中，仅隋唐时期就有二十余位，他们曾经在各自的历史舞台上辉煌过，其中有两位是隋、唐两朝开国皇帝的岳父：一位是隋文帝杨坚的岳父，即文献皇后的父亲独孤信；另一位是唐朝开国皇帝高祖李渊的岳父，即窦皇后的父亲窦毅。独孤信与窦毅不仅为国家培养了贤良淑德的国母，而其本身也都是当朝重臣。独孤信功勋卓著，忠心为国，可歌可泣；窦毅宅心忠厚，名传朝野。除了两位国丈外，还有十余位贵胄、文武官员、文人雅士曾经在这里生活过。他们分别是唐睿宗次子申王李撝，唐肃宗之三女和政公主，唐宰相侯君集、张行成、王缙、关播，唐中书令来济，唐工部尚书刘知柔，唐吏部尚书钱徽，唐殿中监张九皋，唐刺史郭敬之，唐罗国公张平高，唐名将王荣、梁约、马实、尉迟青，著名诗人白居易等；另外，唐朝最有名的反叛者安禄山也曾居住于此。以上这些人物的经历在某种意义上可以视为隋唐历史的浓缩。天借云饰，地因人旺，正是这一个个声望赫然的历史名人赋予了交大这一片沃土不可磨灭的历史记忆。

在一次次开发建设中，交通大学西迁校址这片神奇的土地出土了大量的珍贵文物。从年代上看，这些文物最早的是西汉，最晚的是清代；其中1963年在建化工教学楼时出土的15件唐代银器，大都为国家一级文物，因交大的土地有相当部分是从南北沙坡村所征，故而考古界将这批器皿命名为"西安沙坡村出土银器"。这批银器是中华人民共和国成立以来出土数量最多且全部为精品的唐代文物，分别为：银香熏4件，形体大小基本相同；银碗2件，器形不同；银杯6件，形状、样式大小各不相同；带盖银罐1件；银粉盒1件；三足银釜1件。这批文物既有唐朝本土产品，也有外来输入品，现分别收藏于中国国家博物馆（8件）和故宫博物院（7件）。1979年9月24日在校园西北侧基建时，出土了三件套装在一起的唐代银盒，依据银盒的纹饰，它们分别被命名为：都管七国六瓣银盒、鹦鹉纹海棠形圈足银盒、龟背纹银盒。龟背纹银盒内装有水晶珠两颗、玛瑙珠一颗。这套银盒不仅纹饰精美、别致、奇异、独特，且是三重银盒，这在银盒出土物中属于罕见的唐代银盒精品，是国家一级文物，现藏西安博物院。不论是1963年交大校园出土的唐代银器，还是1979年出土的三重银盒，都是唐代丝绸之路繁荣的见证。这两批文物中明显带有中亚、西亚的艺术风格，其中既有西方的输入品，亦有采用西方工艺及技术的仿制品及创新物品。这从一个方面反映出唐人对外来事物的浓厚兴趣，也可以说是对外来文化的一种青睐，不难看出唐人开放、多元、兼容的文化理念。

除此之外，还出土有汉代的玉器、桃扇玛瑙、陶器、铁器、铜器、砖瓦、钱币、蚌壳、泥珠、兽骨等，唐代的金银器、玉器、碑刻、柱础、钱币、象面铜挂钩、玛瑙剑鞘、汉白玉佛头、金银平脱联珠花卉铜镜等；宋代的豆青釉开片瓷碗、宋末元初的瓷罐，元代的灰陶男侍俑、灰陶女侍俑、灰陶马、灰陶车、灰陶车马、灰陶灶、

图 5 （元）灰陶马 1

Figure 5 (Yuan Dynasty) The Grey Pottery of the Horse 1

灰陶罐、灰陶釜、灰陶盏、灰陶玉壶春瓶、灰陶马盂、灰陶仓等，明代的墓志、钱币、漆木画、瓷器、筒瓦等，清代的金耳挖、墓碑、钱币、瓷器、玉器、铜指甲套等，还有年代不详的残玉璧等。在这些文物中，出土比较集中的是1987年"西安交通大学西汉壁画墓"出土的那批西汉文物，1963年出土的那批唐代银质器皿，2000年前后出土的一批元代陶器，1996—1998年发现的明秦王府宦官墓园出土的一批明代文物；除此之外，其他文物均是陆续零散出土的。

由此可见，历史不一定就会过去和消失，很多有价值的东西就像星辰一样，会永恒地布满天际，照耀人寰！浸润在这方流风遗韵之沃土上的西安交通大学，自然会汲取汉唐那遗世超群、博大丰厚的营养，结出英声茂实的硕果。

注　释：

[1] 白居易. 白居易集：卷一二[M]. 顾学颉, 点校. 北京：中华书局, 1999: 242.

第三节　古今中西之交融

交通大学虽以"东方麻省理工"著称，但西迁后的她将古城辉煌的古老文明与灿烂的现代文明熔铸在了一起。西安有了交大，古风中透出勃勃新意；交大有了西安，睿智中蕴含着巍巍雄奇。

作为十三朝古都，西安在历史上多次辉煌过，周秦汉唐不仅是中国盛世文化的代表，而且对世界的文明进步产生了巨大的影响。这种发展动力与西安自古以来敢于"走出去"的开拓精神和生存魄力有关。无论张骞出使西域还是玄奘印度取经，都是西安本土精神的典范。交大的西迁让西安从过去的敢于"走出去"变成了现在的敢于"接进来"，西迁人身上的现代文明开放精神、现代科技实业精神、现代知识分子的工匠精神熔铸在古城迈向新世纪的征程之中。

从西迁的前后来看，交通大学早在1929年（民国十八年）西北遭受大饥馑时，就曾做出对陕西学生免收学费的义举。当时谁也想不到27年以后会有交大和西安的"联姻"。西迁后的交大虽地异时移，不同往昔，但其治学之根本精神无不尽得前人心传。一方面，交大迁到西安，这座古城积淀数千年的厚重传统文化精神也自然而然地会渗透进来，海洋文明与黄土地文明碰撞，形成新学与旧统的合流与交融；另一方面，交大也给古城吹进了科学的春风，让这位沧桑老人焕发出欣欣生意。

日月不居，岁移道替，文化的流变和发展往往是在时间进程中完成的，张扬着鲜明的时代个性，正所谓"文变染乎世情，兴废系乎时序"[1]。西迁后的交大校址千年地缘文化使交大人深深感悟到文化"时""境""缘"的关系。

从横的方面看，南北殊俗，地异境迁，文化的流变和发展往往又是在空间挪动中造就的，呈现出浓郁的地域特色，正所谓"江左宫商发越，贵于清绮；河朔词义贞刚，重乎气质"。无论如何，文化总要因循时代的脉搏，前赴而后继，这就是文化的"时"；文化总要适应地域的风情，落地而生根，这就是文化的"境"。刘师培先生曾说："大抵北方之地土厚水深，民生其间，多尚实际；南方之地水势浩洋，民生其间，多尚虚无。民尚实际，故所著之文不外记事、析理二端；民尚虚无，故所作之文或为言志、抒情之体。"[2]可见，地域因素对文化的影响非同小可，它甚至决定了文化的价值取向。

交通大学自西迁以后，这所南方的著名学府便顽强地扎根在西北的文化古都，它因"时"而换"境"，与历史悠久的西安结下了不解的文化之"缘"，实现了南北文化的联姻与融通。

60余年光阴遽然飞逝，交大西迁的旧事离我们越来越遥远，似乎早已"时"过"境"迁。然而，就其西迁校址千年地缘文化的传承而言，她不仅"时"未过、"境"未迁，并且与这座遍地文物的千年古都的"缘"愈结愈深，难分难舍。她将辉煌的古老文明和灿烂的现代精神熔铸在一起，其遇合更堪称一场文化奇缘。"缘"是对等的：西安有了交大，古风中便透出一股新意；交大有了西安，睿智中便含着几分雄奇。西迁校址的地缘文化使我们立足于文物考证和文化阐释，为我们思考文化变迁中的"时""境""缘"问题提供了一个现实而具体的例证。

首先，文化的"时"并非指单纯的时间，而是指作为文化载体的时代。主体在"时"的进程中，可以淬炼出一种积极向上的文化精神，即足以激励后世的优秀精神。

图 6　(元)灰陶玉壶春瓶

Figure 6　(Yuan Dynasty) Pear-shaped Vase with a Flared Lip

图 7 （明）青花瓷碗 2
Figure 7 (Ming Dynasty) Blue and White Porcelain Bowl 2

图 8 （清）金耳挖

Figure 8 (Qing Dynasty) Golden Earpick

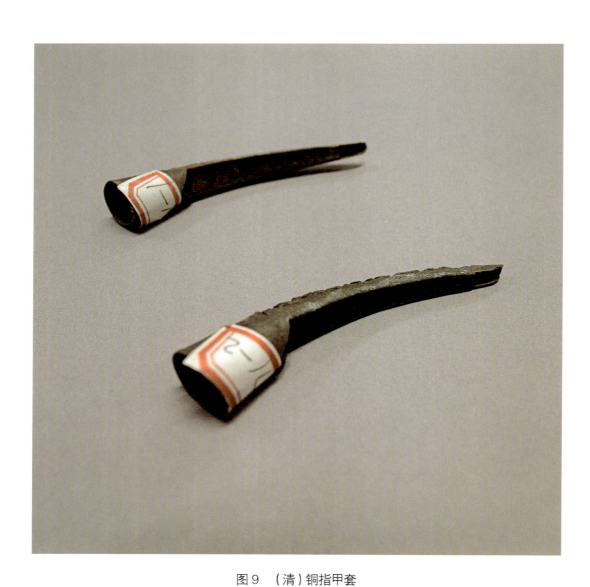

图 9　（清）铜指甲套

Figure 9　(Qing Dynasty) Copper Nail Protector

什么是交大的文化精神呢？就是以"爱国、奉献、传承、开拓"为核心的西迁精神和"为世忧乐、义无反顾、经世致用"的传统精神。从本质上说，西迁精神和传统精神本来就是一脉相承的，薪尽而火传。文化的"时"根本无法割裂成一个个断代碎片，它是一部一气呵成的完整的通史。浩瀚典籍，递相祖述；古贤今哲，前赴后继。现代文明是古代文明的继承和积累，贯于其中的求索精神则毫无二致。其实从20世纪50年代的"支援大西北"到当今的"西部大开发"，交大始终走在时代的前列，领风气之先，岁月更迭，精神不老，这就是文化的"时"的意义。

其次，文化的"境"并非指单纯的地理环境，而是指作为文化载体的地域。主体在"境"的迁移下，可以置身于一个新奇别样的文化环境或历史背景。事实上，对"境"的适应就是对他者文化的认可、接受和融合。交通大学从条件优越的上海西迁到条件相对艰苦的古都西安，面临的第一个困难就是对大西北的认可和接受，既要认可它深厚的文化底蕴，又要接受它较落后的经济现实。认可是轻松的，接受则是沉重的，要做到这一点，交大人必须具备恢宏的气度、远大的目光和坚定的毅力。而只有经过一段艰难的磨合期，不同背景的文化才可能融合在一起。可见，"境"与"时"其实也是不可分割的：文化的"时"需要一定的背景支持，文化的"境"对于自身的塑造而言，需要长期的文化积累；对于他者的融入而言，就更需要一定的气魄、眼光和意志做心理支持。如今，西安交通大学已经形成自己独特的文化优势，举手投足间无不散发出雍容典雅和蓬勃激越的气度，这是西安的文化性格，也是交大的文化性格。

再次，文化的"缘"并非指单纯的机缘巧合，而是指种种文化因素的相互碰撞、相互融合。西迁后的交大地缘奇缘不断：西汉壁画墓的发掘，隋唐古建筑的遗迹，白居易东亭的惊现，虾蟆陵故址的考订，百什珍贵文物出土，几多历史人物留踪，等等。但这种"缘"不是偶然的，它一旦发生，就立刻渗透到西安交通大学的文化精神当中，这是"缘"与"时"的结合。在西安交大这方土地上，数千年人世沧桑，仿佛变幻于眼前；几十位历史名流，曾经蹑足于身旁。在这里，我们会不知不觉中和无数的先哲们影叠形合，共土一方。面对如此丰富的人文历史遗产，我们不能不为之气屏心动、浮想神驰。但这种"缘"不是偶然的，它一旦发生，就立刻化作新的文化之"境",影响着它的四面八方。在交大校园东南区矗立着一块石碑,上面镌刻的是白居易在东亭故居写下的《养竹记》,其中这几句话已成了交大学子树立人格、提高修养的名训:"竹似贤,何哉?竹本固,固以树德;君子见其本,则思善建不拔者。竹性直,直以立身;君子见其性,则思中立不倚者。竹心空,空以体道;君子见其心,则思应用虚受者。竹节贞,贞以立志;君子见其节,则思砥砺名行,夷险一致者。"[3] 今天,世界上的许多名校往往喜欢用本校著名校友(比如后来成为大科学家、大政治家、大学者、大企业家的人士)的箴言隽语去激励后生,而西安交通大学竟以千年前的诗人题撰来砥砺学生品行,这不能不说是别出机杼。

由此可见,西迁后的交大以开阔的胸怀、远见的卓识,孜孜不倦地汲取古今中西的文化精髓。

小结

追根溯源话交大,千载风流有继声。交通大学西迁校址独特的地理位置、地理环境和历史文化背景在全国乃至世界的高校中并不多见,正因为如此才有了我们探索的天地。朝阳初上的清晨,交大四大发明广场上一片静寂,交大人站在前人一定站立过的地方,用和先辈一样的黑眼珠打量着千百年前的上林苑旧地、兴庆宫旧地,穿过赵宋的雨、李唐的风、秦汉的烟云,似乎有猎猎的风、达达的马蹄声正穿空而来;晨曦中,交大人正踏着前贤的脚步从容地走向未来。

注　释:

[1] 刘勰. 文心雕龙注·时序第四五:卷九 [M]. 范文澜,注. 北京:人民文学出版社,1962:675.

[2] 刘师培. 刘申叔遗书 [M]. 影印版. 南京:江苏古籍出版社,1997:560.

[3] 白居易. 白居易集:卷四三 [M]. 顾学颉,点校. 北京:中华书局,1999:936-937.

第一章 "天马来兮从西极"：西汉上林苑

千亩秦川陆海中，上林三十六行宫。

金樽平乐开钟鼓，玉辇长杨射虎熊。

天上犹腾牛女气，人间寥落石鲸风。

今人检点流传赋，想象当年武帝功。

上林苑本为秦时旧苑，始皇曾"营作朝宫渭南上林苑中。先作前殿阿房"[1]，然阿房未成而秦朝隳灭，上林苑不复昔时光景。汉建元三年（前138），武帝好微行，"使太中大夫吾丘寿王与待诏能用算者二人，举籍阿城以南，盩厔以东，宜春以西，提封顷亩，及其贾直，欲除以为上林苑，属之南山"[2]，开始在秦上林苑旧址的基础上进行扩建；司马相如作《上林赋》，言其"终始灞浐，出入泾渭"[3]。则汉上林苑扩建之初，北滨渭河，以秦阿房宫旧址为界；东临浐河，以宜春宫为限；南抵终南山；西极周至，此其范围之大体。其后经武帝扩建，汉上林苑向北则有泾、渭流经其中，向东则有浐、灞被纳入其内，其余边界亦有拓展，所谓"周袤数百里"[4]也。

汉上林苑北、西、南三垂之界限在今天看来是较为明确的，毋庸赘言，唯东界宜春宫尚待一番考证，这是因为涉及汉代宜春宫与宜春苑的地理关系。关于宜春宫，《上林赋》写武帝游猎"下棠棃，息宜春"[5]，颜师古注云宜春宫"即今曲江池是其处也"[6]；武帝"还过宜春宫，相如奏赋以哀二世行失"[7]，其中有"临曲江之隑州兮，望南山之参差"[8]句，则宫在曲江之畔明矣。关于宜春苑，秦赵高杀二世，"以黔首葬二世杜南宜春苑中"[9]；汉称宜春下苑，"在京城东南隅"[10]；元帝"（初元）二年三月，……

诏罢黄门乘舆狗马，水衡禁囿、宜春下苑、少府佽飞外池、严籞池田，假与贫民"，颜师古注云宜春下苑"即今京城东南隅曲江池是也"[11]；又《括地志》言"秦宜春宫在雍州万年县西南三十里。宜春苑在宫之东，杜之南"[12]，则宜春苑亦处曲江之畔，位宜春宫之东。另据《读史方舆纪要》，乐游原"本秦时宜春苑地。汉宣帝神爵三年，起乐游苑于此。《关中记》：'汉宣帝立庙于曲池北，号乐游庙。'盖初为苑，后因为庙，唐曰乐游园，其南即曲江池"[13]；何清谷先生校注《三辅黄图》时亦认为"宜春苑似包括今曲江池、凤栖原及乐游原的西部。宜春下苑似指宜春苑的原下部分"，并考证"宜春苑包括在上林苑中"[14]。综上，汉宜春宫与宜春苑毗连，宫苑以今曲江池为中心，其范围所及涵盖今乐游原，是扩建初的汉上林苑东部边界区域。交通大学西迁校址位于曲江以北、南界乐游原，毗邻这一边界，大致处在扩建后的汉上林苑东部，这正是探讨交通大学西迁校址千年地缘文化的一个重要依据。

上林苑是汉王朝的一个标本、一幅蓝图，是一个时代的历史缩影。苑内"游观侈靡，穷妙极丽"[15]，品类之繁盛，真可谓牢笼万有、无所不备，成为中国历史上极负盛名的皇家园林。在《上林赋》中，汉代大文学家司马相如以其全面的视角、新奇的眼光、磅礴的气势，极尽铺陈夸张之能事，为世人描绘了一个奇花异草弥山亘野、珍禽走兽跨谷腾冈的充满蓬勃生命力的汉代上林苑，并由此诠释宇宙万物的纷繁气象，给后人留下无尽思索。

上林已矣，来日方长。在上林苑的旧地上，今天的西安交大人正沿着先贤们的足迹，传承先贤们的衣钵，在新时代挥洒豪情。从这些交大人的身上，我们依稀可以看见汉王朝那开疆拓土的进取精神，依稀可以感受到上林苑里那包罗万象的兼容理念。终于，时间模糊了现实的轮廓，我们仿佛又回到了那个炳耀千古的历史年代。

第一节　帝国之梦的构筑

汉代，是一个创设制度、垂范后世的时代，是一个催人奋进、建功立业的时代，是一个放眼域外、走向世界的时代。如果说当年秦王朝所向披靡的气势震撼了一个时代的话，那么汉武帝开疆拓土、积极进取、兼收并蓄的气概则影响了一个民族。

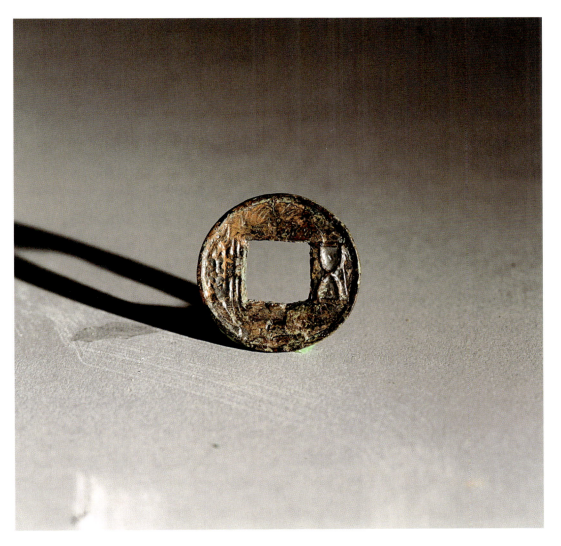

图 10 （西汉）大五铢铜钱
Figure 10　(the Western Han Dynasty) Big Five *Zhu* Coins

我们不禁要问，开创了中国历史上一个昂扬奋发时代的汉武帝，是从哪里起步的呢？是上林苑。

建元元年（前140），甫登大宝的汉武帝启用赵绾、王臧推行建元新政。一系列的改革措施触动了权贵们的利益，也与窦太皇太后崇奉的黄老学说冲突，最终，一场大展宏图与奉安敬道的交锋让这位年仅16岁的皇帝为他政治上的不成熟付出了代价。"御史大夫赵绾坐请毋奏事太皇太后，及郎中令王臧皆下狱，自杀。丞相婴、太尉蚡免"[16]，刚刚推行的一系列新政策也被废除，轰轰烈烈的建元新政就此偃旗息鼓，而刘彻的皇位勉强得以保全。痛定思痛，在还不能完全掌握朝政进行大刀阔斧改革的情况下，汉武帝聪明地选择了韬光养晦。

建元二年至建元六年的五年间，汉武帝索性骑着高头大马，挟强弓利箭，快马加鞭地从宫城奔向了上林苑。这里曾是文帝、景帝游猎的场所，也曾承载了他们对汉帝国走向强盛的美好理想；武帝要在这里追踵父祖，构筑一个属于自己的帝国之梦。五年的时间里，汉武帝尽管纵情驰骋于上林苑，过着追鹿逐兔的游猎生活，不再过问大政方针，但是这位血气方刚、年轻气盛的少年天子一刻也没有忘记他的梦想。建元三年（前138），他处心积虑地开始修整扩建上林苑，扩建后的上林苑"植物斯生，动物斯止。众鸟翾翾，群兽骙骙……林麓之饶，于何不有……嘉卉灌丛，蔚若邓林"[17]。穿行于绿树成荫、百花飘香、渠水清流、池陂涟漪、殿阁台榭林立的上林苑中，汉武帝并非只顾游玩打猎，而是在紧锣密鼓地构建自己的治国方略和宏图大志。面对外有匈奴侵扰、内有诸王骚乱以及东海割据、南越称王的现状，经过五年时间的通盘考虑，汉武帝逐渐形成了一套整体的治理国家的方略。现在，他所需要做的就是待时而动，而机会也恰在此时不期而至。

建元六年（前135），掌握朝政大权的窦太皇太后去世，22岁的刘彻正式执政，终于等来了实现他精心构筑的帝国之梦的机会。他颁布平服闽越叛乱的诏令，他派遣张骞出使西域，他下令设立五经博士……

汉武帝的帝国之梦就此开始朝帝国的四方渐次延展开来。

先是南方。

秦始皇一统天下，南方的形势并不稳定。而秦末动乱，楚汉争雄，割据政权相

继而起。汉兴之初,百废待兴,天子未尝用力于南方。文景两代,以无为治天下,国家遂富。至建元六年,武帝决心彻底改变秦末东南地区割据自立的局面。在这之后,武帝相继发兵征伐东瓯、闽越、南越,平息骚乱,设置南海、苍梧、郁林、合浦、珠崖、儋耳、交趾、九真、日南等九郡,西汉政府开始直接管理东南沿海地区;又迁徙越人与汉人杂居。越汉杂居促进了民族融合,语言和文化以及生活方式的交流,使之逐渐融合成一个不可分割的整体,也使西汉王朝的统一得到了巩固和发展。从此,东南地域开始真正稳定下来,成为中国领土不可分割的部分。

接着是西南。

汉建元六年,在兵伐东越后,武帝以唐蒙为郎中令,"将千人,食重万余人,从巴蜀筰关入"[18],与夜郎诸国约,置犍为郡。其后唐蒙镇巴蜀,"发巴蜀吏卒千人"[19],"用军兴法诛其渠帅,巴蜀民大惊恐"[20],于是,武帝遣司马相如入蜀,安抚巴蜀百姓。元鼎六年,"定西南夷,以为武都、牂柯、越巂、沈黎、文山郡"[21]。元封二年,"又遣将军郭昌、中郎将卫广发巴蜀兵平西南夷未服者,以为益州郡"[22]。在平定西南地区并设郡进行管理的同时,中原先进的农业和手工业生产技术开始传播到那里,极大地促进了西南地区的开发。

然后是北方。

北方是汉武帝治理的重中之重。秦并六国后,为打击不断南下侵扰中原的匈奴,始皇帝于三十二年派大将蒙恬"发兵三十万人北击胡,略取河南地"[23],并将秦、燕、赵三国原有之长城连接起来,修筑起一道西起临洮、东到辽东的长城防线,以备匈奴。秦末大乱,"中国疲于兵革"[24],匈奴得以喘息并迅速发展壮大,以至"控弦之士三十余万"[25],严重威胁着中原人民的安全。汉七年,高祖刘邦亲自率军讨伐投降匈奴的韩王信,"至平成,为匈奴所围,七日,用陈平秘计得出"[26]。此后,匈奴益强,汉王朝无法在军事上战胜匈奴,只得通过和亲、奉送财物、通关互市等方式换取边境短暂的和平。《史记·匈奴列传》载:"是时匈奴以汉将众往降,故冒顿常往来侵盗代地。于是汉患之,高帝乃使刘敬奉宗室女公主为单于阏氏,岁奉匈奴絮缯酒米食物各有数,约为昆弟以和亲,冒顿乃少止。"[27]据统计,从汉高祖到汉武帝初登基的短短60多年里,就有十位汉室宗女嫁入匈奴和亲。作为和亲的女性,她们被迫承担着政治使命，备受去国怀乡的痛苦折磨，乌孙公主刘细君就是其中一位。《汉书·西域传》言"公主至其国，自治宫室居，岁时一再与昆莫会，置酒饮食，以币帛赐王左右贵人。昆莫年老，语言不通，公主悲愁，自为作歌曰：'吾家嫁我兮天一方，远托异国兮乌孙王。穹庐为室兮旃为墙，以肉为食兮酪为浆。居常土思兮心内伤，愿为黄鹄兮归故乡。'"[28] 乌孙国处天山西北一带，与中原生活习俗迥异，加上语言不通，远嫁公主内心的悲愁可想而知。

采取与匈奴和亲并交纳大量金银和丝绸彩缎的政策，虽使汉王朝得到了短暂的和平，但并未能遏止匈奴对汉朝边陲时断时续的蛮横掠夺。只有挫其锐，伤其骨，才能扬威自保，才能彻底征服一个好战的民族，才能保证边疆的长治久安，才能维护国家的统一；任何消极和绥靖的政策只能纵容和助长对手的嚣张气焰。汉武帝无疑是深谙此道的。正因此，自元光二年（前133）六月始，汉武帝先后七次发动大规模对匈奴作战。汉匈之战就此拉开大幕，而这期间最闪耀的将星莫过于卫青、霍去病。

元光五年（前130），汉武帝遣车骑将军卫青北击匈奴，大破龙城，取得了自汉朝建立以来对匈作战的首次胜利。对于这次大捷，直到唐代，边塞诗人王昌龄还热情歌唱："秦时明月汉时关，万里长征人未还。但使龙城飞将在，不教胡马度阴山。"[29] 龙城之战，是汉王朝对匈作战的转折点。之后的漠南之战、河西之战、漠北之战，卫青、霍去病这些从上林苑走出来的大将军，带领汉家将士"雄绝域之志"[30]，为民族而战，终于使匈奴这个骁勇好战、屡犯边民的部族哭走阴山。匈奴，这个自西周末年以来就一直威胁困扰着北方各诸侯国的游牧民族最终在汉武帝这里息落了气焰。

当后世的史学家们喋喋不休地论说着"昭君和亲"是多么地英明和成功时，殊不知和亲之所以达到了效果并非是因为"和"这一形式，而是因为和亲的女子身后站立着的是一个强大的国家。

看看汉初六十年奉行和亲政策却依然侵扰不断的历史，就可以清楚问题的实质所在。正是汉武帝大规模地对匈作战从根底上摧毁了其有生力量，才为中原王朝赢得了长久的和平。和亲，从来都是强者对于弱者的恩赐。可以说，没有汉武帝对匈奴战争的胜利，就没有后来为人津津乐道的"昭君出塞"的成功。民族上层的和亲必然引起民族下层的联姻，而且规模远比和亲大得多。正是有鉴于此，汉王朝才会在战争胜利后依然保持并延续着和亲政策，也只有这样的和亲才能够兵不血刃地降伏南匈奴，才能够让原本对立的两个民族走向融合，进而产生深远的历史影响。

在稳固与开拓边疆方面，秦始皇做到的，汉武帝也做到了；秦始皇没有做到的，汉武帝也都做到了；秦始皇想做而没有做好的事情，汉武帝也基本都做好了。而这一切，其实早在上林苑就有了分晓。上林苑的确是块福地，汉武帝在这里构筑起他的帝国之梦，卫青、霍去病在这里得到历练并最终走向反击匈奴的战场，他们为后人留下了多么壮阔而深沉的历史回忆。

在汉武帝开疆拓土的过程中，各地的珍禽异兽、奇花异卉也源源不断在上林苑安家落户。据《三辅黄图》记载：汉武帝元鼎六年（前111），破南越后，从南方引种了许多亚热带植物，其中"菖蒲百本；山姜十本；甘蕉十二本；留求子十本；桂百本；蜜香、指甲花百本；龙眼、荔枝、槟榔、橄榄、千岁子、甘橘皆百余本"；又"上木，南北异宜，岁时多枯瘁。荔枝自交趾移植百株于庭，无一生着，连年犹移植不息。后数岁，偶一株稍茂，终无华实，帝亦珍惜之"[31]。这可能是"橘生淮北则为枳"的另一种解读了。在这座皇家园林中，有北方的动物，也具有亚热带的自然风光，真是包罗万象、牢笼百态！"《巴俞》、宋、蔡，淮南、《于遮》，文成、颠歌。族居递奏，金鼓迭起，铿鎗闛鞈，洞心骇耳。荆、吴、郑、卫之声，《韶》《濩》《武》《象》之乐，阴淫案衍之音，鄢、郢缤纷，《激楚》结风。"[32]北方的歌，南方的谣，西北的风土，淮南的人情，在上林苑里汇聚成一道巨丽的风景。

上林苑，见证了那一段波澜壮阔的历史。从这里出发，汉武帝孕育并实现了他的强国强军之梦；从这里出发，开拓丝绸之路的英雄们实践着他们的振国理想；从这里出发，炎黄子孙开启了一个辉煌的历史时代；从这里出发，华夏王朝第一次登上世界历史的舞台。

当上林苑里的风光再也不能够满足雄心勃勃的一代帝王之时，汉武帝把他的目光瞄向了广阔的塞外，掠过天山，穿过沙漠，渠勒的核桃石榴、大宛的汗血宝马尽收眼底。就在汉武帝扩建上林苑的同时，张骞从历史的迷雾中走来，踏上了凿空西域的漫漫长途；上林苑见证了他这一改变中国历史格局的英雄壮举。作为陕西汉中城固人的张骞，他是一个有意志、有智慧、有心胸的人。建元三年（前138），张骞第一次出使西域，历经艰险，终于在13年后回到大汉；而他一路走来，竟不经意间开辟了一条具有世界影响力的"丝绸之路"。因张骞在西域享有威信，汉武帝封他为博望侯，"博望"即取信于诸国之意。张骞凿空的西行，为汉武帝的世界观念奠定了基础。如果说汉武帝第一次派遣张骞出使西域是为了联合月氏夹击匈奴的话，那么后来派遣张骞等人出使西域就是明明白白地要让汉民族走向世界。

"丝绸之路"全长6440公里，贯通亚洲、欧洲的大路，是世界上最长、最宽、最古老、最厚重的商贸往来、文化交流之路。这条路，将中国的汉唐铸造成了"帝国"；这条路，既让中国走向世界，也让世界开始关注中国。频繁的文化交流，促进了世界文明的向前发展。借助"丝绸之路"，中国人的足迹遍布大宛、月氏、身毒、安息、大夏。于是，西域的葡萄、芝麻、胡桃、石榴、黄瓜、蚕豆、绿豆、大葱、大蒜等纷纷传入中原，西域的乐器、乐曲以及各种名贵的手工业品也风靡西汉王朝，而中国华美绚烂的丝绸也通过西域大量地转到中亚、西亚和欧洲，汉朝的铸铁、凿井技术也从这个时候陆续西传。"丝绸之路"就这样从上林苑缓缓而来，逶迤而去。

西汉的强大，与汉武帝选拔重用人才是分不开的。就选拔贤良、网罗人才的完善程度而言，汉武帝走出了重要的一步，那就是完善"察举"制度。汉武帝登基伊始，即诏令各级官府及诸侯国"举贤良方正直言极谏之士"[33]。此外，汉武帝还特别注重人才的培养。《关中记》载上林苑有36苑，其中有专为太子设置用以招揽宾客的思贤苑、博春苑。上林苑俨然成为人才的选拔成长基地，众多的文人才子从四面八方汇聚一堂，经过磨炼和挑选，最终成为支撑一个王朝的脊梁。上林苑的山山水水间留下了他们的足迹，收藏着他们的声音，见证着他们"十年磨一剑"的苦熬，也印证了"天生我材必有用"的真谛。上林苑中，来自蜀地的司马相如以他恢宏华丽的辞赋世界再现了西汉的历史盛况和时代风貌，回报了同乡人的荐举之情，也为我们留下了一个时代的记忆。历史记住了杨得意的伯乐慧眼，也记下了司马相如的"千里马"本色。

历文、景两代的休养生息，到了汉武帝时期，汉王朝的国力急剧上升，社会安定，民康物阜；富足的生活让人们开始关注自身以外的广阔世界。当他们观察着、品尝着、倾听着周围最美的东西的时候，自然而然地将目光投向了更加遥远的地方。于是，上林苑迎来了前所未有的文化和思想的碰撞，大一统的西汉王朝走向巅峰。

任何民族文化的发展与壮大，都需要外来文化的碰撞和补充。中国汉唐文化之所以经久不衰，就是因为汉唐时期的人们以自信和开放的胸襟，吸纳了异域的文明营养，丰富和拓展了本民族文化的内涵和外延。两千年后的今天，当我们开始习惯用世界性的眼光彼此打量的时候，其实两千年前的汉武帝已经开始用世界性的眼光打量这个世界了。"天马来兮从西极，经万里兮归有德。承灵威兮降外国，涉流沙兮四夷服。"[34]当汉武帝跨上矫健的大宛马，在上林苑中纵情驰骋的时候，那该是何等的意气风发、神采飞扬！汉王朝就这样裹挟着风雷般的气势一路走去，独步天下！

俱往矣！谁能想到，两千多年后，一所现代高等学府会在汉上林苑旧址拔地而起，成为祖国西部高等教育的领头羊。透过厚重的历史文献，虽然今天的人们已无法精确定位西安交通大学在上林苑的具体地点，因为与当年"南至宜春、鼎湖、御宿、昆吾，旁南山而西，至长杨、五柞，北绕黄山，滨渭而东"[35]的上林苑相比，交大校园实在是太小了；然而，上林苑所代表的开拓进取、兼收并蓄、追求卓越的时代精神历久弥新，一直激励着交大人不断向前。

注　释：

[1] 司马迁. 史记·秦始皇本纪：卷六[M]. 北京：中华书局，1963：256.

[2] 班固. 汉书·东方朔传：卷六五[M]. 北京：中华书局，1964：2847.

[3] 司马相如. 司马相如集校注[M]. 金国永，校注. 上海：上海古籍出版社，1993：32

[4] 扬雄. 扬雄集校注[M]. 张震泽，校注. 上海：上海古籍出版社，1993：83-84.

[5] 同[4].

[6] 班固. 汉书·司马相如传：卷五七上[M]. 北京：中华书局，1964：2568.

[7] 班固. 汉书·司马相如传：卷五七下[M]. 北京：中华书局，1964：2591.

[8] 同[3] 133.

[9] 同[1] 275.

[10] 史念海. 三辅黄图校注[M]. 何清谷, 校注. 西安: 三秦出版社, 1998: 232.

[11] 班固. 汉书·元帝纪: 卷九[M]. 北京: 中华书局, 1964: 281.

[12] 李泰. 括地志辑校[M]. 贺次君, 辑校. 北京: 中华书局, 1980: 8.

[13] 顾祖禹. 读史方舆纪要: 卷五三[M]. 贺次君, 施和金, 点校. 北京: 中华书局, 2005: 2518-2519.

[14] 同[10] 233.

[15] 同[4].

[16] 班固. 汉书·武帝纪: 卷六[M]. 北京: 中华书局, 1964: 157.

[17] 张衡. 张衡诗文集校注[M]. 张震泽, 校注. 上海: 上海古籍出版社, 1986: 56-57.

[18] 司马迁. 史记·西南夷列传: 卷一一六[M]. 北京: 中华书局, 1963: 2994.

[19] 同[7] 2577.

[20] 同[7] 2577.

[21] 同[16] 188.

[22] 同[16] 194.

[23] 同[1] 252.

[24] 司马迁. 史记·匈奴列传: 卷一一〇[M]. 北京: 中华书局, 1963: 2890.

[25] 同[24] 2890.

[26] 班固. 汉书·高帝纪: 卷一下[M]. 北京: 中华书局, 1964: 63.

[27] 同[24] 2895.

[28] 班固. 汉书·西域纪: 卷九六下[M]. 北京: 中华书局, 1964: 3903.

[29] 彭定求, 等. 全唐诗: 卷一四三[M]. 北京: 中华书局, 1979: 1444.

[30] 柳宗元. 柳宗元集: 卷一〇[M]. 北京: 中华书局, 1979: 239.

[31] 同[10] 196.

[32] 同[3] 76.

[33] 同[16] 155.

[34] 司马迁. 史记·乐书: 卷二四[M]. 北京: 中华书局, 1963: 1178.

[35] 同[4].

第二节　丝路英雄从这里出发

在汉武帝之前，和亲维系着汉匈之间脆弱的和平关系。这项持续了六七十年的政策，虽然为汉朝的发展换来了时间，但也见证了一个王朝曾经的软弱与无奈。汉王朝之所以选择和亲，一方面是因为汉初百废待兴，无法支持长时间、大规模的对外自卫反击战争；另一方面则是因为中原骑兵力量不足，无法正面对抗匈奴骑兵的突然袭击。于是，面对匈奴的不断侵扰，汉王朝在没有强大骑兵支撑的情况下，只有依靠长城展开重点防御。骑兵，成了汉王朝心中无法言说的痛。

痛定思痛！为了反击匈奴，汉武帝非常重视骑兵队伍的训练。也正是在汉武帝时期，汉朝的骑兵地位不断上升、规模不断扩大，逐渐成为汉军的主力兵种。上林苑，成了培养骑兵统帅的"训练场"；卫青、霍去病等大批西汉著名抗匈将领就是从这里出发，走向战场，"振英风于绝域，申壮节于殊方"[1]，成为后世的楷模。

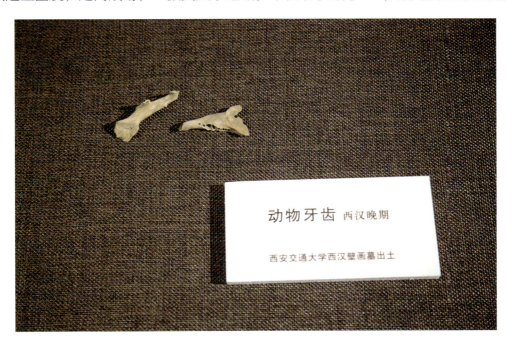

图 11 （西汉）动物牙齿

Figure 11 (the Western Han Dynasty) Animal Teeth

卫青，汉武帝皇后卫子夫之弟，曾率领汉军七击匈奴，积功至大司马大将军；霍去病，卫青的外甥，武帝敕封的冠军侯，曾率汉骑击破匈奴王庭，封狼居胥山而还。"卫霍"是与丝绸之路紧密相连的国之双璧，是后人竞相效仿的民族英雄，"倚剑对风尘，慨然思卫霍"[2]，这是一个时代的风尚。尤其是霍去病，他用极尽绚烂的方式燃烧了自己短暂的生命，成为华夏大地上不朽的战神。

元朔六年（前123），霍去病年十八，"受诏与壮士，为剽姚校尉"[3]，随舅舅卫青出击匈奴。战役中，他带领八百骁勇善战的壮士深入敌境数百里，直插敌营，趁着匈奴人欢歌饮宴之际，发动突然袭击。匈奴人全无戒备，四处逃散，被汉军小分队各个击破。在这一次偷袭敌营的战斗中，霍去病"斩首虏二千二十八级，及相国、当户，斩单于大父行籍若侯产，生捕季父罗姑比，再冠军，以千六百户封去病为冠军侯"[4]。在中国的历史上，这是第一次出现"冠军"一词。李白曾在《胡无人》一诗中热情称赞这位少年将军："严风吹霜海草凋，筋干精坚胡马骄。汉家战士三十万，将军兼领霍嫖姚。"[5] 千载之下，人们犹能想见霍去病驰骋瀚海直令匈奴人马辟易的英雄气概。

跟随卫青两次出征后，霍去病已能独立带兵作战了。从元狩二年（前121）的河西之战到元狩四年（前119）的漠北之战，短短的三年时间里，霍去病用他朝阳般的生命，创造了一系列战争奇迹。

地处蒙古高原和青海高原之间的河西走廊，是中原王朝通往西域的重要通道，也是丝绸之路的关键地段，但却长期被匈奴人控制。驻扎在张掖的浑邪王和驻扎在武威的休屠王不仅控制着西域各国，还伙同南面的羌人，在军事上对汉朝西部的安全构成极大威胁。

元狩二年（前121）春，汉武帝任命20岁的霍去病为骠骑将军，让其统率精锐铁骑一万人，从陇西出塞进军河西走廊。在河西战斗中，他率领士卒跨过乌鞘山，攻破匈奴遬濮部落，涉渡狐奴河，穿越匈奴五王国，令敌人闻风丧胆。霍去病采取"拒降者杀，降服者赦"的政策，转战六天，越焉支山一千余里，在皋兰山下和匈奴短兵相接，肉搏苦战，杀敌甚多，大获全胜。这次战役，杀死了折兰王，斩除了卢侯王，生擒浑邪王的儿子及相国、都尉，歼灭匈奴官兵890余人，缴获休屠王的"祭天金人"。

这年夏天,汉武帝派两支部队再攻河西。骠骑将军霍去病与合骑侯公孙敖为一支,受命从北地郡(今甘肃环县东南)出塞;另一支是博望侯张骞、朗中令李广,从右北平出塞,他们的任务是策应霍去病大军的河西进攻。霍去病领兵出北地后,与公孙敖分路挺进,公孙敖因迷失路途,未能按计划与霍去病会师。霍去病独率骑兵,涉水过钧耆河,以舟渡过居延水(今甘肃张掖县北),到达小月支地区,直驱祁连山。汉军所到之处无坚不摧,匈奴各部望风披靡。汉武帝随后派霍去病带兵以武力受降。面对极其复杂的局面,霍去病冒险前往,挺身驰入浑邪王阵营,与其洽谈,命令把拒降的士卒立即斩杀;随即杀匈奴士卒八千多人,并马上派人送浑邪王赶赴长安见汉武帝。霍去病则亲率匈奴降兵四万余人,渡河东归,返回长安。在这次受降的军事指挥中,霍去病充分发挥了他果敢、机智、迅速、快捷的才能。河西受降的成功,是这位年轻的将军在丝绸之路上所立的最大军功,也是汉朝两次用兵河西取得的最辉煌的战果。至此,长安通往西域的河西走廊被打通。

浑邪王降汉后,其残部退到燕支山以北(今甘肃丹县北)至新疆白龙沙(即白龙堆,罗布泊东)一带。当时匈奴中流传着这样一首歌谣:"亡我祁连山,使我六畜不蕃息。失我燕支山,使我妇女无颜色。"[6] 为了巩固河西的安稳,汉朝除增筑关塞外,又设立了武威、张掖、酒泉、敦煌"河西四郡"。至今,这些地区还流传着许多与霍去病有关的历史故事。

元狩四年(前119)春,具有深远历史意义的漠北之战打响。卫青、霍去病各领骑兵五万人,随军部队数十万,军分东西两路,卫青兵出定襄,霍去病兵出代郡,浩浩荡荡,深入漠北,寻歼匈奴主力。此次西汉两路大军的远征,追击匈奴出塞两千余里,匈奴死伤九万余人,自此"匈奴远遁,而幕南无王庭"[7]。汉武帝终于将匈奴势力赶至大漠以北,从而长久地保障了西汉北方长城一带边境的安全,而漠北之战也是汉朝出击匈奴最远的一次。

漠北之战后,霍去病只有21岁,由于功勋显赫,汉武帝任命他与卫青同为大司马,并规定他的级别、俸禄与卫青相同。在这之前汉武帝曾多次提出为他修建与其功名相当的府邸,但都被霍去病谢绝。"匈奴未灭,无以家为也"[8],这是霍去

图 12 （汉）素面铜钵 2

Figure 12 (Han Dynasty) Bronze Bowl without Decoration 2

病对汉武帝的回答,更是霍去病留给后人的刻骨誓言。

霍去病少年从戎,18岁率兵作战,先后六次讨伐匈奴,他在漠南之战、河西之战、漠北之战的功勋将永载史册。他作战不墨守成规,重视骑兵的运用,常以快速突袭、长驱直入、取食于敌、大包抄、大迂回、闪电战等战术令对手措手不及。也许是天妒英才,也许是战神生涯的过度劳累,霍去病于元狩六年(前117)不幸病逝,年仅23岁。汉武帝感念其功勋卓著,为他举行盛大的国葬,调遣边境五郡的铁甲军,从长安到茂陵排列成阵,为这位23岁的护国将领送行;汉武帝痛惜其英年早逝,在茂陵东为其修筑了一座像祁连山的巨冢,占地5644平方米,设有大批大型石刻,供后人瞻仰。

少年强则国强。人们永远记得是他打破匈奴骑兵天下无敌的神话,人们永远记得他是丝绸之路上最年轻的战神!他是我们民族千秋万代仰望膜拜的崇高偶像,他是我们中华大地永不磨灭的记忆!

两千多年来,为了维护丝绸之路的畅通与繁荣,多少炎黄子孙成为千古楷模、万代英雄。汉代的张骞、卫青、霍去病、郑吉、李广、李蔡、公孙贺、陈汤、傅介子、赵充国、冯奉世、辛武贤、马援、班超、班勇、耿夔、窦宪等,唐代的李勣、程知节、哥舒翰、王忠嗣、王君㚟、郭知运、王方翼,等等。霍去病"匈奴未灭,无以家为"的壮志,陈汤"明犯强汉者,虽远必诛"[9]的誓言,班超"不入虎穴,不得虎子"[10]的智慧,永远在丝绸之路上回响。

"盖代英雄去不还,高碑犹自在人间。"为了纪念那些英雄,我们的先辈固执地将他们的人名、事迹刻在了石碑上,写进了史册里,为他们树碑,为他们立传,霸气地不允许后代忘记他们。"非石无以表其贞,非文何以记其远"[11],这就是我们祖先的集体意识。

两千余年过去了,丝路英雄的墓碑、神道碑、功德碑、纪念碑依然屹立在丝绸之路广袤的大地上。作为中华文明传播史上的重要载体,石碑早已化成了"丰碑""心碑""口碑",成为我们刻骨铭心的文化记忆,并以刻骨的样式融入我们的生命体中。

注　释：

[1] 董诰，等. 全唐文：卷一六二[M]. 北京：中华书局，1983：1659.

[2] 高适. 高适集校注[M]. 孙钦善，校注. 上海：上海古籍出版社，1984：71.

[3] 司马迁. 史记·卫将军骠骑列传：卷一一一[M]. 北京：中华书局，1963：2928.

[4] 同[3] 2928.

[5] 瞿蜕园，朱金城. 李白集校注：卷三[M]. 上海：上海古籍出版社，1980：269.

[6] 李泰. 括地志辑校[M]. 贺次君，辑校. 北京：中华书局，1980：227.

[7] 司马迁. 史记·匈奴列传：卷一一〇[M]. 北京：中华书局，1963：2911.

[8] 同[3] 2939.

[9] 班固. 汉书·傅常郑甘陈段传：卷七〇[M]. 北京：中华书局，1964：3015.

[10] 范晔. 后汉书·班梁列传：卷四七[M]. 北京：中华书局，1973：1572.

[11] 郑炳林. 敦煌碑铭赞辑释[M]. 兰州：甘肃教育出版社，1992：21.

第三节　"太学"在世界教育史上的地位

两千多年前在古都长安这片土地上，汉武帝创建了世界教育史上有确切文字记载的最早由中央政府设立的教育机构——太学，开两汉重教之风气。

"太学"一词始于西周，《大戴礼记》曾载"帝入太学，承师问道"[1]。元朔五年（前124），汉武帝采纳董仲舒"愿陛下兴太学，置明师，以养天下之士"[2]的建议，于京师长安设立太学。"太学"是中国历史上最早的国家高等学府，以传授知识、研究专门学问为主要职责，开创了中国教育史乃至世界教育史上官办学府的新纪元。汉武帝一面在中央建立太学，一面还诏令天下郡国皆立学官，设立地方学校，建立地方教育系统，一时学校林立。班固《两都赋》言其时"四海之内，学校如林，庠序盈门"[3]，反映了当时的教育盛况。最初太学中只设五经博士，置博士弟子五十名。从武帝到新莽，太学中科目及人数逐渐加多，开设了讲解《易经》《诗经》《尚书》《礼记》《公羊传》《谷梁传》《左传》《周官》《尔雅》等课程。汉元帝时博士弟子达千人，汉成帝时增至三千人。王莽秉政，为了树立自己的声望，并笼络广大的儒生，在长安城南兴建辟雍、明堂，又为学者筑舍万区，博士弟子达一万余人，太学规模之大，实前所未有。武帝到王莽，还"岁课"博士弟子，入选的可补官。东汉建武五年（29），汉光武帝刘秀在洛阳城东南的开阳门外兴建太学，到东汉质帝时，太学生已多达三万人。汉灵帝熹平四年（175），为了刊正经书文字，刻成有名的"熹平石经"，竖于太学门外，全国各地来观看和抄录经文者，络绎于途。可见，两汉太学在培养人才和促进文化发展等方面都发挥了重要作用。

进入太学的渠道主要是选送和考试两种录取方法。当时太学里，学生中有中央选送的"正式生"，也有地方选送的"特别生"，还有考试录取的学生。除少数正式生的学习和生活费用由国家负责外，其余学生的费用则一律自给。太学生也有一般的平民子弟，他们大都是自费。倘若家庭无力负担学费，太学生就自己一面工作一面读书，这大概是中国最早的"半工半读"了。

西汉太学兴盛有两个重要的原因，那就是关于博士的选拔制度和太学明是非、重辩论的学风，按今天的话说，就是有一支经过严格选拔的教师队伍和良好的学风。

太学以五经博士为教官，由全国各郡保荐学生到太学受业。博士这一称呼起源于中国的秦汉时期。当太学正式建立后，博士和博士弟子就分别指太学里的老师和学生了。太学里的博士由当时的学术名流担任，这使得太学拥有了具备较高素养的教师队伍。太学对博士的选拔非常严格，分为征辟或荐举名流以及考试加用"保举状"两种。保举状有对所荐人知识水平、品格作风和健康状况的详细说明，也有对其社交范围的交待。《后汉书·朱浮传》注引《汉官仪》记载有一段关于保举状的内容：

> 生事爱敬，丧没如礼。通《易》《尚书》《孝经》《论语》，兼崇载籍，穷微阐奥。隐居乐道，不求闻达。身无金痍痼疾，卅六属不与妖恶交通、王侯赏赐。行应四科，经任博士。[4]

可见当时担任太学博士的是一些非常有学术素养、品格极高的人。汉代在教育上的投资是相当大的，博士享有较优厚的俸禄，学校为之提供专门的博士舍。与当时的达官贵人相比，博士的俸禄可能相当于中层官员的水平，但是博士却享有很高的荣誉和社会地位，汉朝政府对太学博士是相当尊崇的。

就当时的教育风气而言，西汉太学的教育是极具创新意识的。汉代太学最多时候才设立博士15人，而学生却成千上万。由于博士少，弟子多，十几个博士不可能教授这么多学生，所以他们创新了教学方法，即不设修业年限，以自学为主，鼓励学生设疑问难。博士虽然也在大讲堂授课，称"大都授"，也就是现在所谓的大班课，但大多数时间学生都是自学和互学。又由于当时书写工具多以竹简、木牍、帛书为主，口耳相传又成其主要的教学方法，所以太学鼓励学生自学，并提倡自由讨论、自由辩论的风气。太学的学生们除了上正课外，大多数时间都根据自己的兴趣去研究所喜欢的学问。太学考试以"设科射策"为主，类似于今天的抽签答辩，这种方式更利于学生的主观发挥。这种相对开放的考试制度，对培养具有真才实学的人才是有益的。

汉代太学论辩风气极盛。西汉甘露年间的石渠阁论经和东汉章帝初年的白虎观论经都有博士参加，论经者中很多是朝中权贵，但博士们在论辩时只重是非，只重义理，而不去顾虑地位的高低。学生们在辩论中发现问题、分析问题、解决问题，体现了群策群力的集体智慧。这样的学术风气为西汉经学的兴盛奠定了基础，董仲舒天人感应的儒学体系的建立正是在辩论中得到完善，最终确立了儒学的独尊地位。

在辩论中，太学里的博士和学生坚持明本正源的学风，清代大思想家顾炎武在《日知录》中将这种学风概括为"疑经而不敢强通"[5]，赞扬了西汉儒家不以己意妄加于前人著述，旨在明本正源、实事求是的学术风尚。中国文化史上影响深远的章句、训诂、义理之学也正是在西汉这种倡导辩论和明本正源风气中形成的，它讲究学术研究材料的真实性、立论的可靠性，培养了中国士人追根求源、实事求是的学术风气。汉朝的"今古文之争"，就是在这种风气中达到高潮的。

除了百家争鸣、学术自由的风气之外，西汉的太学强调知识贯通的学风。两汉的高级人才中还有一个称谓，就是通儒。通儒所掌握的不但包括经史诸子方面的人文知识，也必须包括天文历算等自然科学知识。我们今天所说的通才教育、培养复合型人才的教育理念在西汉的太学里都能找到雏形。

就太学的学生而言，西汉的太学生也无疑为后代的学生提供了学习的楷模。西汉哀帝时，为给主持公道、仗义执言的谏议大夫鲍宣诉冤，博士弟子王威等千余人上书营救，集会示威，以至于造成交通堵塞，丞相孔光上朝的车辆都过不去。学生们在宫门外群情激愤，最后皇帝只好从轻处理了鲍宣。这恐怕是中国高墙内知识分子参与政治的最早的记载了。西汉的太学运动无疑也影响和启迪了后代的文人知识分子，也为后世的中国知识分子们做出了表率，给中国知识分子积极投身于社会和政治生活，关心家事国事天下事的传统开辟了先河。东汉晚期刚正不阿的党锢领袖李膺、名臣陈蕃等人反对宦官的黑暗专制，得到太学生的支持和响应，于是太学生也成为宦官打击的对象，不少与党人有牵连的学生遭到禁锢。尽管如此，在中国的历史上还是有了"公车上书""五四运动"等为民请命、为国奔走的一批批精英。

汉代是一个开明的时代，一个士阶层极具社会使命意识的时代，一个学生积极参与社会政治活动的时代。

汉代的太学教育培养了一大批的知识分子，为国家的建设和发展培养了有生力量和大量的后备军。长安是当时全国的教育中心，各地许许多多的青年人到长安求学，这些年轻而涌动着青春激情的人，满载着知识回到家乡，为地方的建设和发展做出了贡献，并把汉文化普及到全国各地，起到了教化作用。不少文化落后地区的学生学成返乡后，极大地促进了本地区文化教育事业的发展。《汉书》载，蜀郡守文翁，选送十余人到长安学习，这些人学成后回到蜀郡，文翁授予他们以重要官职，从而使蜀地"大化"。[6]

在这些来来往往昂扬奋发的青年才俊身上，我们听到了一个时代迎风起舞的历史强音，看到了一个民族迎着朝霞曙光的强健身躯。教育兴则国兴，教育强则国强。

在上林苑的自然山水风光中，浸染了那么多的历史陈迹，留下了那么多的风流雅事，承载了那么多的文化内涵。正如余秋雨先生在《文化苦旅》序言中写道："中国文化的真实步履却落在这山水重复、莽莽苍苍的大地上。"站在巍峨的钟楼上俯视，昔日风风光光的上林苑旧地，今日已经是高校林立；昔日的文烟墨云在这里积淀成肥沃的厚土，滋养着四面八方的"太学生"。上林苑旧地承传着文化与文明的薪火，也承载着历史前进的步履。

注　释：

[1] 黄怀信. 大戴礼记汇校集注：卷三[M]. 西安：三秦出版社，2005：342.

[2] 班固. 汉书·董仲舒传：卷五六[M]. 北京：中华书局，1964：2512.

[3] 萧统. 文选：卷一[M]. 上海：上海古籍出版社，1986：38.

[4] 范晔. 后汉书·朱冯虞郑周列传：卷三十三[M]. 北京：中华书局，1973：1145.

[5] 顾炎武. 日知录校注：卷二七[M]. 陈垣，校注. 合肥：安徽大学出版社，2007：1483.

[6] 班固. 汉书·循吏传：卷八九[M]. 北京：中华书局，1964：3625.

第二章 "森然古墓何峥嵘":西汉壁画墓

> 古墓丹青世所无,当年萧傅更堪吁。
>
> 星辰四象陈牛斗,云鹤千年走兔乌。
>
> 汉室匡扶愠众小,石渠平议定诸儒。
>
> 浮云蔽日宣元世,后史能判贤与愚。

1987年4月,西安交大附属小学建造教学楼时,在挖掘地基的过程中发现了一座西汉壁画墓。陕西省考古研究所和西安交通大学组成联合发掘队对这座汉墓进行清理,历时近五个月,将临摹壁画、摄像、清理文物等各项工作完成;后来考古界把其命名为"西安交通大学西汉壁画墓"。

截至目前,全国发现的西汉壁画墓只有9座,集中在陕西、河南两省,其中洛阳4座,商丘1座,西安4座。发掘的顺序依次是:①洛阳"八里台"西汉壁画墓,1916年发掘;②洛阳烧沟西汉壁画墓,1957年发掘;③洛阳西汉卜千秋壁画墓,1976年发掘;④西安南郊曲江池西汉壁画墓,1985年发掘;⑤西安交通大学西汉壁画墓,1987年发掘;⑥商丘永城芒山柿园西汉壁画墓,1987年发掘;⑦洛阳浅井头西汉壁画墓,1992年发掘;⑧西安理工大学西汉壁画墓,2004年发掘;⑨西安曲江翠竹园西汉壁画墓,2008年发掘。发现的9座西汉壁画墓主要集中在西京长安与东都洛阳,这与两京在西汉时期的显赫地位相吻合。从墓葬形制看有三种类型,洛阳地区的4座以土洞式砖石墓为主,商丘的1座为"凿山为室"的石崖墓,西安地区的4座以斜坡墓道土圹砖石墓为主。墓葬的年代大致可分为西汉前期、中后期、晚期。壁画的内容除以天象、神话、祥瑞、升天等神幻内容为主外，还出现了与现实生活及生产活动息息相关的内容。在中国古代壁画墓的发展史上，西汉壁画墓有着不可替代的作用，它为后世壁画墓的繁荣昌盛奠定了坚实的基础。

第一节　壁画墓的由来

"壁画"是指绘制在建筑物墙壁面上的画像，是最古老的绘画形式之一。壁画的源头可追溯至远古人类旧石器时代的"洞穴壁画"和"摩崖石刻"。中国的壁画艺术具有悠久的历史渊源和博大精深的内涵，其独特的艺术风格与气派为世人所瞩目，在世界艺术宝库中占有显著地位。中国壁画萌芽于周，历经春秋、秦汉日臻完美，到唐朝则空前繁荣，达到鼎盛。

壁画最早用于装饰庙堂、宫殿，后来发展到用于装饰墓葬；有壁画装饰的墓就被称为"壁画墓"。壁画墓相对于一般的墓葬而言，数量是非常少的。就目前的发现来看，中国最早的壁画墓产生于西汉。现存西汉早期的壁画墓（大约景帝至武帝初期）只有1座，即1987年发掘的"商丘永城芒山柿园西汉壁画墓"，其余发掘的西汉壁画墓均为中期和晚期。

汉代壁画墓的产生与当时人们的意识形态观念有着极大的关系，先秦两汉时期人们普遍受灵魂、神仙、方术、阴阳五行及天人感应等思想影响，而追求生命的长久又是人类永不衰竭的话题。

早在先秦的典籍中就能看到中国古代"灵魂不朽"观念的根深蒂固，祖辈们的集体意识是：人死后其精神是永存的。为了构建这一观念，祖辈们把人解构成由"魂"和"魄"两部分组成。"魂通常与气和精神紧密相连，魄往往与形和灵性联系在一起"[1]，这样人死后就有了自然的归属，"魂将离开肉体而上扬天空，魄仍然依附于肉体，并随肉体的消亡而归于泥土"[2]。《礼记·祭义》说："众生必死，死必归土，此之谓鬼。骨肉毙于下，阴为野土。其气发扬于上，为昭明，焄蒿悽怆，此百物之精也，神之著也。"[3]《礼记·檀弓下》："（季札）曰'骨肉归复于土，命也！若魂气则无不之也，无不之也。"[4]《礼记·郊特牲》还说："魂气归于天，形魄归于地，故祭，求诸阴阳之义也。"[5]《说苑·反质》："精神者，天之有也。形骸者，地之有也。精神离形，而各归其真，故谓之鬼。"[6]《论衡·论死》："人死精神升天，骸骨归土，故谓之鬼（神）。鬼者，归也；神者，恍惚无形者也。或说：鬼神，阴阳之名也。阴气逆物而归，故谓之鬼；阳气导物而生，故谓之神。神者，伸也，申复无已，终而复始。人用神气生，其死复归神气。阴阳称鬼神，人死亦称鬼神。"[7] 有了灵魂观念的支撑，人们面对死亡就会多一份淡定和坦然。人们相信，作为载体的肉身死去后，作为精神的灵魂会在另一个世界里继续生存。对此，《庄子·知北游》里大声疾呼："生也死之徒，死也生之始，孰知其纪！人之生，气之聚也；聚则为生，散则为死。若死生为徒，吾又何患！故万物一也，是其所美者为神奇，其所恶者为臭腐；臭腐复化为神奇，神奇复化为臭腐。故曰：'通天下一气耳。'"[8]《列子·天瑞》中记载了子贡和林类的对话："子贡曰：'寿者人之情，死者人之恶。子以死为乐，何也？'林类曰：'死之与生，一往一反。故死于是者，安知不生于彼？'"[9] 有了这样的心理定势，加之儒家思想强调的孝道以及延伸出来的厚葬观念，使得两汉人们更加注重用阴阳五行与天人感应思想来设计墓葬的架构，以企人死后在另一个世界能够安详、如意。因此，汉代壁画墓通常都会"把壁画分上、下两大部分来安排。上部（主要是墓室顶部、隔梁上部，间或也有四壁上端）一般绘日月天象，下部（主要是墓室四壁）一般绘地下阴宅，两部分共同构成一个宇宙自然景观。上部象征着魂的归宿，下部则是形魄栖息、生存的空间，完全遵循着'魂气归于天，形魄归于地'这种当时对灵魂自然属性的认识观念。"[10]

壁画墓出现于西汉前期，西汉晚期至东汉早期得以发展，兴盛于东汉晚期。从20世纪初辽宁辽河太子河迎水寺壁画墓和河南洛阳"八里台"壁画墓的发现以来，百年间我国共发现和发掘两汉壁画墓70余座。这些壁画墓大致分布在6个地区：以洛阳为中心的中原地区，以西安为中心的关中地区，以辽宁辽阳为中心的东北地区，以内蒙古为主的北方地区，以甘肃河西走廊一带为主的甘肃地区，鲁南、苏北、皖北、豫东四省交界处的东方地区。[11] 以图绘形式装饰墓室在汉代以前就已出现，而壁画作为一种思想和观念的载体，最终发展为一种丧葬文化则形成于汉代，因而，壁画墓的内容有明显的时代特征。

西汉前期，内容主要为祥云、仙人、瑞兽等，展现的是死者灵魂生活的天界仙境；西汉中后期壁画内容主要表现为阴阳五行的天堂仙界、镇墓辟邪、历史故事等，其主题为导引灵魂升天，但同时出现了现实生活内容；新莽至东汉前期，壁画内容仍以天堂仙界、镇墓辟邪为主，但新出现的侍从属吏、宴饮庖厨、乐舞百戏、车骑出行等反映墓主现世生活的场景已大大增加；东汉中后期，壁画内容更加丰富，视野更加广阔，规模宏大的车马出行、景象壮观的仕宦经历、场面奢华热烈的墓主宴饮和乐舞百戏成为表现的重点和主流，同时墓主生活的庄园府邸、侍从属吏、庖厨劳作、农牧生产等题材也大量穿插四壁之中，现实生活气息更为浓厚。

汉代墓葬壁画的画面布局和艺术风格也随时代的变化而不断演进。西汉前期，画面重点在墓顶，其布局多受阴阳学说相对法则的影响，艺术风格夸张浪漫，具有较强的装饰性。西汉后期，画面仍安排在墓顶、门额，开始出现分栏形式，四壁、隔墙上画面增多；形式风格上走出了装饰艺术的樊篱，画面自由奔放，线条舒展流畅，具有更强的思想性。新莽至东汉前期，画面主要安排在墓顶和四壁，并开始出现在甬道上，采用高点透视手法，远近纵深层次分明，画面场景气势宏大，构图布局灵活多变，壁画风格严谨、写实、细腻。东汉中后期，画面分布进一步规范化，按墓室分工分别绘上不同的内容，主室四壁为车马出行、家居宴饮、耳室的庖厨劳作、庄园活动，墓门的门卒、猛犬等；形式风格更加进步和成熟，画面多姿多彩，错综复杂，不论是图像的创意构思、画面的布局经营，还是造型、线条的把握或笔墨、色彩的运用以及场面、气势的营造上都表现出卓越的艺术创造力和高超的绘画技巧。

作为汉代丧葬文化和丧葬艺术载体之一的汉墓壁画，显然是当时社会思想、政治、经济、信仰等的重要体现，它展现了两汉人们的精神世界和物质生活，折射出两汉人们的文化理念与宗教信仰。

注　释：

[1]贺西林.古墓丹青[M].西安：陕西人民美术出版社，2001：116.

[2] 同[1] 117.

[3] 朱彬. 礼记训纂·祭义: 卷二四[M]. 饶钦农, 点校. 北京: 中华书局, 1998: 709.

[4] 朱彬. 礼记训纂·檀弓下: 卷四[M]. 饶钦农, 点校. 北京: 中华书局, 1998: 153.

[5] 朱彬. 礼记训纂·郊特牲: 卷一一[M]. 饶钦农, 点校. 北京: 中华书局, 1998: 408.

[6] 刘向. 说苑校证·反质: 卷二〇[M]. 向宗鲁, 校证. 北京: 中华书局, 1987: 528.

[7] 黄晖. 论衡校释·论死篇: 卷二〇[M]. 北京: 中华书局, 1990: 871-873.

[8] 郭庆藩. 庄子集释·知北游: 卷七下[M]. 王孝鱼, 点校. 北京: 中华书局, 1985: 262.

[9] 杨伯峻. 列子集释·天瑞篇: 卷一[M]. 北京: 中华书局, 1985: 25.

[10] 同[1] 118.

[11] 黄佩贤. 汉代墓室壁画研究[M]. 北京: 文物出版社, 2008: 30.

第二节 走近交大西汉壁画墓

"西安交通大学西汉壁画墓"没有出土任何具有明确纪年的文字，葬具也已腐朽无法辨认，之所以判定为"西汉壁画墓"，理由有四：其一，壁画的内容，引导死者升天的思想以及不留空白的处理方法明显具有西汉时期绘画的特征；其二，从出土遗物分析，墓内出土的"昭明"铜镜，属于西汉晚期的典型文物；其三，大五铢钱的特征与西安、洛阳等地发现的西汉昭帝、宣帝时钱币特征一致；其四，小五铢钱则在宣帝杜陵陪葬坑中男俑身上也有所发现。因此认定，此墓埋葬时间为西汉晚期，大概是王莽之前的宣、元时期。

"西安交通大学西汉壁画墓"是陕西境内发现的较早的一座具有相当规模的壁画墓，墓内壁画画面幅度较宽、内容丰富、色彩鲜艳，且保存完好。

这座西汉壁画墓全墓由墓道、耳室、主室三部分组成，坐北朝南，平面呈"早"字形。墓道位于墓葬南侧，呈30度斜坡状，由于施工不慎，上部分已经被推掉了，现仅存底部。墓道长12.5米，上口宽1.1米，下口宽1米，墓道口距今地表0.60米。墓道中部有一椭圆形盗洞，出土有"长生未央"砖和"回"纹方砖残块。墓道北端，距主室封门之南1米处，两侧各有一平面呈长方形的耳室，以长方形条砖砌壁，长条楔形砖券顶，顶部呈拱形。东侧耳室上部已经塌陷，进深2.14米，宽1.10米，

图 13　西汉壁画墓墓室发掘全景

Figure 13　Excavation Site of the Tomb in the Western Han Dynasty

残高 0.70 米；西侧耳室保存完好，进深 2.13 米，宽 1.10 米，高 1.03 米。耳室门被长方形条砖横砌封实，与耳室宽度相同。主室位于墓道北端，平面呈长方形，东西两壁由长方形条砖顺置错缝平砌，后壁由长方形条砖纵卧平铺，券顶两层，均由两侧同时上券，内层以长方形楔形砖对缝券顶，外层以楔形子母砖扣合券顶，地面由于早年被盗，铺地砖已经不见，仅可由残存迹象推断，是两层条砖铺地，先横排平铺，其上再斜向平铺一层。室内进深 4.55 米，宽 1.83 米，高 2.25 米。主室有两道封门，里面一道是木门，发掘时已经出现朽痕；外面第二道是砖砌封门，残存五层砖，由长方形条砖平砌而成。两道封门由一级长 0.38 米，宽 1.30 米的砖砌台阶相隔。墓室内葬具已经腐化成灰，仅在主室的淤土中发现人的盆骨和两颗牙齿，据此，考古专家鉴定死者为一位 55 岁至 65 岁之间的男性。这是一座典型的壁画墓，在墓的主室顶部及四壁，密集的填绘着各种图案，没有丝毫空白，绘满了色彩斑斓的壁画，祥云缭绕，仙鹤飞翔，瑞兽遍布，且包含有相对完整的我国古代天文中的二十八星宿图。这幅壁画在天文、美术等众多领域，都具有惊人的价值。

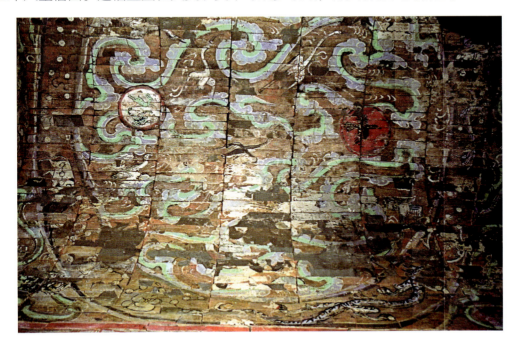

图 14　西汉壁画墓壁画顶部

Figure 14　Top of Western Han Tomb Mural

图 15　西汉壁画墓壁画局部 1

Figure 15　Detail of Western Han Tomb Mural 1

图 16　西汉壁画墓壁画局部 2

Figure 16　Detail of Western Han Tomb Mural 2

该墓主室内绘满了色彩斑斓的壁画，确切地说应该是我国古代天文中的二十八星宿图。根据壁画内容和布局的不同可分为上下两个部分，之间以棂花形红色宽带纹间隔。整个墓室顶部与四壁之间用朱红色两排菱形格栏区分开，格栏内的斜线上还勾绘出"山"字形纹样，朱红色菱形格栏的底色为红、绿、白三色相间。红格以上的界域包括墓室顶和后壁上部，顶部以仙鹤祥云、星辰图案为主，后壁上部则以导引图为主，这便是壁画的上部分。

　　壁画最吸引人的便是顶部中间以黑、白、青莲三种颜色描绘的两个大同心圆。外圆南北径2.68米，东西径2.70米；内圆南北径2.20米，东西径2.28米。大圆中间偏南有一直径30厘米的朱红色太阳，太阳外边有一圈黑色轮廓线，中间有一只纯黑色的金乌，乌头向南。北边与太阳南北相对的是一轮直径为16.5厘米的明月，呈银白色，另用朱红和黑色勾画两圈边沿。月中东边绘有蟾蜍，西边绘有奔跑的玉兔，二者通体碧绿，外面用黑色勾画轮廓和斑点，与金乌一样面向南方。在太阳与月亮周围充斥着彩色如意祥云，线条流畅，用笔自如，形似四方连续的"S"形，恰似行云流水。在云彩之间，填绘有多组形态各异的仙鹤，有的似由高空滑翔而下，有的好似正回头相顾，栩栩如生，更为壁画增添了几许神秘色彩。这幅日月同辉图代表了墓主人希望日月星辰的光辉永照自己的墓室，驱除一切黑暗和邪恶，而日月之所以出现在众星辰之间，是为了死后能达到天人合一的境界，永存于茫茫宇宙之中。两圆之间的空间内绘有星辰和四神。按照中国传统的四神定位，即"前朱雀、后玄武、左青龙、右白虎"：东方是一条飞奔的青龙，龙生双角，角上有两杈，四爪苍劲有力；西方是一头黑斑白虎，虎虎生威；南方绘有一只朱雀，美丽娇艳；而北方则是玄武，不同于平常所见的蛇缠绕着龟，此处仅仅绘有一条蠕动着身躯的蛇。这四方神在古代曾被利用于军队列阵，战国时代便有这种说法，道教兴起之后，青龙、朱雀、白虎、玄武又成为道教的守护神。在四神的周围，绘有星辰，今残存80余颗，根据其所属的二十八宿被绘成人物、动物或物体的形状，如跽坐人持箕、农人牵牛、双角猫头鹰、猎人网兔、须女等。四神与星宿分布联系在一起，构成了一幅完整的二十八宿星象图。这二十八星宿图出现在墓室的正上方，并不是偶然的，也并不是只为了美观，它代表墓主人天下为我，世间万物应该包围着我的思想，而青龙、白虎、朱雀、玄武四方神兽镇压四方邪恶，永远守护着墓主人的灵魂和躯体。

二十八宿即二十八舍或二十八星，"舍"有停留的意思。夏朝初年，二十八宿即已萌芽，在《诗经》《夏小正》《尚书》等典籍中已有其中部分名称；到《吕氏春秋》《淮南子》等书，遂有完整记载。每一宿各由不同数目的恒星组成，有的星宿包含十几颗至几十颗星，如奎宿和翼宿等；有的星宿只由两三颗星组成，如角宿、心宿等。古人把构成每一宿的星用假想线连接起来，就构成了各种形状不同的图形，这幅壁画亦是如此。比如，箕宿本由四颗星构成，但也许是壁画作者出于画面协调性的考虑，在苍龙尾画有五颗星组成，呈一跪坐者持箕的形状，很有动感；壁画中的斗宿位于东壁北部，由六颗星构成，形状与北斗七星相似，像古代舀酒的器具，但比北斗少一颗星，应是南斗；斗宿左侧有一幅牵牛图，图中共有六颗星，当为牛宿；而女宿则是以一颇似织女的女子形象来表示，等等。二十八宿中较为著名的有昴宿，位于金牛座，又称为七姐妹，以前的水手一般都是通过数这个区域星星的数目来测量视力的；还有参宿，其实就是猎户座，而心宿又称为商宿，是天蝎座，"人生不相见，动如参与商"[1]，指的就是这两宿，亦即黄道十二宫中的天蝎座与猎户座。而俗称"积尸气"的鬼宿，则位于巨蟹座。

二十八星宿以七宿为一象，共分四象。按东、西、南、北四个方位，分为四组：

东方苍龙七宿：角、亢、氐、房、心、尾、箕

北方玄武七宿：斗、牛、女、虚、危、室、壁

西方白虎七宿：奎、娄、胃、昴、毕、觜、参

南方朱雀七宿：井、鬼、柳、星、张、翼、轸

二十八宿与三垣（太微垣、紫微垣、天市垣）是中国古代划分天区的标准，而古代的西方也将太阳运行的轨道分为十二个区域，这一点与东方不谋而合，西方的黄道十二宫就是所谓的十二星座，只不过西方以人文为主，所以发展出耐人寻味的浪漫故事，而东方则与自然相结合，发展出与动物有密切关系的十二生肖文化。古人用二十八星宿来作为量度日月位置和运动的标志，因此古书上所说的"月离于毕"[2]（即月亮附丽于毕宿），"荧惑守心"[3]（即火星居心宿），"太白食昴"[4]（即金星遮蔽住昴宿）等关于天象的话就不难理解了。二十八星宿不仅是观测日月

位置的坐标，其中有些星宿还是古人测定岁时季节的观测对象，如在先秦时代，古人认为初昏时心宿在正南方就是夏季五月，参宿在正南方就是春季正月等。随着天文知识的发展，逐渐出现了星空分区的观念，将赤道附近的一周天按照由西向东的方向分为二十八个不等分，二十八星宿也开始成为一种星空区域的概念。

在大圆的星宿之外，南边顶部在四方连续的流云之间，填绘有十只仙鹤。南边正中一只正展翅南飞，除西侧一只正在漫步觅食的仙鹤以外，东西两侧的其他几只仙鹤则向着墓口方向飞去，这已经很明显地表明了墓主人希望自己的灵魂能够驾鹤西游，到达星辰间的极乐世界。在星辰之外北侧西角上，一只纯黑色的三足乌正昂首立于彩色流云中，顾盼之间，神采飞扬。与之相对的东壁上，绘有一只红色眼睛，有着淡绿色和黑色斑点的动物，蹒跚着向前爬行。遗憾的是此图主体破损，已无从得知此为何种瑞兽。

墓室后壁上半部东西两边各绘有一组流云，流云中间各有一只振翅上飞的白色仙鹤，东西两两相对。中间一组大卷云中填绘一物，白身，长卷尾，四足，长嘴，右前爪持一绿色三叶植物，由于大部分残损，已无法辨认其种类，然三叶类植物一般代表幸运，此处应该也是此意。在它的下部正中，有一只白色瑞兽，其状如鹿，形如马，大长耳，背部有黑色斑纹，向东而卧，憨态可掬。《山海经·南山经》记载："杻阳之山，……有兽焉，其状如马而白首，其文如虎而赤尾，其音如谣，其名曰鹿蜀，佩之宜子孙。"[5] 这只瑞兽应该就是鹿蜀了。

壁画的下部分由东、西、南壁及墓室后壁下半部的壁画构成。墓室内中部一周红格栏之下，墓室四壁墙面上也绘有"S"形彩色卷云纹，云纹中间绘有众多飞禽走兽。东壁右侧绘有一组猛兽扑禽图，其下南侧卧有一只通体绿色的鹿，昂首张望。鹿之北一只大鸟在漫步，此鸟弓背，大翅膀，尖嘴，红爪，白色，外廓以墨线勾勒，看上去凶猛异常。北端的大流云中间绘有猛虎逐鹿图，鹿身白色，有黑色斑纹，向南飞奔，后有一只黄色大斑虎，肥大修长，獠牙外露，气势汹汹，逐鹿而去。后壁下部的大卷云纹与东西两壁相连，在流云中间，填绘有一只狐狸，一只上山虎及一头奔跑中的猛兽，疑为金钱豹，象征着赐予子孙后代的智慧、力量与财富。西壁南端第一幅是一只行走中的老虎，虽有些剥落，但其威武的样子仍依稀可见。在虎的北侧依次是一只向上攀登的可爱动物,一只正在啄食的白色仙鹤,一只红尾高冠的雉鸡以及一只奔跑中的白色小鹿。在小鹿之前还有一动物,白色,由于残损太甚,已经看不清形状,疑为卧虎。在西壁最北端是一只白色仙鹤,头向上,昂首引颈,展翅飞翔。这些动物种类繁多,形态各异,然而无不栩栩如生,生动传神,在千年后的今日,仍然能赢得我们的赞叹。

壁画上部如意祥云之中,绘有各种仙鹤多达十余只,后壁上部东西两侧也绘有两只由下向上飞翔的仙鹤;这众多的仙鹤应该是用来引导死者灵魂升天的。1949年曾在湖南长沙陈家大山发现一幅高 0.28 米、宽 0.20 米的战国帛画,画面中的主人是一位侧面而立的妇女,其前方有一只飞翔的凤凰,凤凰之前绘有一龙。画中的妇女是死者的画像,她头上飞翔着的龙凤,正是在导引其升天的。而 1973 年在长沙子弹库出土的战国中期墓葬帛画,就包含有《人物御龙帛画》,"画的正中是一位有胡须的男子,侧身直立,手执缰绳,驾御着一条飞龙。龙头高昂,龙尾翘起,龙身平伏,略呈一舟形。在龙尾上站着一鹤,圆木长喙,昂首向着天空,……整个帛画的内容应为乘龙升天的形象,反映了战国时期盛行的升仙思想"[6],这种绘画意识在西汉时期得到普遍发展。正如马王堆一号汉墓出土的《非衣帛画》上,画有龙、凤、神豹及羽人等,无不是与引导死者升天的观念有关。交大的这座西汉壁画墓绘有很多的祥云和仙鹤,墓室后壁正中绘一双角神兽,四足,尾如豹尾,面向西,右前肢上举灵芝草,应是导引之意,即由它引导死者的灵魂升入仙境。天空是用日、月和大圆的二十八宿星辰及四神来表示的,那里作为死者灵魂的理想归宿——天上仙境。壁画的全部内容反映了西汉时期由皇帝到平民间盛行的升天思想。

壁画中的二十八宿星图在我国天文学史上占有重要地位,它为研究我国古代天文史提供了极其重要的实物资料。我国星图的绘制,可以说起始于汉代。张衡所绘制的《灵宪图》应该说是我国最早的星图,《唐书》曾有记载,在后代失传了。壁画墓二十八宿星图与《灵宪图》相比,星数及准确度估计相差是不少的,因为前者还属于形象绘画阶段,但时间上较《灵宪图》要早 150 年以上,较其他已发现的星图都要早,填补了我国早期星图的空白。交大壁画墓中的这幅星象图是我国迄今为止发现的关于二十八宿最早且比较完整的图画式星图,是对《史记·天官书》有关二十八宿记载的一部图像式的注释，也是目前所见的二十八宿与四神相配比较完整的图像记录。它的发现为我们探讨当时的星名及其原意、星数的变化及排列、星象图的绘制及传播等都提供了重要的实物资料。

这幅壁画从整体上观察，没有发现有起稿的痕迹。也就是说，这幅壁画的作者是直接在墓壁上作大体的估算之后就挥毫作画的。其技法之娴熟，行笔之洒脱，溢于其中。壁画整体的施色顺序是先在砖券墓室墙壁表面上涂一层白粉，然后又刷涂一层赭石色。墓室顶部中间的云彩，是在先绘好太阳、月亮以及二十八宿等图案后所绘，布局井然有序。云彩着色是先平涂石绿，再加染石青、青莲等色。在石青和青莲间用白色勾勒，描画出轮廓线。在画面的许多部分，又采取多层次的施色手法，充分发挥了色彩之间的对比与烘托作用，同时画者在运用色彩平涂法之后，间以"没骨法"。在绘画过程中，画作者以娴熟的技艺充分表现出色彩的明暗、浓淡、冷暖、虚实等变化，使得整个画面有主有从，层次分明，产生了和谐统一的艺术效果。画面中也有采用晕染的方法，再一次为这种方法在汉代前期就被中国画家掌握提供了重要的实例。壁画的线描粗放、苍劲、有力，使得壁画中的人物、动物等形象表现得很有动感，而画工又很善于处理画面上景物间的关系，布局完美，具有一种动静和谐，虚实相生，柔刚兼具，阴阳调和，繁复与简约共生的艺术美。

这幅壁画基本上反映了汉代壁画的时代风格，雄健朴实、奔放有力，而且在其内容、绘画技法和设色及画面处理等多方面都很有特点。这是之前发现的千阳、洛阳等地汉墓壁画所不具备的，值得加以认真研究。如洛阳"卜千秋"墓和1957年老城汉墓壁画是事先做好设计，画在特制的空心砖上，然后编号搬入墓内安装拼接而成的。而交大汉墓则是直接在墓壁上绘制，更显得浑然一体。又如1975年出土的千阳汉墓壁画是绘在土洞墓室的墙壁上，由于洞室狭窄，效果不是很好。而交大汉墓直接绘在砖室的墙壁和拱顶上，墓室内宽敞明亮，画出的效果也较好。而1985年西安曲江发掘的汉墓，采用的是单线勾勒，亦不如交大汉墓那样色彩斑斓，鲜艳夺目。

总之，"西安交通大学西汉壁画墓"不仅为我国古代天文学的研究提供了重要的资料，在天文学史上占有重要的一笔；其自身在艺术表现上也具有很高的价值，有诸多超越其他汉墓壁画的地方，如画幅大，内容丰富，保存完好，采用的颜料全部是矿物质，质地纯正、研磨精细等，可以说是我国古代绘画史上不可多得的作品。在全国发现的西汉墓室壁画较少的情况下，"西安交通大学西汉壁画墓"在20世纪直至今日西汉壁画墓的研究中担当了重要角色。

这座墓因早年曾被盗掘过，所发掘出的文物不是太多。而在出土的文物中，铜器较多，有258件，包括生活用具4件，车马饰18件，兵器20件，货币（五铢钱）216枚；陶器仅存8件，且大部分残破；玉器8件，均为玉敛之物；残存一半的蚌壳一件；铁器7件；记数文字砖6块。

这座汉墓出土的铜器包括生活用具、车马饰、兵器、货币等类；其中最具文物价值的便是"昭明铜镜"，本书第七章有详述。另外有环形铜箍2件；环状素面铜口沿1件，由青铜铸成，断面呈四方形；柿蒂形铜饰1件，中有一孔，估计为装拉环之用；铺首铜环3件，仅存铜环和钉子部分，断面呈圆形；形状大小均相同的铜扣饰2件，扁平，环前有铜尖齿；环形铜环3件，形状相同，大小相次；铜泡2件，大小形状均相同，仿佛铜泡钉形；铜车4件，依形状不同可分为两种，一种呈筒形，中部有箍，通高1.4厘米，口径1.1厘米，另外一种呈喇叭形，上有一插车辖的小孔，高2.15厘米，口径1.82厘米，内径1.5厘米，两种四件皆为明器；铜盖弓帽12件，形状相同，大小相次，若笔帽形，质地很差；铜弓形器1件，弓形，两端尖，断面呈圆体；铜斗形车饰1件，一端形若烟斗，一端呈尖状，实心；铜笔帽形器1件，一端圆而空，一端尖而封闭，应当是车伞盖尖端铜饰；铜扣饰2件，方扣形，长1.5厘米；铜戈1件，制作简单粗糙；铜矢1件；铜弩机1件，弩上玄刀，望山等俱全；彩绘铜器残片3块，且残片上有朱红色流云纹；大小五铢钱共计216枚，其中小五铢钱居多，共180枚，直径为1.1厘米，穿径0.5厘米，制作比较整齐，含大量的铅，内中只有一枚正面铸有"五铢"二字，其他均无钱文；大五铢钱数目相对较少，仅36枚，面径均为2.5厘米，穿径均为1厘米，制作规整，轮廓整齐，只是钱面上各有一些特点，"五""朱""金"三字略有不同，仔细观察即可发现。

这座西汉古墓出土的陶器有8件，本书第七章有详述。在这座汉墓中还出土了8件玉器，均是堵塞死者七窍所用的遗物，属玉敛的一种。这些玉敛之物包括：玉

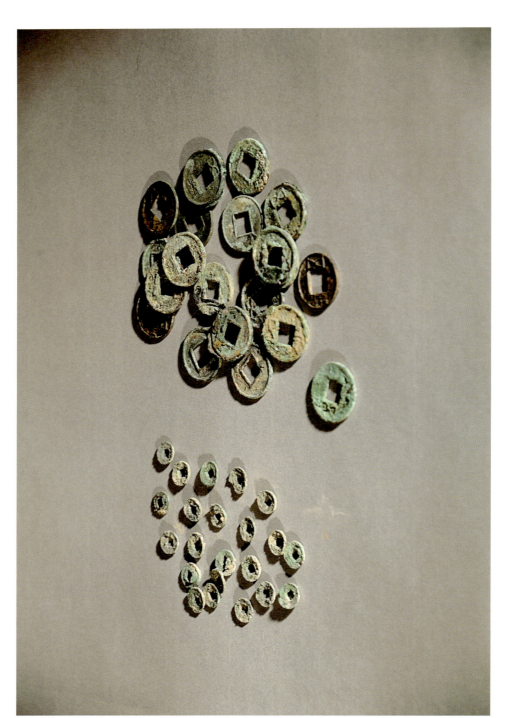

图 17 （西汉）大小五铢铜钱

Figure 17 (the Western Han Dynasty) Big and Small Five *Zhu* Coins

第二章
"森然古墓何峥嵘"：西汉壁画墓

图 18 （西汉）柿蒂形铜饰件
Figure 18 (the Western Han Dynasty) Persimmon Shaped Copper Ornaments

图 19 （西汉）铜车軎

Figure 19　(the Western Han Dynasty) Bronze Carriage Axle

图 20 （西汉）铜盖弓帽

Figure 20　(the Western Han Dynasty) Bronze Hoopstick Cap

第二章
"森然古墓何峥嵘":西汉壁画墓

图 21　（西汉）铜戈

Figure 21　(the Western Han Dynasty)Bronze Dagger-axe

图 22　（西汉）铜箍

Figure 22　(the Western Han Dynasty) Bronze Hoops

图 23 （西汉）铜环

Figure 23 (the Western Han Dynasty) Bronze Circular

图 24 （西汉）铜口沿

Figure 24 (the Western Han Dynasty) Bronze Edge

图 25 （西汉）铜弩机

Figure 25　(the Western Han Dynasty) Bronze Crossbow

图 26 （西汉）铜饰件

Figure 26　(the Western Han Dynasty) Bronze Accessories

图 27　（西汉）铜镞头

Figure 27　(the Western Han Dynasty) Bronze Arrowhead

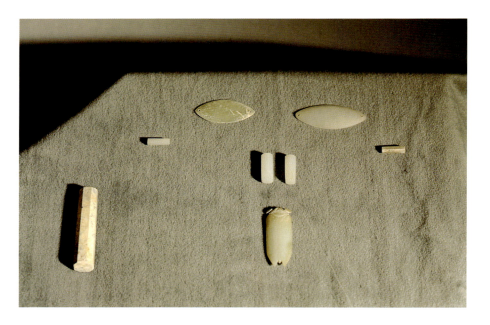

图 28　（西汉）葬玉（8 件）

Figure 28　(the Western Han Dynasty) Funeral Jade (8 pieces)

图 29 （西汉）玉晗蝉

Figure 29 (the Western Han Dynasty) Jade Hanchan

(cicada used as burial obejct held in the mouth of tomb owner)

蝉1件，玉障2件，玉耳塞2件，玉鼻塞2件，玉肛塞1件。玉蝉背、腹两面雕有蝉翅、腹、眼等部位，雕工精细，质地细腻；玉障呈桃叶形，一面平直，一面隆起，两端各有一小孔，似为眼障，白玉微泛青色，表面打磨光亮，最宽处皆为2.3厘米，一件长5.45厘米，另一件长4.62厘米；玉耳塞呈八棱形，一端大，一端小，由白玉琢磨而成；玉鼻塞同玉耳塞一样，呈八棱形，白玉制成；玉肛塞也是八棱形，白玉琢成，然其质地不纯，内有赭红色纹理。这些玉器质地细腻，做工精细，充分体现了汉代玉器加工的先进水平。

墓中出土的铁器很少，只有1件铁釜及6枚铁钉，铁釜已经严重腐烂，铁钉是由铸铁锻造而成，很有可能是棺钉。此外，还出土了1件蚌壳，虽然仅有一半，然而其外有美丽的纹理，内装有细腻的化妆品颜料，是一种相当精致的容器。

除了这些文物之外，出土的建筑材料主要是各种类型的砖，有长方形砖、长方形楔形砖、子母砖、子母形楔砖、长方形四棱砖，以及随盗洞填土而入的"长生未央"砖和"回纹"方形铺地砖。其中有6块砖的正面、侧面、顶端以隶书、草书刻有数字文字，内容有："X百十六未""百卅二""百册""廿X""X十X""口二百七十"等，均为制作时陶工所刻划。这些文物进一步证明了砖瓦制造业在汉代很发达。

以上所列出土文物，为我们了解西汉社会的诸多方面提供了实物资料，这些文物现均藏西安交通大学博物馆。

注　释：

[1] 杜甫. 杜诗详注：卷一七[M]. 仇兆鳌，注. 北京：中华书局，1999：512.

[2] 高亨. 诗经今注·小雅·渐渐之石[M]. 上海：上海古籍出版社，1980：365.

[3] 黄晖. 论衡校释·变虚篇：卷四[M]. 北京：中华书局，1990：202.

[4] 萧统. 文选：卷三九[M]. 上海：上海古籍出版社，1986：1766.

[5] 袁珂. 山海经校注·南山经：卷一[M]. 北京：北京联合出版公司，2014：3.

[6] 湖南省博物馆. 新发现的长沙战国楚墓帛画[J]. 文物，1973（7）：3-4.

第三节　墓主萧望之

"西安交通大学西汉壁画墓"的墓主是谁呢？前面我们已讲过，由于此墓早年被盗，除一面刻有"内清质昭明光象夫日月"的铜镜之外，并未出土任何有文字记载的文物，故而墓主身份扑朔迷离。尽管如此，西安交通大学的孙民柱先生仍然作了有意义的探索。孙先生在《西安交大校园西汉壁画墓及其墓主人考证》[1]一文中认为，墓主当为西汉御史大夫、太子太傅萧望之，之所以作出这样的推断，依据有四：

一是地理位置的巧合。

宋敏求《长安志》："（长安城）东面三门：北曰通化门，中曰春明门，南曰延兴门。""春明门"下有注云："当门外有汉太子太傅萧望之墓。"[2]关于"春明门"的具体位置，《唐长安城地基初步探测》一文有这样的探讨："春明门居东城墙自南向北4600米处，即今之纬十街偏北地方。……其地西距今之纬十街起点处约1320米，东距经五路十字口约340米。……在夯土上部距地表0.3～0.6米处，发现方形石柱础四个……在清理中还出土有陶兽头、瓦当及残砖、墙皮等。……在此基础上结合钻探，该门东西为23.6米，南北15米，面积354平方米。"[3]20世纪50年代所说的纬十街，即今天的咸宁路；当时所说的经五路，即后来的金花南路。经五路十字口向西340米，正是今交大商场街与咸宁西路交点偏东北处，这就是唐长安城春明门遗址的位置。交大西汉壁画墓的位置正好在春明门遗址东南方约200米处，这与《长安志》的记载正相巧合。

元代骆天骧的《类编长安志》卷八"山陵、冢墓"条目载："萧望之墓在咸宁县东南五里，古城春明门外，道南。"[4]这比《长安志》记得更为详细、具体，其方位便落到了春明门外大道之南。这里的咸宁县治所在元代奉元路（今西安城）景风门外的小城内，即今天西安大差市西南的东县门街一带，西安交大这座西汉墓距此即约"五里"。此外，《大明一统志》卷三二、《唐两京城坊考》卷二、《大清一统志》卷二二九、《陕西通志》卷七〇、《咸宁县志》卷十四等文献也记载过萧望之墓的方位，与《类编长安志》相同。由此可见，西安交通大学这座西汉壁画墓的位置与文献记载萧望之墓的位置基本一致。

二是死亡年龄的吻合。

经考古学家鉴定，此墓中所发现的人的盆骨和两颗牙齿，是一位55—65岁之间的男性，而墓的埋葬时间是在西汉晚期的宣、平帝之间。据《汉书》可知萧望之的死亡年龄是60岁，这与交大西汉壁画墓所断死者年龄、性别及葬年吻合。

图30　（西汉）老年人牙齿

Figure 30　(the Western Han Dynasty) Teeth of the Elderly

图 31 （西汉）贝壳 1

Figure 31　(the Western Han Dynasty) Shell 1

图 32 （西汉）贝壳 2

Figure 32　(the Western Han Dynasty) Shell 2

三是墓葬风俗的投合。

交大西迁时，二村家属生活区基建前夕的地貌上有一南北长约 300 米，东西宽约 200 米的椭圆形的小土丘横贯二村全境，土丘中央其海拔高度为 437 米，中突部比周围高出 10 米，比春明门口地面高出 17 米。《周礼·春官·冢人》郑玄注："《汉律》曰：'列侯坟高四丈，关内侯以下及庶人各有差。'"[5] 可见，在汉代，墓冢的高低，与死者的政治身份有关，等级界限严格。萧望之乃汉宣帝之功臣，按汉律，死后当以侯爵礼仪葬之，但因他是下狱致死，可能墓葬规格没有达标。然而经历了两千余年的风雨，这一墓冢在 50 年代仍有中型墓葬的规模，这与萧望之的身份是相匹配的。

四是渊源关系的契合。

西汉有设置陵邑的制度，陵邑的设置，一是为了供奉陵园；二是迁徙关东大族、功臣、豪杰，拉拢势力，繁荣京畿地区的经济和文化。杜陵是汉宣帝刘询的陵墓，位于今西安市南郊三兆村南与长安区交界处。陵墓西北 1.4 公里处建置有杜陵邑，管辖汉长安城东南、白鹿原以西地区。今西安市东南郊，包括西安交大在内，正是其辖区范围。据《汉书·萧望之列传》记载："萧望之字长倩，东海兰陵人也，徙杜陵。"[6] 这就是说，萧氏是从山东迁徙到杜陵的，也是汉宣帝置杜陵邑后迁往陵邑的关东大族之一。西汉时期，许多著名的政治家、富豪都出自诸陵邑。他们号称"七相五公"[7]（七相指丞相车千秋、韦贤、平当、魏相、王嘉、黄霸和王商；五公指御史大夫张汤、杜周和将军萧望之、冯奉世、史丹），都是西汉诸陵邑的政治代表人物。故而，《咸宁县志》把萧氏收进该县名人之列，班固《汉书》也称萧氏长子萧育为"杜陵男子"[8]。那么，作为杜陵邑人，死后当然会埋葬在杜陵附近。

基于以上几点关系的相吻合，"西安交通大学壁画墓"的主人似乎可以确定为萧望之了。然而，从考古学的角度来讲，由于没有出土任何可以表明年代的文物，也没有确切的文字可以证明这座墓的墓主身份，我们依然不能妄断墓主就是萧望之。退一步来讲，即便这座墓的墓主另有其人，但是根据各种文献记载，萧望之的墓确确实实埋葬于交大这方土地里，西汉名臣萧望之依然与交大有着不解之缘。

明代大文学家冯梦龙编的笔记小说《古今谭概》中记载着这样一件趣事：

> 春明门外当路墓前有堠（土堆），题云"汉太子太傅萧望之墓"。有达官见而怪之，曰："春明门题额正方，加'之'字可耳。如此堠直行书，只合题'萧望墓'，何必'之'字？"[9]

按照古人的习俗，墓碑上的题额一般为"某某之墓"，墓堠上的灵牌一般只题为"某某墓"就可以了。那位达官自充内行，却不知"萧望之"的大名，结果闹出笑话。按他的说法，墓前堠堆应该题为"汉太子太傅萧望墓"才对，这岂不是替"萧望之"改了名字？

萧望之（前106—前47），字长倩，西汉大臣，东海兰陵（今山东苍山）人，后徙居杜陵（今西安市东南），《汉书》卷78有其传。萧氏家族世代以田为业，而萧望之自幼便好学过人，聪慧异常，曾经"治《齐诗》，事同县后仓且十年。以令诣太常受业，复事同学博士白奇，又从夏侯胜问《论语》《礼服》"[10]。他博通经术，京师很多大儒都很欣赏其才华。昭帝时，由于皇帝年幼，大将军霍光专权，左将军上官桀等人意图谋杀霍光，后事败被杀。然而霍光却因此大加防备，举凡接见官员，都要索去兵刃，两吏挟持，露体搜身。萧望之不愿意受此屈辱，拒绝见霍光。霍光闻之，特地为他破例；而萧望之见到霍光后，不仅没有对其说些感激奉承之话，还直言劝其应该"以功德辅幼主，将以流大化，致于洽平，是以天下之士延颈企踵，争愿自效，以辅高明。今士见者皆先露索挟持，恐非周公相成王躬吐握之礼，致白屋之意。"[11]霍光没有接受他的谏言，也因此没有重用他。之后的三年间，与他同时被霍光召见的王仲翁已官至光禄大夫、给事中，而他却依然是"以射策甲科为郎，署小苑东门侯"[12]。对此，萧望之仅有一句话，那就是"各从其志"。简简单单的四个字，体现出他"富贵不能淫，贫贱不能移，威武不能屈"[13]的高尚人格。

汉宣帝年幼时在民间就曾听说过萧望之的大名，临朝后对他极为赏识，并委以重任。宣帝时萧望之先后出任平原太守、左冯翊、大鸿胪等职。他为官清廉正直，深得百姓爱戴，他的建议大多能得到宣帝的赞同与采纳，是宣帝的股肱之臣。神爵三年，萧望之又接替丙吉，升为御史大夫，主管弹劾、纠察百官得失，兼掌管重要的文书图籍。此间，适逢匈奴大乱，众人多建议趁机举兵灭之，唯有萧望之力排众议，认为出师无名，有损中国之仁义，不如助其复位，使其臣服。宣帝采纳了他的建议，遣兵辅佐呼韩邪单于定国，稳定了与匈奴的关系。这一不乘人之危而灭之、反助其主复位的义举，不仅彰显了大汉的胸怀，也得到了匈奴的真心臣服。

当时的丞相丙吉年迈，宣帝一度属意萧望之接任丞相之位，然终因他性格倔强，直言犯谏，忤逆帝意而作罢。之后有小人进谗言，奏萧望之礼节有亏，态度倨傲，以权谋私。由于宣帝十分看重他的人品学识，仅下诏"左迁君为太子太傅"[14]。萧望之不仅没有当上丞相，还渐渐地沦为闲职，教授太子（即之后的汉元帝）《论语》《礼服》。宣帝病重时，再次启用萧望之，任命他为前将军光禄勋，金印紫授，掌兵及四夷，与史高、周堪同为辅政大臣。宣帝还曾命人将萧望之与大臣霍光、张世安、赵充国、魏相、苏武等11位功臣的画像悬挂于未央宫之麒麟阁，以表彰他们的功绩。

元帝即位后，对萧望之极为仰重，多次召见，商讨国事。萧望之虽蒙重用，但他依然没有改变刚直的秉性，并因此得罪了皇帝身边的弘恭、石显等人。他们诬陷萧望之与周堪、刘更生"朋党相称举""专擅权势"，并奏请元帝将其"请谒者召致廷尉"[15]。元帝即位不久，还不明白"请谒者召致廷尉"就是下狱的意思，以为只是让廷尉问话，于是批准了弘恭和石显的请求。待到问过周堪、刘更生二位大臣，才惊醒过来，遂放其出狱。由于小人作祟，虽"赦望之罪"，还是"收前将军光禄勋印绶，及堪、更生皆免为庶人"[16]。后元帝意欲以萧望之为相，适逢其子萧伋诉讼望之之前入狱的事，而弘恭、石显二人借此诬告萧望之心怀怨怼，怂恿元帝将他再次下狱，以示告诫。元帝虽了解自己的老师性情刚烈，不会甘心受辱，但最终还是偏听小人之言，下旨令其入狱。萧望之接到圣旨后，果不堪此辱，发出"吾尝备位将相，年逾六十矣，老入牢狱，苟求生活，不亦鄙乎"的愤慨之后，毅然饮鸩自杀。[17] 唐代诗人白居易曾经作诗慨叹萧望之的悲剧，指责元帝是非不分，任用奸佞，诗云：

> 小人与君子，用置各有宜。奈何西汉末，忠邪并信之！
> 不然尽信忠，早绝邪臣窥。不然尽信邪，早使忠臣知。

> 优游两不断，盛业日已衰。痛矣萧京辈，终令陷祸机。
> 每读元成纪，愤愤令人悲。[18]

纵观萧望之的一生，可谓才高行厚，俯仰无愧。班固在《汉书》中这样评价他：

> 萧望之历位将相，籍师傅之恩，可谓亲昵亡间。及至谋泄隙开，谗邪构之，卒为便嬖宦竖所图，哀哉！不然，望之堂堂，折而不挠，身为儒宗，有辅佐之能，近古社稷臣也。[19]

他上可以为君王谋事，下可以为百姓伸张疾苦，曾多次为国家选拔良才，上书直谏，为民请命则更是常事；他曾经力阻张敞以谷赎罪之议，以安民心；他还力劝宣帝不与乌孙国通婚，以免重蹈覆辙，始终以齐家、治国、平天下为己任。在政治不稳定的宣、元时期，萧望之与外戚、宦官进行了尖锐的斗争，力图保护一方净土。虽然萧望之终因主上昏庸在绝望中被逼自杀，然其光明磊落的气节永远彪炳千古。

萧望之的功绩数不胜数，然而最重要的一笔，也是在中国历史上影响最大的，就是由他主持的"石渠阁会议"，为中国古代典籍的整理做出了巨大贡献。

石渠阁是汉初相国萧何所造藏书之所。汉高祖八年，萧何奉命建造宫室。他将未央宫等宫殿修建得格外巍峨壮丽，还因此受到高祖的责备。为了存放他收集来的图书文籍，萧何特地在未央宫大殿之北建造了一个藏书阁，因阁下有一道石渠而得名"石渠阁"。石渠阁后来成为西汉时期中央政府的藏书所之一，可以说是当时最大的国家图书馆，这里收藏着从秦宫廷里抢救出来的和从民间征集来的大量图书典籍和档案。司马迁在写《史记》时就参考了这些藏书和文献资料。石渠阁也是西汉时的一个论学之所在，许多著名学者都在这里讨论争辩过典籍之异同。而自从汉武帝尊崇儒学以后，石渠阁的藏书也就逐渐以儒学典籍为主，关于儒学的讨论也成为石渠阁论学的主要内容。其中，最著名的便是萧望之主持的论争五经之异同的石渠阁会议。

史载，甘露三年（前51）四月，在西汉国都长安城召开了一次汉宣帝亲临的石渠阁会议。这是我国历史上最早的一次图书馆会议，至今已有两千多年的历史了。

参加这次会议的都是当时的著名学者,其中有我国目录学的鼻祖刘向。这次会议的主要议题是讨论五经之异同,结果开创了汉代博士经说分合的格局,统一了对儒家经典的解释和刊定,对后代经学的研究、儒家思想的统治地位均产生了深远的影响。

石渠论经是儒学史上的一件大事,它的发生有着深刻的社会和历史背景。自西汉初年叔孙通制礼作乐以来,儒家思想渐渐得到重视。汉武帝时期,采纳经学大师董仲舒的建议,罢黜百家,独尊儒术,更设有五经博士,传授儒学经书,儒经成了士人必读之物,儒学也日益兴盛。汉武帝采取兼容并蓄的态度,对当时有名的儒家学派,均在太学为其设一讲座,谓之学官。充学官者,并不只是《诗》《书》《礼》《易》《春秋》五经。由于政府的倡导,儒经很快确立了它的统治地位,并产生了不同的学派,家法不一,众说纷纭。《汉书·儒林传》对此有载:"自武帝立《五经》博士,开弟子员,设科射策,劝以官禄,讫于元始,百有余年,传业者浸盛,支叶蕃滋,一经说至百余万言,大师众至千余人,盖禄利之路然。"[20]到汉宣帝时,各派争执愈演愈烈,急需要有个说法。于是,鉴于当时诸经分派分支太多,对经义的解释也各有差异的状况,甘露三年(前51),汉宣帝乃"诏诸儒讲《五经》同异,太子太傅萧望之等平奏其议,上亲称制临决焉"[21],也就是说,让萧望之等主持并评议各位名儒的议论,最终由皇帝亲自裁决哪些学派可以列为官学。会议的地点就选在石渠阁,史称石渠阁会议。会议的主题之一是《春秋》"公羊学"和"穀梁学"之争。在石渠阁会议之前,只有"公羊学"被列为官学,而"穀梁学"也有很多追随者,其中汉宣帝本人就好"穀梁"。在石渠阁会议上,双方争辩激烈,经萧望之等人评议,认为"穀梁"学说较优,于是上奏宣帝,正式在《公羊春秋》外,加设《穀梁春秋》为博士学。此外增设的还有梁丘的《周易》和大小夏侯的《尚书》。

萧望之等人总结会议的内容,编制了《五经杂议》论著,由155个单篇组成,对儒家经说各个学派作了详细的评价,对后来的儒学发展产生了重要的影响,可惜这部著作已失传,但其中有些内容在《白虎通义》与《汉书》中尚可见到。

石渠阁会议是两汉经学发展的一个关键点,它重申了今文学派在西汉经学发展过程中的正统地位,并在一定程度上预示了之后愈演愈烈的今古文之争。仅就经学发展而言,西汉今文学派解释儒家经典的方法和态度对后世学者开展学术研究具有相当的借鉴和警示意义。清代大学者顾炎武曾赞扬西汉今文经学家"疑经而不敢强通",意思是说他们严守师法家法,不以己意妄加于前人著述,明本正源,实事求是。这和宋儒用心性天理等观念别解经义的学风迥然不同。今天我们提倡学术创新,鼓励个人见解,但是首先要尊重历史,尊重原著,不断章取义,不屈解古人,这是最起码的科学精神,其中当然带有西汉今文经学的学风菁华。今古文经学之争,申明了不同的学术态度。今文专尚微言大义,古文多详章句训诂。本来两者的区别只是对于内容和形式的侧重有所不同,但后来经学变得越来越琐碎,对细枝末节的东西过分重视,以至到了"幼童而守一艺,白首而不能通"的地步,它的直接危害便是汨没了学术的灵性和生命力。这些前尘往事对我们今天如何进行教育改革、如何建设真正的一流大学是有启发的。

萧望之不仅是一位卓越的政治家,还称得上是一位文学家,《汉书·艺文志》载:"萧望之赋四篇。"[22] 除了这有记载的四篇赋作之外,少年博学的他不可能没有其他作品问世,遗憾的是均没有流传下来。

萧望之因其英武雄才、文韬武略,尤其是他的高风亮节,历来受到人们的尊崇和敬仰,以至于人们修建宫殿庙宇来祭祀他,泉州的富美宫就是人们用来祭祀这位名臣的。泉州富美宫,位于泉州城南、晋江下游的富美古渡之畔,故名富美宫。此宫始建于明正德年间(1506—1521),旧址原在富美渡头,嘉庆年间(1796—1820)开始合祀关羽,道光元年(1821)重修碑,民国二十三年(1934)重建,总面积达100多平方米。富美宫主祀西汉名臣萧望之(萧王爷),配祀文武尊王张巡、许远和二十四司,被称为"泉郡王爷庙总摄司",其殿内殿外的木雕、石雕均甚精美。随着泉州先民移居海外谋生,泉州人对萧太傅的信仰也同时传入台湾和东南亚各地。富美宫萧王爷的分灵遍及闽南、台湾、港澳、菲律宾、新加坡、印尼、马来西亚等地,由此可见炎黄子孙对萧望之的崇拜。

这样一位推群独步的历史人物,这样一位为中华民族文化事业做出过重要贡献的人物,其忠骨就埋在西安交大这片土地上,这让交大人怎能不感怀前贤。如果萧望之地下有灵，得知两千年后在埋他的这片土地上建起了一所著名学府，他该是多么欣慰。

注　释：

[1] 孙民柱.西安交大校园西汉壁画墓及其墓主人考证[J].西安交通大学学报（社会科学版），1998（2）：83-87.

[2] 宋敏求.长安志[M]//中华书局编辑部.宋元方志丛刊.影印版.北京：中华书局，1990：109.

[3] 杭德州，雒忠如，田醒农.唐长安城地基初步探测[J].考古学报，1958（3）：83.

[4] 骆天骧.类编长安志[M]//中华书局编辑部.宋元方志丛刊.影印版.北京：中华书局，1990：349.

[5] 孙诒让.周礼正义·春官·冢人：卷四一[M].北京：中华书局，1987：1697.

[6] 班固.汉书·萧望之传：卷七八[M].北京：中华书局，1964：3271-3292.

[7] 萧统.文选：卷一[M].上海：上海古籍出版社，1986：8.

[8] 同[6].

[9] 冯梦龙.古今谭概·无术部第六[M].栾保群，点校.北京：中华书局，2007：79.

[10] 同[6].

[11] 同[6].

[12] 同[6].

[13] 阮元.十三经注疏[M].影印版.北京：中华书局，1980：2710.

[14] 同[6].

[15] 同[6].

[16] 同[6].

[17] 同[6].

[18] 白居易.白居易集：卷一[M].顾学颉，点校.北京：中华书局，1999：10.

[19] 同[6].

[20] 班固.汉书·儒林传：卷八八[M].北京：中华书局，1964：3620.

[21] 班固.汉书·宣帝纪：卷八[M].北京：中华书局，1964：272.

[22] 班固.汉书·艺文志：卷三〇[M].北京：中华书局，1964：1749.

第三章 "沉香亭北倚栏杆"：盛唐兴庆宫

棠棣枝头岁月新，龙池酬唱属君臣。

沉香亭畔三春好，勤政楼前百戏陈。

世果循环偏易乱，花虽解语亦成尘。

只今剩有遗基在，愁杀多情立马人。

今天的西安交通大学坐落于美丽的兴庆公园对面。而兴庆公园的得名，正与唐代的兴庆宫有关。兴庆宫又称"南内"，与"西内"太极宫、"东内"大明宫并为唐代三大皇家宫殿。白居易《长恨歌》诗中"西宫南内多秋草，落叶满阶红不扫"所说的"南内"就是兴庆宫了。

兴庆宫的历史关联着唐玄宗李隆基的人生轨迹，也映照着大唐王朝的兴盛与衰败。兴庆公园的前址原本是李隆基作临淄郡王时在隆庆坊的府宅，该坊后因避玄宗名讳改名为"兴庆坊"。大足元年（701），李隆基等五位郡王获宅于隆庆坊。李隆基登基以后，于开元二年（714）把整个兴庆坊改建成宫城，定名兴庆宫。从唐玄宗于开元十六年（728）正式移仗听政兴庆宫，到上元元年（760）被李辅国逼迫离开兴庆宫，可以说兴庆宫的历史就是唐玄宗的人生，也可以说唐代开元天宝年间的盛世局面正是唐玄宗在兴庆宫听政期间所营造的。而在唐玄宗之后的唐代历史中，兴庆宫也成为多个退位皇帝和后妃的养老之所。

1956 年交通大学从上海内迁到西安时，交大的先驱们就选中了这块历史底蕴极为丰厚的沃壤作为新校校址。西安交大的北门与兴庆宫勤政务本楼遗址隔街相望，而校园的西北角正位于勤政务本楼前广场之上。交大西迁之后，教职员工还纷纷参加了在兴庆宫旧址上改造兴庆公园的劳动，而兴庆公园也成为交大人休闲娱乐的后花园。因此考察交大校址，必须要为兴庆宫书写上浓墨重彩的一笔。

第一节　兴庆宫的布局

据《旧唐书·地理志》，兴庆宫"在东内之南隆庆坊，本玄宗在藩时宅也"[1]。大足元年（701），临淄郡王李隆基和他的四位兄弟宁王李宪、申王李㧑、岐王李范及薛王李业，随驾女皇武则天从东都洛阳临幸西京长安，获赐此宅于隆庆坊。于是五人合住，时称"五王宅"。

李隆基继位后，因避玄宗讳，遂将隆庆坊、隆庆池更名为兴庆坊、兴庆池。据《资治通鉴》，开元二年（714），"宋王成器等请献兴庆坊宅为离宫；甲寅，制许之，始作兴庆宫。仍各赐成器等宅，环于宫侧。"[2]可见开元二年是兴庆宫建造的开始。在李成器等人献出当年的"五王宅"作为新的兴庆宫的同时，玄宗仍然赐宅让兄弟们住在兴庆宫的旁边。具体来说，"宪于胜业东南角赐宅，申王㧑、岐王范于安兴坊东南赐宅，薛王业于胜业西北角赐宅，邸第相望，环于宫侧。"[3]，玄宗则于兴庆宫西南置楼。"西面题曰花萼相辉之楼，南面题曰勤政务本之楼"[4]，这都是为了能够和兄弟们时常欢聚同乐。

开元十四年（726），"取永嘉、胜业两坊之半增广之"[5]。永嘉坊位于兴庆宫北侧，胜业坊位于西侧，两坊各取一半以增广兴庆宫。开元二十四年（736），"毁东市东北角，道政坊西北角，以广花萼楼前"[6]。道政坊位于兴庆宫南，即今西安交大校园所在位置；东市则位于道政坊西侧，兴庆宫的西南方向。将东市的东北角和道政坊的西北角拆迁之后，就形成了面积很大的广场。天宝十二年（753）十月十七日，玄宗又雇"华阴、扶风、冯翊三郡丁匠，及京城人夫一万三千五百人，筑兴庆宫墙，并起楼，四十九日毕。"[7]经过五十余年的不断修建与完善，一座新的庞大宫殿建

第三章
"沉香亭北倚栏杆":盛唐兴庆宫

图 33　（唐）兴庆宫地砖

Figure 33　(Tang Dynasty) Ground Tile of Xingqing Palace

筑群拔地而起。兴庆宫逐渐成为唐玄宗起居听政的正式宫殿，与大明宫、太极宫并称长安城三大宫殿群，成为第三大政治中心。因其地理位置在西内太极宫和东内大明宫之南，故又得名"南内"。

根据考古实测：兴庆宫位于今之西安城东郊，东至亢家堡西 106 米，西至经九路东 90 米，南至纬十街北 84 米，北至东窑坊。其平面呈长方形，东西宽 1080 米，南北长 1250 米。南宫墙 20 米之外筑有宽 3.5 米左右的复墙。兴庆宫总面积为 1.35 平方千米，比现存的明清故宫总面积还要大出一倍。

兴庆宫西、南、北三面共开七门。其中西门有二，北边的兴庆门为正，南边是金明门。东面无门。南面有两门：偏东是明义门，北对长庆殿，东距宫城东墙 125 米；偏西是通阳门，北对龙池，东距明义门 1520 米，西距宫城城墙 345 米。北面有三门，中间为跃龙门，左右两边为丽苑门、芳苑门。从收藏于陕西省碑林博物馆的兴庆宫图拓片（制于 1080 年）来看，兴庆宫系一座以龙池为中心的建筑群。前院正中有一个大水池，称"龙池"。龙池之处本为平地，垂拱以后逐渐因雨水积潴而成小池，后来又引龙首渠的水注灌之，才日以滋广。到了神龙、景龙年间，池水绵亘数顷，澄澹皎洁，深至数丈，常有云气笼罩，还传说有黄龙出没其中。五王居住隆庆坊时，此池被俗称为"五王子池"，置宫后称为龙池。当时的起居郎蔡孚曾作《奉和圣制龙池篇》：

帝宅王家大道边，神马龙龟涌圣泉。昔日昔时经此地，看来看去渐成川。
歌台舞榭宜正月，柳岸梅洲胜往年。莫疑波上春云少，只为从龙直上天。[8]

当时公卿多唱和之。据五代王仁裕《开元天宝遗事》记载，龙池之南还有数丛草，叶紫而心殷，醉者摘草嗅之立醒，因此被称作"醒醉草"[9]。池东有沉香亭，池南有长庆殿、龙堂、勤政务本楼、花萼相辉楼，后院乃兴庆宫的主殿兴庆殿、大同殿、南薰殿等。宫内被一道东西墙分割成南北两部分，北部为宫殿区，南部为园林区。西门中北边的兴庆门，乃进入兴庆宫宫殿区的宫门；而南边的金明门，乃进入兴庆宫园林风景区的宫门。宫殿区内分成东、中、西三"路"。新射殿和金花落位于东路，南熏殿在中路，兴庆殿和大同殿则在西路。

兴庆殿作为正殿，唐玄宗在此听政视朝。大同殿与兴庆殿南北相对，钟楼和鼓楼分列大同殿前左右。大同殿和太极宫、大明宫的三清殿一样，是皇室崇奉道教的建筑，供奉着道教始祖老子塑像。据《资治通鉴》，开元二十九年（741），"上梦玄元皇帝告云：'吾有像在京城西南百余里，汝遣人求之，吾当与汝兴庆宫相见。'上遣使求得之于盩厔楼观山间。夏，闰四月，迎置兴庆宫。"[10] 此外，大同殿的墙壁之上当年还曾经有几幅著名的壁画。据唐代张怀瓘《画断》记载，天宝年间，唐玄宗忽然很想观览嘉陵江山水，就让吴道子前去写生。吴道子从蜀中回来之后，玄宗问他是否完工，吴道子说："臣无粉本，并记在心。"玄宗就让他在大同殿壁上画出来。嘉陵江三百里山水，吴道子一日之间就画完了。当时还有一位著名的画家叫李思训，和他的儿子李昭道被时人称为"大小李将军"。李思训也在大同殿壁上画山水，花了好几个月才画完。玄宗因此说："李思训数月之功，吴道玄一日之迹，皆极其妙也。"[11] 传说有一年的春天，大同殿的殿柱上还曾有玉芝出现，作为盛世的祥瑞："三月乙酉，大同殿柱产玉芝，有神光照殿。群臣请加皇帝尊号曰开元天宝圣文神武应道，许之。"[12]

兴庆宫的中路北为跃龙门，南为瀛洲门，中为南薰殿。南薰殿是皇帝退朝后休息的地方，杜甫《丹青引赠曹将军霸》中有"承恩数上南薰殿"之句，即此处也；南薰殿左右两侧辟有芳苑门（东门）和丽苑门（西门）。东路的金花落另辟一院，位于宫城东北隅，这是兴庆宫的禁军驻地。

除了宋刻兴庆宫图中标出的建筑之外，据《唐两京城坊考》，兴庆宫中还有义安殿、积庆殿、咸宁殿、会宁殿、飞仙殿、同光殿、荣光殿等建筑。唐敬宗的母亲王太后曾居义安殿，号曰"义安殿太后"；而唐文宗的母亲萧太后曾居积庆殿，因此被称为"积庆殿太后"。

此外，兴庆宫还有能与其他地方相通的夹城，供天子往来御用，有诗句"十里飘香入夹城"[13]（杜牧《长安杂题长句》）、"花萼夹城通御气"[14]（杜甫《秋兴》）为证。《旧唐书·地理志》明确写道："自东内达南内，有夹城复道，经通化门达南内。"[15] 这段夹城是开元十四年（726）玄宗下令自兴庆宫傍郭城东壁修筑的，北通大明宫。六年后，自兴庆宫沿郭城东壁又修筑了一段夹城，南通芙蓉园。夹城与郭城平行，复道宽约 23 米。在经过城门时，于城门的两侧以石铺成磴道，登城楼越过。帝王妃子即由夹城"潜行往返"于大明宫与曲江池之间，人莫知之。

与太极宫、大明宫相比，兴庆宫的建筑物虽然较少，但多为高大的楼宇，可谓"东北何霭霭，宫阙入烟云"[16]（白居易《登乐游园望》）。宫内出土装饰瓦件种类甚多，仅莲花纹瓦当即有 73 种，又有黄绿两色琉璃滴水。故该宫建筑之豪华在太极、大明二宫之上。宫内不仅有豪华富丽的楼台亭阁，还有澄澈透明的茵茵湖水，国色天香的牡丹、芍药，婀娜多姿的垂柳，岁寒不凋的苍松翠柏。温庭筠《杨柳枝》诗曾云"南内墙东御路傍，须知春色柳丝黄"[17]，可见宫外也是杨柳依依。从布局上来看，兴庆宫的主要建筑排列随意、错落有致，摆脱了传统对称布局带来的循规蹈矩限于死板的限制。如兴庆宫以西门为正门，异于历代皇宫以南门作为正门的传统。另外，宫内设有大朝会、常朝和日常办理朝政的建筑层次，也打破了"前朝后寝"的原则。

注　释：

[1] 刘昫. 旧唐书·地理志：卷三八[M]. 北京：中华书局，1975：1394.

[2] 司马光. 资治通鉴：卷二一一[M]. 北京：中华书局，1956：1703.

[3] 刘昫. 旧唐书·睿宗诸子传：卷九五[M]. 北京：中华书局，1975：3011.

[4] 同[3].

[5] 徐松. 唐两京城坊考[M]. 张穆，校补. 北京：中华书局，1985：25.

[6] 王溥. 唐会要：卷三〇[M]. 上海：上海古籍出版社，1991：558.

[8] 彭定求，等. 全唐诗：卷一二[M]. 北京：中华书局，1960：120.

[9] 王仁裕，等. 开元天宝遗事（外七种）[M]. 丁如明，等校点. 上海：上海古籍出版社，2012：13.

[10] 司马光. 资治通鉴：卷二一四[M]. 北京：中华书局，1956：1739.

[11] 宋敏求. 长安志[M]. 辛德勇，郎洁，点校. 西安：三秦出版社，2011：307.

[12] 刘昫. 旧唐书·玄宗纪：卷九[M]. 北京：中华书局，1975：222.

[13] 吴在庆. 杜牧集系校注[M]. 北京：中华书局，2008：180.

[14] 浦起龙. 读杜心解[M]. 北京：中华书局，1961：651.

[15] 同[1].

[16]谢思炜.白居易诗集校注[M].北京：中华书局，2006：61.

[17]刘学锴.温庭筠全集校注[M].北京：中华书局，2009：859.

第二节 "南内"的兴衰成败

景龙四年(710)，居住在隆庆坊的李隆基成功发动政变，帮助父亲李旦复位，因功被封为皇太子。此后李隆基继续与兄弟四人同居隆庆坊。两年之后（即公元712年）李隆基成为大唐第八位君王。开元十六年（728）正月三日，唐玄宗从大明宫移仗于兴庆宫听政。他励精图治，开创了其政治生涯，甚至是整个中国古代史的最高峰——开元盛世。可以说兴庆宫正是盛世的主角和见证者。

关于开元盛世的社会状况，《通典·食货》曾这样记载："至（开元）十三年(725)封泰山，米斗至十三文，青、齐谷斗至五文。自后天下无贵物，两京米斗不至二十文，面三十二文，绢一匹二百一十二文。东至宋（今河南商丘南）、汴（今河南开封），西至岐州（今陕西凤翔），夹路列店肆待客，酒馔丰溢。每店皆驴赁客乘，倏忽数十里，谓之驿驴。南诣荆、襄（今湖北荆州、襄樊），北至太原、范阳（今北京），西至蜀川（今四川成都）、凉府（今甘肃武威），皆有店肆，以供商旅。远适数千里，不持寸刃。"[1]"自开远门（长安城西边北门）西行，亘地万余里，入河隍之赋税。左右藏库，财物山积，不可胜较。四方丰稔，百姓殷富，管户一千余万，米一斗三四文，丁壮之人，不识兵器。路不拾遗，行者不囊粮。其瑞叠应，重译麇至，人情欣欣然"[2]。开元二十年（732），全国有民户7861236家，人口45431265，比唐初户口增加1.5倍以上，开元年间共修建水利38处。至今我们还能想象南方茶叶通过大运河和陆路大批运往北方，"舟车相继，所在山积"的热闹场面；可隐约看见作为当时世界商品贸易中心的东市与西市，以及市场里高鼻深目、满脸虬髯的阿拉伯人、波斯人；可隐约听见他们的声声叫卖伴随着丝路的驼铃在这里响起。还有那些充满异域风情、劝客尝酒的胡姬以及朝野上下"人人学圆转"的西域胡旋舞；那些同文人学士往来酬唱的日本、新罗诗人；那些在国子监钻研儒学经典的外国学者；以及大唐帝国接受"万国衣冠拜冕旒"的气势。当时的长安四通八达、繁华热闹，丝绸之路把长安和伊斯坦布尔联系起来，将古老的黄河流域文化、恒河流域文化、古希腊文化和波斯文化联系起来，让中西方文明在这里交融。

每到新年第一天的清晨，文武臣僚就会到兴庆宫中向玄宗祝贺新年。玄宗则赏赐大家屠苏酒，满朝痛饮，祈求一年四季身体健康、精力充沛。上元灯节，文武大臣聚集兴庆宫陪宴皇帝，同赏花灯。盛春之际，兴庆宫的龙池之畔、花萼相辉楼下、沉香亭前，王公贵族身影连连。连宫女们也三五成群，嬉戏玩耍。端午节时还有射粉团的游戏，即将做好的粉团角黍盛在金盘内，然后用小弓架射粉团，中者得食。重阳节到，菊花盛开，文人雅士穿梭于赏菊诗会。南薰殿内，音乐声声、舞影翩翩。玄宗和杨贵妃宴会群臣，共饮菊花酒，赏菊咏诗，好不惬意！

玄宗在听政之余，常与诸王一起饮酒欢乐，《旧唐书》载："玄宗时登楼，闻诸王音乐之声，咸召登楼同榻宴谑，或便幸其第，赐金分帛，厚其欢赏。"[3] 玄宗还常在兴庆宫宴请群臣，或邀群臣前来南内游览，留下了很多唱和诗篇，如玄宗《春中兴庆宫酺宴》：

> 九达长安道，三阳别馆春。还将听朝暇，回作豫游晨。不战要荒服，无刑礼乐新。合酺覃土宇，欢宴接群臣。玉斝飞千日，琼筵荐八珍。舞衣云曳影，歌扇月开轮。伐鼓鱼龙杂，撞钟角觝陈。曲终酣兴晚，须有醉归人。[4]

张说有一首和诗《奉和圣制春中兴庆宫酺宴应制》：

> 千龄逢启圣，万域共来咸。庆接郊禋后，酺承农事稀。御楼横广路，天乐下重闱。鸾凤调歌曲，虹霓动舞衣。合声云上聚，连步月中归。物睹恩无外，神和道入微。镐京陪乐饮，柏殿奉文飞。徒竭秋云影，何资春日晖。[5]

从两人的诗中可以想见酺宴时的场景，玉斝琼筵，舞衣歌扇，伐钟撞鼓，其乐何如。

除了与兄弟和群臣的宴饮唱和，更为人乐道的当然还是玄宗和贵妃的故事了。

第三章
"沉香亭北倚栏杆"：盛唐兴庆宫

图 34　（唐）玛瑙剑鞘
Figure 34　(Tang Dynasty) Agate Sheath

唐玄宗"性英断多艺，尤知音律"[6]，他多才多艺，通晓音乐，会弹奏多种乐器。而杨贵妃不仅国色天香，更具有高超的音乐舞蹈艺术修养，史载她"善歌舞，通音律"[7]，正如《长恨歌》里说的："缓歌慢舞凝丝竹，尽日君王看不足"[8]。这样一个能舞能歌能谱曲会弹奏的美人与唐玄宗可以说是艺术知音了。传说著名的《霓裳羽衣曲》就是两人合作的作品。所以二人感情甚笃，"承欢侍宴无闲暇，春从春游夜专夜"[9]。

沉香亭位于龙池的东北角，因用沉香木建构而得名。亭前遍植名花异草，有红、紫、浅红、通白四本木芍药，其中有一种晨为纯赤、午为浓绿、暮为深黄、夜为粉白，一日四变其色的珍贵名花。唐玄宗和杨贵妃常在此置宴赏花。相传天宝二年（743）一个繁花盛开的春日，唐玄宗和杨贵妃乘月夜在沉香亭前观赏牡丹，宫中著名的歌手李龟年手捧檀板，和众梨园乐工一起刚要演唱，玄宗说："赏名花，对妃子，焉用旧乐词为！"[10]就让李龟年手持金花笺宣赐翰林待诏李白，进《清平乐词》三章。当时的翰林院就在兴庆宫金明门的里面，方便宣诏。李白当时喝酒还没醒，援笔而赋《清平调》三首：

其一

云想衣裳花想容，春风拂槛露华浓。
若非群玉山头见，会向瑶台月下逢。

其二

一枝红艳露凝香，云雨巫山枉断肠。
借问汉宫谁得似？可怜飞燕倚新妆。

其三

名花倾国两相欢，长得君王带笑看。
解释春风无限恨，沉香亭北倚阑干。[11]

李龟年呈上李白所作的歌词，玄宗命梨园弟子调抚丝竹，李龟年歌之。杨贵妃手持颇梨七宝杯，酌西凉葡萄酒，面带笑意。玄宗也亲执玉笛来伴奏，每曲结束的时候特意拖长了声音来取悦贵妃。贵妃饮罢拜谢上意。这样的旖旎时光宛如朝露。

然而，后期的玄宗过于耽溺享乐，任用奸臣，使得国家走向了危险的境地。"渔阳鼙鼓动起来，惊破霓裳羽衣舞"[12]，安禄山攻破潼关，玄宗决定到蜀地避难。临行前夕，玄宗再次登上勤政务本楼，四顾凄怆，闻梨园弟子歌曰："富贵荣华能几时，山川满目泪沾衣。不见只今汾水上，惟有年年秋雁飞。"① 玄宗闻之潸然出涕，问身边的侍者："谁为此词？"有人回答说是宰相李峤。玄宗感叹道："李峤真才子也。"不待曲终而去。[13]

安史之乱后，一个太平盛世匆匆结束。据《旧唐书·郭子仪传》，安史之乱后，"宫室焚烧，十不存一。百曹荒废，曾无尺椽，中间畿内，不满千户。井邑榛棘，豺狼所嗥，既乏军储，又鲜人力。东至郑、汴，达于徐方，北自覃怀，经于相土，人烟断绝，千里萧条"[14]，整个黄河流域，几乎一片荒凉。全是"寂寞天宝后，园庐但蒿藜。我里百余家，世乱各东西"[15]（杜甫《无家别》）的惨象。宋代才女李清照有《浯溪中兴颂诗》写安史之乱，堪称诗史："五十年功如电扫，华清花柳咸阳草。五坊供奉斗鸡儿，酒肉堆中不知老。胡兵忽自天上来，逆胡亦是奸雄才。勤政楼前走胡马，珠翠踏尽香尘埃。何为出战辄披靡，传置荔枝多马死。"[16] "勤政楼前走胡马，珠翠踏尽香尘埃"，写出了安史之乱后兴庆宫的凄惨景象。

在入蜀避难途中的马嵬驿，将士们逼死了杨贵妃。玄宗的第三子李亨在灵武继位，庙号肃宗。属于玄宗的时代结束了，退位的玄宗从蜀地回到长安，又住进了兴庆宫。肃宗待退位的父皇很好，"命玉真公主、如仙媛、内侍王承恩、魏悦及梨园弟子常娱侍左右"[17]。据《资治通鉴》载："上皇多御长庆楼，父老过者往往瞻拜，呼万岁，上皇常于楼下置酒食赐之；又尝召将军郭英乂等上楼赐宴。有剑南奏事官过楼下拜舞，上皇命玉真公主、如仙媛为之作主人。"[18] 可以说，太上皇的威严似乎还在。但终究物是人非，玄宗心中难免生发出很多感伤。据《明皇杂录》载，玄宗初自巴蜀回，

---

① 《本事诗》引诗如此，然据《全唐诗》卷五七，则原诗句为："山川满目泪沾衣，富贵荣华能几时。不见只今汾水上，唯有年年秋雁飞。"

夜阑登勤政楼，倚栏南望，烟月满目，歌曰："庭前琪树已堪攀，塞北征人尚未还。"这是北朝才子卢思道的诗。歌毕，楼下的里坊中隐隐约约似乎有以歌和之者。玄宗遂谓高力士曰："恐怕这是梨园旧人吧？明天为我访来。"翌日，高力士在里坊中搜求，将昨夜歌者召至，果然是以前的梨园弟子。这天晚上，玄宗又乘月登楼，只有高力士和杨贵妃当年的侍者红桃陪在左右。玄宗遂命歌者歌《凉州词》，《凉州词》是当年贵妃所制。玄宗亲自吹玉笛为之伴奏，曲罢，左右无不掩泣。[19]

如果没有李辅国的逼迫，玄宗可能会选择终老兴庆宫吧。据史载，宦官李辅国在朝中专权用事，玄宗左右的人都瞧不起他。李辅国心中怀恨，就对肃宗说："上皇（玄宗）居住在兴庆宫中，每天都与外面的人交结，特别是陈玄礼与高力士在谋划做不利于陛下的事。现在禁军的六军将士都是在灵武拥立陛下即位的元勋功臣，他们都议论纷纷，心中不安，我虽然多方给他们解释，但他们不听，所以不敢不向陛下报告。"肃宗听后痛哭流涕地说："父皇仁慈，怎么会有那种事呢！"李辅国进而言道："上皇固然不会做那种事，但在他周围的那些小人就难说了！陛下是天下的君主，应该为国家的前途着想，消除内乱于萌芽之时，怎么能够遵从凡夫之孝而误了国家的大事呢！再说兴庆宫与坊市居民相混杂，宫墙低矮，不是上皇所应该居住的地方。"他建议把上皇"迎"进太极宫，这样就能杜绝上皇受"小人"蛊惑了。肃宗不听，之后李辅国假托圣命请玄宗到太极宫游玩。玄宗到了睿武门，李辅国就率领殿前骑兵五百，手持出鞘的刀剑拦住道路，上奏说："皇上说兴庆宫低卑狭小，让我们来迎接上皇迁居到皇宫内。"大势已去的玄宗只能接受，说："兴庆宫，吾之王地，吾数以让皇帝，皇帝不受。今日之徙，亦吾志也。"[20]

于是在上元元年（760），玄宗离开了这座承载了自己兴衰成败的兴庆宫，被唐肃宗幽禁于西内甘露殿，而陈玄礼、高力士以及过去的宫人都被迫离开了他。当日李辅国率兵拦截唐玄宗时，高力士曾呵斥他："李辅国何得无礼！"[21]并让他同自己一起为玄宗牵马，护卫进了甘露殿。李辅国怀恨在心，唆使肃宗将高力士流放到巫州。并且调走了玄宗身边的所有亲信。"丙辰，高力士流巫州，王承恩流播州，魏悦流溱州，陈玄礼勒致仕；置如仙媛于归州，玉真公主出居玉真观。"[22]刑部尚书颜真卿仅因为首先率领百官上表书，请问玄宗的起居饮食，也遭到李辅国的忌恨，被贬为蓬州长史。留下的侍卫兵只有老弱病残数十人。玄宗身边的人一个一个离他远去，孤独与痛苦一点一滴吞噬着他残存的生命。

宝兴元年（762）四月初五，唐玄宗怏怏而终，享年78岁。一代天骄李隆基在寂寞与失落中走完了他的一生。玄宗在兴庆宫中度过了二十八个春秋，从繁华到没落。他带走的是一个时代的残影，留给世人的是无限的感慨。

南内兴庆宫继开元天宝时期被作为政治活动的中心之后，逐渐成为退位皇帝或后妃闲居养老之处。史书中记载颇多：

> （贞元二十一年）八月丁酉朔。庚子，（顺宗）诏："……朕称太上皇，居兴庆宫，制称诰。"
>
> （元和元年正月）甲申，太上皇崩于兴庆宫之咸宁殿，享年四十六岁。
>
> ——《旧唐书·卷一四·顺宗纪》

> （元和十一年）三月庚午，皇太后崩于兴庆宫之咸宁殿。
>
> ——《旧唐书·卷一五·宪宗纪》

> （元和十五年六月）癸巳，皇太后移居兴庆宫，皇帝与六宫侍从大合宴于南内，回幸右军，颁赐中尉等有差。自是凡三日一幸左右军及御宸晖、九仙等门，观角抵、杂戏。
>
> ——《旧唐书·卷一六·穆宗纪》

> （长庆三年）八月，……上由复道幸兴庆宫，至通化门，赐持盂僧绢二百匹。
>
> ——《旧唐书·卷一六·穆宗纪》

> 宪宗郭后居兴庆宫，曰太皇太后。
>
> ——《旧唐书·卷一七·文宗纪》

太后居兴庆宫，帝每月朔望参拜，三朝庆贺，帝自率百官诣门上寿。或遇良辰美景，六宫命妇，戚里亲属，车骑骈阗于南内，銮佩之音，锵如九奏。穆宗意颇奢纵，朝夕供御，尤为华侈。太后尝幸骊山，登石瓮寺，上命景王率禁军侍从，帝自于昭应奉迎，游豫行乐，数日方还。敬宗即位，尊为太皇太后。

——《旧唐书·卷五二·后妃传》

（永贞元年）八月，庚子，制"令太子即皇帝位，朕称太上皇，制敕称诰。"

辛丑，太上皇徙居兴庆宫，诰改元永贞，立良娣王氏为太上皇后。后，宪宗之母也。

——《资治通鉴》卷二三六

太后居兴庆宫，每朔望，上帅百官诣宫上寿。上性侈，所以奉养太后尤为华靡。

——《资治通鉴》卷二四一

是时，郭太后居兴庆宫，王太后居义安殿，萧太后居大内。上性孝谨，事三宫如一，每得珍异之物，先荐郊庙，次奉三宫，然后进御。

——《资治通鉴》卷二四三

萧太后徙居兴庆宫积庆殿，号积庆太后。

——《资治通鉴》卷二四六

因为各位退位皇帝、妃子的存在，兴庆宫虽然不再是政治活动中心，但也时常举行册封仪式、礼仪活动等。

元和元年春正月丙寅朔，皇帝率群臣于兴庆宫奉上太上皇尊号曰应乾圣寿太上皇。

——《旧唐书·卷一四·顺宗纪》

元和十五年十二月，将有事于南郊。穆宗问礼官："南郊卜日否？"礼院奏："伏准礼令，祠祭皆卜。自天宝已后，凡欲郊祀，必先朝太清宫，次日飨太庙，又次日祀南郊。相循至今，并不卜日。"从之。及明年正月，南郊礼毕，有司不设御榻，上立受群臣庆贺。及御楼仗退，百僚复不于楼前贺，乃受贺于兴庆宫。二者阙礼，有司之过也。

——《旧唐书·卷二一·礼仪志》

兴庆宫在中晚唐一息尚存，但随着唐王朝的灭亡最终还是难逃被毁坏的命运。天佑元年（904）正月，宣武军节度使朱全忠强迫唐昭宗迁都洛阳，命御营使张廷范拆长安宫室，令长安居人按籍迁居，毁坏的屋木，自渭浮河而下。至此，历经190年兴衰荣辱的兴庆宫逐渐消散在了历史的烟云之中。

宋代以后，龙池干涸，兴庆宫逐渐荒芜。沧海桑田，兴庆宫最后的楼阁、庭院终于还是随历史而去，仅留下残垣断壁供后世评说。

注　释：

[1] 杜佑. 通典：卷七[M]. 北京：中华书局，1992：152.

[2] 郑綮. 开天传信记[M]. 上海：上海古籍出版社，1987：75.

[3] 刘昫. 旧唐书·睿宗诸子传：卷九五[M]. 北京：中华书局，1975：3011.

[4] 彭定求，等. 全唐诗：卷三[M]. 北京：中华书局，1960：38.

[5] 彭定求，等. 全唐诗：卷八八[M]. 北京：中华书局，1960：966.

[6] 刘昫. 旧唐书·玄宗纪：卷九[M]. 北京：中华书局，1963：165.

[7] 刘昫. 旧唐书·后妃上：卷五一[M]. 北京：中华书局，1963：2178.

[8] 谢思炜. 白居易诗集校注[M]. 北京：中华书局，2006：943.

[9] 同 [8].

[10] 计有功. 唐诗纪事校笺 [M]. 王仲镛, 校笺. 北京: 中华书局, 2007: 596.

[11] 同 [10].

[12] 同 [8] 943.

[13] 孟棨. 本事诗 [M]. 上海: 上海古籍出版社, 2012: 96.

[14] 刘昫. 旧唐书·郭子仪传: 卷一二〇 [M]. 北京: 中华书局, 1975: 3457.

[15] 浦起龙. 读杜心解 [M]. 北京: 中华书局, 1961: 56.

[16] 王士禛. 带经堂诗话: 卷二一 [M]. 北京: 人民文学出版社, 1963: 607.

[17] 司马光. 资治通鉴: 卷二二一 [M]. 北京: 中华书局, 1956: 7093.

[18] 同 [17].

[19] 郑处诲, 裴廷裕. 明皇杂录; 东观奏记 [M]. 田廷柱, 点校. 北京: 中华书局, 2012: 46.

[20] 同 [17] 7093-7095.

[21] 同 [17] 7094.

[22] 同 [17] 7095.

第三节　勤政务本楼

位于兴庆宫西南角的勤政务本楼与花萼相辉楼均始建于开元八年（720）。《旧唐书》载："玄宗于兴庆宫西南置楼，西面题曰花萼相辉之楼，南面题曰勤政务本之楼。"[1] 北宋宋敏求《长安志》亦云："西南隅曰勤政务本楼，其西榜曰花萼相辉楼。"[2] 而且从西安碑林保存的宋刻兴庆宫图来看，两楼也是成曲尺型相连的，南为勤政务本楼，西为花萼相辉楼。

下面我们先来看勤政务本楼。

马得志先生的《唐长安兴庆宫发掘记》载："楼址东西广5间（26.5米），进深3间（19米），其面积为500余平方米。"[3] 楼基内共分五间，正中一间宽4.9米，为通行的门道。两侧各有二间，向外与宫墙相接。楼的南面有"勤政务本之楼"题额。

第三章
"沉香亭北倚栏杆":盛唐兴庆宫

图 35 （唐）素面瓷罐
Figure 35 (Tang Dynasty) Porcelain Jar without Decoration

开元二十五年，玄宗与诸王语："新作南楼，本欲察讴俗，采风谣，以防壅塞，是亦古辟四门达四聪之意，时有作乐宴慰，不徒然也。又因大哥让朱邸，以成花萼相辉之美，历观自古圣帝明王，有所兴作，欲以助教化也。我所冀者，式崇敦睦，渐渍薄俗，令人知信厚尔。"[4]所谓"辟四门达四聪"出自《尚书》与《后汉书》。《尚书·舜典》云："明四目，达四聪。"孔颖达疏曰："达四方之聪，使为己远听四方也。"[5]是说君王要广泛听取天下四方人民的声音和意见。又《后汉书·列女传·曹世叔妻》："辟四门而开四聪，采狂夫之瞽言，纳刍荛之谋虑。"[6]瞽言意为没有见识的言论，刍荛为割柴打草之人。玄宗引用此典的意思是说即使是这些低微之人的言论朝廷也要听取，有广开言路之意。玄宗又说，自己在勤政楼上时常举行的各种宴会不仅仅是纯粹的娱乐，而是一种"助教化"的方式。与勤政楼相通的花萼相辉楼则是与兄弟同乐之处，昭显了帝王之家的孝悌之道，这种孝悌之道正可以作为天下的楷模。通过与兄弟和万民的同乐，玄宗期望能够达到使民风归厚的政治效果。

玄宗移仗兴庆宫后，就选择这里作为大朝之地，宵衣旰食，励精图治。除了日常听政之外，举凡国家改元、盛大宴会、天下大赦、外国使节朝拜、高等文官的诗赋考试，以及玄宗的祝寿等大典活动多在此楼及其前面的广场举行。

《资治通鉴》载："天宝元年（742）春，正月，丁未朔，上御勤政楼受朝贺，赦天下，改元。"[7]当年唐玄宗就是站在此楼之上，俯视着浩浩臣民，宣布由"开元"改元为"天宝"，声音和气魄至今仍可想见。

玄宗还在勤政楼上亲自考核各地来的举子。《旧唐书·杨绾传》载："天宝十三年，玄宗御勤政楼，试博通坟典、洞晓玄经、辞藻宏丽、军谋出众等举人，命有司供食，既暮而罢。取辞藻宏丽外，别试诗赋各一首。制举试诗赋，自此始也。时登科者三人，绾为之首，超授右拾遗。"[8]

勤政楼也是玄宗接待来访的外国首脑和使者之地。《唐六典》记载唐王朝曾与三百多个国家和地区交往，每年都有大批外国客人来到长安。长安、洛阳、广州、扬州等地遍布着波斯珠宝商人，有专供波斯人居住或存放货物的波斯邸，有经营波斯美酒饮食的波斯酒店。很多波斯人甚至选择世代留居长安等地，如官至尚书左仆射、镇国军节度使的波斯人李元谅。日本也不断有遣唐使和留学生来到中国，阿倍仲麻吕就是其中之一。他先是就学于长安太学，后在唐做官，与李白、王维等人很熟悉，最后卒于长安。唐王朝设有专门机构如鸿胪寺、礼宾院等负责接待外宾，设置翻译人员，提供各种便利。陕西乾县章怀太子墓道东壁的礼宾图，生动地描绘了中外友好往来的场面。玄宗先后在勤政殿接见过波斯、日本、高丽等国使者。如《旧唐书·玄宗纪》有接待突厥可汗家属的记录：（天宝元年）"九月辛卯，上御花萼楼，出宫女谦毗伽可汗妻可登及男女等，赏赐不可胜纪。"[9]

勤政楼和花萼楼前曾有一片面积巨大的广场，正是举办各种大型宴会的地方。据《唐六典》卷七载，开元十四年（726）唐玄宗下令"又取永嘉、胜业坊之半"，从考古实地测量来看，西扩后的兴庆宫西壁至胜业坊之间街宽一百八十米，再加上街两边水沟及沟岸边街树所占宽度，形成了东西宽一百九十余米，南北长五百米，面积为九万五千平方米的花萼相辉楼广场。虽然花萼楼前的这块场地已经增大了不少，但由于兴庆宫的几次扩建和胜业坊东壁墙的西缩，使得花萼、勤政楼前场地四周布局极不端整，有碍大唐盛典的举行。于是，在开元二十年（732）十二月三日，玄宗又令："毁东市东北角、道政坊西北角，以广花萼楼前"[10]。从考古实测看，春明门大街宽一百二十米，这样从胜业坊东壁向南面东市划一直线，再将道政坊十六分之一的西北角连同对应的东市东北角削去，便在勤政务本楼正前面形成了东西宽四百六十余米，南北长二百五十余米，面积为十二万余平方米的视野开阔的勤政务本楼广场。再连同花萼相辉楼前场地，其总面积可达二十余万平方米，堪称当时世界上最大的广场。根据当时勤政务本楼和花萼相辉楼广场的记录以及实地勘察情况来看，西安交大北门偏西一带正处于其广场的一角。今天我校的电子信息工程学院与电气学院部分建筑即建在过去的花萼相辉楼及勤政务本楼广场上。可以说，花萼相辉楼与勤政务本楼广场类似于今之天安门广场，是大唐彰显其封建盛世偌大气魄的一个窗口，是世界了解长安的一个窗口。开元以来这座广场更是代替了承天门的意义而成为举行各种重大典礼的胜地。这里刻录了唐盛世时的改元、大赦、受俘、国宴、外宾接待、节日庆典等辉煌篇章。节日里，这里是整个长安城最为繁华热闹的地方。无论是上元节、重阳节，还是千秋节、中秋节，等等，兴庆宫里几乎所有的大型游乐活动都在这个广场上举办，比如歌舞、杂技、舞马、斗鸡。

每年正月初一大朝时，玄宗特许都城百姓在宫城外观看，内外欢呼之声，如雷声般鸣耳。上元之夜，这里也是非常热闹。玄宗及群臣在勤政务本楼观灯作乐，歌舞升平，长安城中彻夜辉煌如昼，车马喧阗，熙来攘往。玄宗经常在勤政楼举行大型宴会，仅《旧唐书·玄宗纪》中所载即有如下：

（开元二十八年春正月）壬寅，以望日御勤政楼谯群臣，连夜烧灯，会大雪而罢，因命自今常以二月望日夜为之。[11]

（天宝）四载春三月甲申，宴群臣于勤政楼。[12]

（天宝）十四载春三月丙寅，宴群臣于勤政楼，奏《九部乐》，上赋诗敩柏梁体。[13]

关于勤政楼宴会的情形，《旧唐书·音乐志》中记载颇详。每次宴会之前都要经过严密的程序和准备："玄宗在位多年，善音乐，若谯设酺会，即御勤政楼。先一日，金吾引驾仗北衙四军甲士，未明陈仗，卫尉张设，光禄造食。候明，百僚朝，侍中进中严外办，中官素扇，天子开帘受朝，礼毕，又素扇垂帘，百僚常参供奉官、贵戚、二王后、诸蕃酋长，谢食就坐。"[14]而宴会开始之后的场面则如下面所描述：

太常大鼓，藻绘如锦，乐工齐击，声震城阙。太常卿引雅乐，每色数十人，自南鱼贯而进，列于楼下。鼓笛鸡娄，充庭考击。太常乐立部伎、坐部伎依点鼓舞，间以胡夷之伎。日旰，即内闲厩引蹀马三十匹，为《倾杯乐曲》，奋首鼓尾，纵横应节。又施三层板床，乘马而上，抃转如飞。又令宫女数百人自帷出击雷鼓，为《破阵乐》《太平乐》《上元乐》，虽太常积习，皆不如其妙也。若《圣寿乐》，则回身换衣，作字如画。又五坊使引大象入场，或拜或舞，动容鼓振，中于音律，竟日而退。[15]

可见宴会之中不仅有鼓吹乐舞，还有舞马和舞象。舞马可以在板床之上"抃转如飞"，舞象可以"动容鼓振，中于音律"，可以说曲尽其妙了。张说曾有一首《舞马千秋万岁乐府词》，描写当时舞马之奇妙，可谓十分生动："腕足齐行拜两膝，繁骄不进蹈千蹄。髟髟奋鬣时蹲踏，鼓怒骧身忽上跻。更有衔杯终宴曲，垂头掉尾醉如泥。"[16]不仅如此，还有类似于杂技的奇巧演出：

> 每初年望夜，又御勤政楼，观灯作乐，贵臣咸里，借看楼观望。夜阑，太常乐府县散乐毕，即遣宫女于楼前缚架出眺歌舞以娱之。若绳戏竿木，诡异巧妙，固无其比。[17]

宴会中，可以说百戏杂陈，走索、弄丸、舞剑无所不有。而观者往往因人数过多，喧哗拥挤，秩序难以维持。从史料来看，维持秩序大概有两种方法，可谓一武一文也。《开天传信记》载：

> 上御勤政楼大酺，纵士庶观看。百戏竞作，人物填咽。金吾卫士白棒雨下，不能制止。上患之，谓力士曰："吾以海内丰稔，四方无事，故盛为宴乐，与百姓同欢，不知下人喧乱如此，汝何方止之？"力士曰："臣不能也。陛下试召严安之处分打场，以臣所见，必有可观。"上从之。安之到则周行广场，以手板画地示众曰："逾此者死！"以是终五日酺宴，咸指其地画曰"严公界境"，无一人敢犯者。[18]

此可谓之"武"法。有的时候，武法不管用，只能采用"文"法，即让歌声曼妙的念奴唱歌，混乱的观众顿时就能肃静下来专心聆听了。据元稹《连昌宫词》自注：

> 念奴，天宝中名倡，善歌。每岁楼下酺宴，累日之后，万众喧隘，严安之、韦黄裳辈辟易不能禁，众乐为之罢奏。玄宗遣高力士大呼于楼上曰："欲遣念奴唱歌，邠二十五郎吹小管逐，看人能听否？"未尝不悄然奉诏。[19]

开元十七年（729）八月五日，唐玄宗为庆贺自己的生日，在花萼楼批准宰相奏请，定这一天为千秋节，并以马百匹，盛饰分左右，舞于勤政楼下，又于楼中赐宴设酺。开元十八年（730）千秋节，玄宗御花萼楼，百官纷纷献贺，玄宗"赐四品已上金镜、珠囊、缣彩，赐五品已下束帛有差"。玄宗又赋八韵诗一首，以及《秋景诗》一首。[20]

玄宗后期贪图享乐、荒废朝政，让国家陷入风雨飘摇之中。天宝十四载（755）十一月，安禄山起兵之时，玄宗在勤政楼任命荣王李琬为讨贼大元帅，大将军高仙芝为副元帅，并赐宴与之饯行。《新唐书·高仙芝传》载："禄山反，……帝御勤政楼，引荣王受命，宴仙芝以下。"[21]可以想象整个广场旌旗飘飘，千军万马之势，如在弦之箭。后任命哥舒翰为元帅时，送行仪式也在这个广场举行。《新唐书·哥舒翰传》载："天子御勤政楼临送，诏翰以军行，过门毋下，百官郊饯，旌旗亘二百里。"[22]可见当时的浩大场面。

无奈颓势难回。天宝十五载（756）六月初八，潼关守将哥舒翰与崔乾祐决战于灵宝西原，唐军大败。六月初九，潼关破，长安失去了御敌的最后一道屏障。消息传到京师，朝廷动摇，军民震骇。监察御史高适等主张死战，右相杨国忠等主张"幸蜀"，也就是要皇帝逃到四川去，信心彻底崩溃的皇帝完全倒向了杨国忠这边。六月十二日清晨，"百官朝者什无一二。上御勤政楼，下制，云欲亲征。"[23]

自安史之乱后，兴庆宫和勤政楼不复政治中心的地位，勤政楼前繁华不再。后世的诗人经过此楼，追抚王朝盛衰，难免发出声声感叹。唐穆宗长庆年间的一个春日，住在兴庆宫南常乐坊的诗人白居易经过勤政楼，看见勤政楼西面的老柳已然半朽，颇为感慨，作诗一首《勤政楼西老柳》：

半朽临风树，多情立马人。开元一株柳，长庆二年春。[24]

大和三年（827年），二十七岁的杜牧进士及第，由洛阳回到长安，经过勤政楼，看见昔日繁华之地此时的荒凉，也是感慨系之，有《过勤政楼》诗云：

千秋佳节名空在，承露丝囊世已无。唯有紫苔偏称意，年年因雨上金铺。[25]

如前所述，玄宗生日即八月初五那天被定为千秋节，每到此日，百官有献承露丝囊者。如今千秋节仅存空名，已经没人庆贺了，也没有人赠送承露丝囊了。似乎只有勤政楼外的紫苔，每年千秋节的时候按时一年一度地爬上楼门的铜环。这就是勤政楼的繁华与凄凉。

注　释：

[1] 刘昫.旧唐书·睿宗诸子传：卷九五[M].北京：中华书局，1975：3011.

[2] 宋敏求.长安志：卷九[M].辛德勇，郎洁，点校.西安：三秦出版社，2011：307.

[3] 马得志.唐长安兴庆宫发掘记[J].考古，1959（10）：551.

[4] 王溥.唐会要：卷三〇[M].上海：上海古籍出版社，1991：650.

[5] 阮元.十三经注疏[M].影印版.北京：中华书局，1980：130.

[6] 范晔.后汉书：卷八四[M].北京：中华书局，1965：2785.

[7] 司马光.资治通鉴：卷二一五[M].北京：中华书局，1956：6847.

[8] 刘昫.旧唐书·杨绾传：卷一一九[M].北京：中华书局，1975：3429-3430.

[9] 刘昫.旧唐书·玄宗纪：卷九[M].北京：中华书局，1975：215.

[10] 同[4] 558.

[11] 同[9] 212.

[12] 同[11] 219.

[13] 同[11] 229.

[14] 刘昫.旧唐书·音乐志：卷二八[M].北京：中华书局，1975：1051.

[15] 同[14].

[16] 彭定求，等.全唐诗：卷二八[M].北京：中华书局，1960：416.

[17] 同[14] 1052.

[18] 郑綮.开天传信记[M].上海：上海古籍出版社，2012：77.

[19] 元稹.元稹集：卷二四[M].冀勤，点校.北京：中华书局，2015：311.

[20] 同[9] 195.

[21] 欧阳修，宋祁. 新唐书·高仙芝传：卷一三五[M]. 北京：中华书局，1963：4578.

[22] 欧阳修，宋祁. 新唐书·哥舒翰传：卷一三五[M]. 北京：中华书局，1963：4571.

[23] 司马光. 资治通鉴：卷二一八[M]. 北京：中华书局，1956：6970.

[24] 谢思炜. 白居易诗集校注[M]. 北京：中华书局，2006：1549.

[25] 吴在庆. 杜牧集系年校注[M]. 北京：中华书局，2008：204.

第四节　花萼相辉楼

李隆基的父亲唐睿宗一共有六个儿子，最小的儿子李隆悌死得很早，李隆基是睿宗的第三子。宁王李成器是睿宗长子，后因避讳昭成皇后的尊号，改名为宪。睿宗次子为申王李成义，后来也因避讳改名为李㧑。睿宗第四子为岐王李隆范，第五子为李隆业，两人后来都因避玄宗的讳改名为李范和李业。

唐玄宗的父亲唐睿宗李旦的皇帝生涯十分坎坷，他先是在母亲武则天的统治下充当傀儡皇帝，后来武则天把他废掉自己当了女皇。后来张柬之等人发动神龙政变夺回了李家江山，让唐睿宗的哥哥唐中宗李显复位。但是唐中宗去世之后，他的皇后韦氏也准备当第二个武则天。李隆基等人发动政变，除掉了韦皇后及其党羽，他的父亲李旦又重新当上了皇帝。

这个时候，唐睿宗在立储的问题上开始纠结，因为按礼法来说，李成器为长子，应该立为太子；但第三子李隆基在自己复位之役中立有大功，所以他犹豫不决。这时候，宁王李成器主动让出太子之位，上书父皇："储副者，天下之公器，时平则先嫡长，国难则归有功。若失其宜，海内失望，非社稷之福。臣今敢以死请。"[1] 诸王、公卿亦言李隆基有社稷大功，合居储位。睿宗因此决定以隆基为太子。宁王李宪让天下予玄宗李隆基，史称"让皇帝"。

因此玄宗对兄弟之情是特别重视的。玄宗五兄弟感情甚笃。自从五兄弟"从幸西京，赐宅于兴庆坊，亦号'五王宅'"[2] 后，五人一直居住在一起。即位后，玄宗又将诸王的府邸安排在兴庆宫西邻的坊内，"宪于胜业东南角赐宅，申王㧑、岐

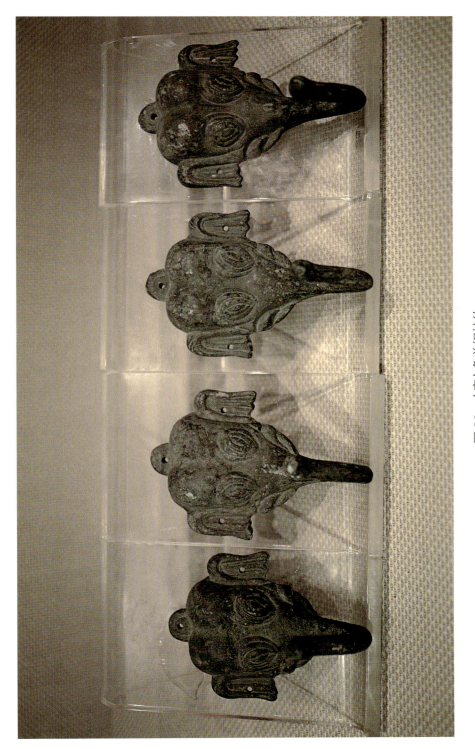

图 36 （唐）象首铜挂钩

Figure 36 (Tang Dynasty) Bronze Hanger in the Shape of Elephant Head

王范于安兴坊东南赐宅,薛王业于胜业西北角赐宅,邸第相望,环于宫侧"[3]。为使接近,还把兴庆宫的正门开在西边。

花萼相辉楼和勤政务本楼相连,均为开元八年(720)所建。开元二十四年(736)六月,又加增广。"花萼相辉楼"的建造,就是为了让他和兄弟们能够同游宴乐,不仅表达了他对宁王的感谢之情,更是浸透了他对兄弟情义的看重。花萼相辉楼的名字取自《诗经》,《小雅·常棣之华》中有"常棣之华,鄂不韡韡?凡今之人,莫如兄弟"之句,故"常棣之华"一直都有兄弟友爱,和睦共济之意。所以花萼相辉楼的建造,可以说就是玄宗为了与兄弟敦睦同乐而作。正如高盖《花萼楼赋》的《序》中所言:"乃以花萼相辉为名,盖所以敦友悌之义也。"[4]又如张甫赋中所言:"钦其号则知昆弟之相穆。"[5]

花萼相辉楼是高大豪华的楼式建筑。当时的才子曾有多篇《花萼楼赋》。最早一篇为范崇凯所作,曾受到玄宗的高度赞誉,但今不存(也有人认为署名高盖者即范作)。《全唐文》中现存五篇《花萼楼赋》,作者分别为高盖、王諲、张甫、陶举、敬括。几篇赋文都极写花萼楼之富丽:

攒画栱以交映,列绮窗以相薄。金铺摇吹以玲珑,珠缀含烟而错落。饰以粉绘,涂之丹腯。飞梁回绕于虹光,藻井倒垂乎莲萼。[6](高盖《花萼楼赋》)

建彩楼,规层阁;栾栌跂翼以攒斗,枝撑权枒而相搏。凌兢云垂,業炎星错;风恬气隐,雨霁烟廓。中坐平望,数香街之往来;冯槛下观,尽天京之郊郭。[7](张甫《花萼楼赋》)

素壁照耀以霜皜,丹桂翕艳而霞错。叠栾栌之夭矫,绕轩槛之周流;虽丽萼之不足,实规模而寡仇。[8](陶举《花萼楼赋》)

横逦迤而十丈,上峻嶒而三休,仰接天汉,俯瞰皇州。[9](王諲《花

萼楼赋》）

  上郁律兮中窈窕，灵煌煌兮神漠漠。形直举而孤标，势将飞而不却。俯兰丛之长坂，对旗亭之延郭。[10]（敬括《花萼楼赋》）

  从诸赋中所铺陈描写来看，花萼楼不仅辉煌富丽，而且视野很好。在楼上可以俯瞰长安城，"中坐平望，数香街之往来；冯槛下观，尽天京之郊郭"，"俯兰丛之长坂，对旗亭之延郭"。

  玄宗一向对兄弟十分友爱，"近世帝王莫能及"[11]。玄宗刚刚即皇帝位时，"为长枕大被，与兄弟同寝"[12]。诸王每天早上在侧门朝见天子，退下后便聚在一起进膳饮酒、斗鸡、击毬；或者是到京城近郊去狩猎，或者是到别墅里观赏游玩，奉命前去问候的宦官络绎不绝。唐玄宗在每天临朝听政之后，经常与诸王在一起游乐，兄弟们在宫中相处时，彼此跪拜都依照家人的礼节，饮食起居也无分别。玄宗还下令在宫中设置五座帐幕，自己与诸王轮流在里面住宿。他们有时在一起谈论、一起赋诗，有时饮酒，有时玩博戏下围棋，有时策马纵犬外出打猎，有时手持丝竹乐器吹拉弹唱。李成器擅长吹奏笛子，李范擅长弹奏琵琶，他们都曾和玄宗在一起轮流演奏。

  《全唐诗》中有一首《过大哥宅探得歌字韵》，是玄宗在宁王李宪家里和兄弟们宴会之时分韵所赋之诗："鲁卫情先重，亲贤爱转多。冕旒丰暇日，乘景暂经过。戚里申高宴，平台奏雅歌。复寻为善乐，方验保山河。"[13]从诗中可以想见兄弟相会的欢洽之情。元代诗人虞集也有一首题画诗《花萼楼晏集图》，描写玄宗与兄弟同乐之时的场景："花萼楼前翠辇来，宁王吹笛百花开。夹城谁敢争驰道，独对霓裳进玉杯。"[14]

  诸王中倘若有哪一位生了病，玄宗甚至急得终日吃不下饭、终夜睡不着觉。有一次，薛王李业生了病，当时玄宗正在临朝听政，一会儿工夫就十次派使者前往问候。唐玄宗还亲手为李业熬制汤药，旋风吹来，燃着玄宗的胡须，左右侍从赶忙上前帮他扑火。唐玄宗说道："只要薛王服下这碗药以后病能痊愈，朕的胡须有什么值得可惜呢？"《旧唐书·睿宗诸子传》中记载了玄宗给兄弟赠药时所写的信：

> 玄宗既笃于昆季，虽有谗言交构其间，而友爱如初。宪尤恭谨畏慎，未曾干议时政及与人交结，玄宗尤加信重之。尝与宪及岐王范等书曰："昔魏文帝诗云：'西山一何高，高处殊无极。上有两仙童，不饮亦不食。赐我一丸药，光耀有五色。服药四五日，身轻生羽翼。'朕每思服药而求羽翼，何如骨肉兄弟天生之羽翼乎！陈思有超代之才，堪佐经纶之务，绝其朝谒，卒令忧死。魏祚未终，遭司马宣王之夺，岂神丸之效也！虞舜至圣，拾象傲之怨以亲九族，九族既睦，平章百姓。此为帝王之轨则，于今数千岁，天下归善焉，朕未尝不废寝忘食钦叹者也。顷因余暇，妙选仙经，得此神方，古老云'服之必验'。今分此药，愿与兄弟等同保长龄，永无限极。"[15]

玄宗在信中说，服求仙之药不如敦兄弟之谊。他举了历史上的例子，魏文帝曹丕曾试图服药求仙，但因为不注意兄弟之情，最终社稷为司马氏所夺。而舜帝因为能包容作恶的弟弟，因此能够垂范天下，平章百姓。可见兄弟友爱比服药求仙更为重要。

当然，除了与兄弟同乐，花萼楼前也经常举行其他大型宴会。天宝年间，上元之夜，玄宗还常驱驾于此观灯。时陈鱼龙百戏，花灯缤纷，灯烛如昼，且有宫女在灯下踏歌为舞。张说《踏歌词》描写当时的景象："花萼楼前雨露新，长安城里太平人。龙衔火树千灯艳，鸡踏莲花万岁春。"[16]

每逢千秋诞日，玄宗在此楼下大宴百僚。《旧唐书·玄宗纪》载："十七年八月癸亥，上以降诞日，谯百僚于花萼楼下。百僚表请以每年八月五日为千秋节，王公已下献镜及承露囊，天下诸州咸令谯乐，休暇三日，仍编为令，从之。"[17] 开元十七年（729）八月初五，唐玄宗为庆贺自己的生日，在花萼楼下宴请百官。左丞相源乾曜、右丞相张说率领百官呈上表章，请唐玄宗将每年八月五日定为千秋节，公布于全国，让老百姓都摆宴同乐。不久，唐玄宗又下令将祭祀土地神的日子移到千秋节。此后唐玄宗又下令，百官开始每十天休假一次，君臣同乐，据说当时每办一桌宴席就要花掉五千缗钱，也就是五百万钱。玄宗曾有一首《千秋节宴》：

兰殿千秋节，称名万寿觞。风传率土庆，日表继天祥。玉宇开花萼，宫县动会昌。衣冠白鹭下，帘幕翠云长。献遗成新俗，朝仪入旧章。月衔花绶镜，露缀彩丝囊。处处祠田祖，年年宴杖乡。深思一德事，小获万人康。[18]

"历览前贤家与国，成由勤俭败由奢"。敦睦兄弟之情当然可以垂范天下，与民共乐似乎也可以呈现一片盛世繁华。但由于后期的玄宗耽于享乐，溺于奢华，国家逐渐走向衰弱。花萼楼的风流繁华毕竟不能持久。根据中华人民共和国成立后对花萼相辉楼进行的部分发掘，证明该楼当初是为火所焚。

注　释：

[1] 刘昫. 旧唐书·睿宗诸子传：卷九五 [M]. 北京：中华书局，1975：3010.

[2] 同 [1] 3011.

[3] 同 [1] 3011.

[4] 董诰，等. 全唐文：卷三九五 [M]. 上海：上海古籍出版社，1990：1784.

[5] 同 [4].

[6] 同 [4].

[7] 同 [4].

[8] 同 [4].

[9] 董诰，等. 全唐文：卷三三三 [M]. 上海：上海古籍出版社，1990：1492.

[10] 董诰，等. 全唐文：卷三五四 [M]. 上海：上海古籍出版社，1990：1587.

[11] 司马光. 资治通鉴：卷二一一 [M]. 北京：中华书局，1956：6701.

[12] 同 [11].

[13] 彭定求，等. 全唐诗：卷三 [M]. 北京：中华书局，1960：30.

[14] 虞集. 道园学古录：卷四 [M]// 景印文渊阁四库全书：1207. 台北：台湾商务印书馆，1986：56.

[15] 同 [1] 3011.

[16] 彭定求，等. 全唐诗：卷二八 [M]. 北京：中华书局，1960：411.

[17] 刘昫. 旧唐书·玄宗纪：卷九 [M]. 北京：中华书局，1975：193.

[18] 彭定求，等. 全唐诗：卷三 [M]. 北京：中华书局，1960：39.

第四章 "古寺名僧多异时"：隋唐寺观

寺观纷纭释道尊，香烟车马满都门。

吴生画壁鬼神动，僧侣说经天雨翻。

只有帝王服药死，可曾人世证泥洹。

信哉诸法皆空相，枯海生尘梦一痕。

隋唐两朝统治者十分重视宗教对治理社会的作用，在这一历史时期，佛、道两教发展非常兴盛，创造出许多辉煌灿烂的文明成就。

隋唐时期，佛教逐渐与中国本土的思想文化相融合，成为中华文化重要的组成部分。佛教传入中国以后，在其基本教义基础上吸收中国儒学伦理、玄学义理，形成具有中国特色的佛教思想，使当时的文人士大夫阶层产生浓厚的知识兴趣，而佛教中因果报应、轮回转世的观念则牢牢吸引着下层民众，使之心理对其产生依赖，深信不疑。隋唐的帝王在官方层面上也对于佛教多致扶植之力。隋文帝曾废止北周毁佛政策，下诏广建寺院、宣讲佛教义理；唐朝皇帝对于思想文化大都采取比较开放的政策，对佛教也予以扶持，唐宪宗可谓是唐代崇佛最有代表性的一位帝王，他亲自下诏将佛骨迎到长安供奉，在社会上掀起了崇佛热潮。由于官方的支持，隋唐佛教得以迅速发展。隋唐佛学的兴盛呈现出几个显著的特点。首先是南北佛学的统一。中国自东汉末年到魏晋南北朝，长期处于南北分裂的状态，佛学随之呈现出南北差异较大的状况。至隋唐时代天下的统一，南北佛学也随之渐趋统一，"颇斥南北，禅义均弘"是当时佛学发展的趋势。其次是佛教宗派化的进一步发展。隋唐时期，佛教的不同宗派如天台宗、三论宗、唯识宗、律宗、华严宗、密宗、净土宗、禅宗等发展壮大，形成了各自独有的思想体系与规范制度。再次是中国佛学国际中心地位确立。隋唐两朝出现了许多精研佛理的高僧，政府专门设置从事佛教典籍翻译的译馆，翻译了大量佛典，佛学研习之风大盛，中国逐渐取代印度成为世界佛教传播的中心。外国僧人学佛求法往往径直来华，如当时日本、新罗、高丽等国的僧人来华求法，蔚为大观。第四是佛寺的大规模发展。隋唐时期，随着佛教信众的日益增多，佛寺的数量也在迅速增长。据史书《唐六典》记载："凡天下寺总五千三百五十八所"[1]。第五是佛教对于社会生活方方面面的渗透。隋唐时期，佛教文化开始渗入人们日常节令、娱乐、旅游、雕版印刷、文学创作等活动之中。

隋唐时期，道教作为中国本土宗教，发展也非常兴盛。隋代君主十分信奉道教，隋文帝将他的开国年号命名为"开皇"，这个名称便是取自道教的典籍。隋代实行佛、道二教并重的政策，统治者将道教信仰作为其统治的手段之一。及至唐代，皇室将其李姓追溯至道教信奉的始祖老子的李姓，故而更为崇尚道教，道教成为李唐的国教。高祖李渊努力提高道教地位，曾下诏叙三教先后，以道教为首，儒教次之，佛教最后。太宗李世民也延续了这一政治口径。至玄宗李隆基时代，唐代道教的发展更是达到了顶峰。玄宗曾迎道士司马承祯入京，亲受法箓，成为取得道士资格的皇帝，又令五岳各置老君庙，予以供奉，又亲注《道德真经》，令士庶家中必藏《老子》，把《老子》列入科举考试的范围，还赠封庄子为南华真人，文子为通玄真人，列子为冲虚真人，更桑子为洞虚真人，等等，可以说尊奉道教，无所不用其极。玄宗以后的肃宗、代宗、宪宗、穆宗、武宗、宣宗等不少皇帝都继续崇奉、扶植道教。唐代统治者对宫观经济予以大力扶持，他们广建宫观，并赐予丰厚的田产。道教宫观几乎遍及全国，诸如太清宫、太微宫、紫微宫等供奉老子的宫观，其富丽宏大的气派，直逼皇家殿堂。隋唐时期道教思想更加深邃，气势更为恢宏。道教的理论家在本体论上提出了道与气、道体与心体等方面的论证；在认知论上提出了道性与众生性、心斋与坐忘、体道与行道、穷理尽性、安静心王等方面的理论；在思想方法上提出了道德相须、体用双举、三一为归、形神合一等的辩证；在社会政治生活上则力图在现世中追寻超越的理想，强调治身与治国的一致性。唐代许多文人学士崇尚道教，将与高道作方外之游视为风雅之举，其中著名人物有陈子昂、颜真卿、贺知章、李白等。在唐代文学艺术作品中，能够感受到道教的深远影响。如唐诗中就有许多以宫观、道士为素材的题咏，咏叹神仙世界的奇谲瑰丽，渴望飞升入仙是唐诗的一大主题。又如唐人传奇小说中亦多有道教神仙故事。还有唐代文人画也多取材于道教神仙人物，如吴道子在洛阳老君庙中画有"老子化胡经变相"等壁画。

作为宗教文化的载体，隋唐时代那些宛若河汉星辰、密布大江南北的佛寺道观大多已在历史的风烟中散尽了容颜，可是它们作为横绝千古的诗意皇朝所弹奏出来的"凝固的乐章"，仍令人回味无穷。这些寺院宫观像那令人仰止、令人叹吟的古诗一样，讲述的是隋唐统一王朝的雄壮气概与睥睨于世的民族自信心。在历史的帷幕之后，在封尘的书卷之中，在华美的壁画之上，它们若隐若现，美轮美奂，逗引人们拂去朦胧的面纱，瞻仰它们的卓绝风姿。

从文献记载来看，今日交大，即往昔唐常乐与道政两坊的土地之上，曾有过四处佛寺、一座佛教阁楼、一处道观。让我们先通过史料了解一下它们的大致情况：

护持寺，位于道政坊西北部的一座隋代寺院。隋炀帝大业七年（611）被废，仅存二三十年。

赵景公寺，本名弘善寺，位于常乐坊西南隅。隋文帝开皇三年（583），独孤皇后为其父独孤信所立，开皇十八年（598）改名赵景公寺。其遗址在今西安交通大学校园西南部宪梓堂一带。

灵花寺，位于常乐坊南门之西。隋文帝开皇六年（586）大司马窦毅家舍宅为寺，寺西北角还有观音堂一座。其遗址在校南区思源楼东南方。

宝应寺，在道政坊东北角，原为唐代宗时宰相王缙府第。王缙沉溺佛教，其妻亡，王缙请舍宅为寺，代宗嘉之，赐以题号。

天王阁，位于春明门内侧的佛教楼阁，形高大，为当时之最，用来供奉佛教中的天王，类似于佛寺中的天王殿。该阁建造仅五六年后，于大和二年（828）移至长安城大兴善寺内。

洞灵观，位于常乐坊灵花寺之西的唐代道观。

这两坊土地之上，佛寺、道观就如此稠密，可以想见当时佛、道两教兴盛的景象。然而历史沧桑、人事代谢，昔日绚烂之极的辉煌，今日却已杳无踪影。我们唯有依据留传的文献记载来叙述与推断它们的大体形制。

注　释

[1] 李林甫·唐六典：卷四[M]//景印文渊阁四库全书：595.台北：台湾商务印书馆，1986：49.

第一节　隋代赵景公寺

隋代的护持寺如夭亡的娇儿，存在时间短暂，留下的史料也很简略，因此故事不多。好在与它修建时间相近的赵景公寺史料颇为详细，通过赵景公寺的相关记载，我们可以领略隋代佛寺的遗风古韵。

如前所述，赵景公寺是隋文献皇后为父亲独孤信所建。根据《周书》的记载，独孤信历任北周骠骑大将军、大司马等职。他容貌伟美，"风度弘雅""善骑射""有奇谋大略"[1]。铁戈戎马一生的独孤信，功名赫赫，声望厚重。然而，在南北朝那段风云变幻的时局中，"风宇高旷""清猷映世"[2]的独孤信也难逃命运的摆弄，五十五岁那年，独孤信被逼迫自尽于家中。虽然他的长女是北周明敬后，第四女是元贞皇后，第七女是隋文献皇后，被史家认为是"三代皆为外戚，自古以来，未之有也"[3]的显贵之事，然而对他的子女们，尤其是第七女，后来的隋文献独孤皇后来说，父亲毕竟是离世得太早了。

文献皇后既有"谦卑自守""柔顺恭孝"[4]的妇德之美，又有卓越的政治才能。周宣帝驾崩后，她准确地审度时势与事态，认为"大事已然，骑兽之势，必不得下"[5]，勉励夫君杨坚图改朝换代之大业，表现出了敏锐的政治判断力和裙钗女子不平凡的气魄。作为与皇帝患难与共，感情甚笃，令皇帝"甚宠惮之"[6]的开国皇后，她非但没有借皇上的宠爱和皇后的显贵为自己谋利，还重金犒赏将士，直谏皇帝在政治上的失误，为严明法纪，宁愿处死犯法外兄。她尽心尽力为国家着想，为夫君的政治基业出谋划策。她的政治能力深得认可，《隋书》说"后每与上言及政事，往往

图 37 （唐）开成石柱 1

Figure 37　(Tang Dynasty) Stone Pillar in Kaicheng Period 1

第四章
"古寺名曾多异时"：隋唐寺观

图 38 （唐）开成石柱 2

Figure 38 (Tang Dynasty) Stone Pillar in Kaicheng Period 2

图 39 （唐）开成石础 1

Figure 39 (Tang Dynasty) Stone Foundation in Kaicheng Period 1

第四章
"古寺名僧多异时"：隋唐寺观

图 40 （唐）开成石础 2

Figure 40 (Tang Dynasty) Stone Foundation in Kaicheng Period 2

图 41 （唐）开成石柱础 1

Figure 41 (Tang Dynasty) Stone Pillar Foundation in Kaicheng Period 1

图 42 （唐）开成石柱础 2

Figure 42 (Tang Dynasty) Stone Pillar Foundation in Kaicheng Period 2

图 43 （唐）开成石柱础 3

Figure 43 (Tang Dynasty) Stone Pillar Foundation in Kaicheng Period 3

合意，宫中称为二圣。"[7]她还颇有孝道，感怀自己父母早丧，对公卿父母都极尽礼数，表现出了母仪天下的后德风范。但美玉微瑕，文献皇后"性尤妒忌"[8]，使隋文帝后宫寂寥无人，隋文帝曾得尉迟美人，后被皇后设计害死。一代帝国的创建者隋文帝怒而无助，唯有对着高山叹息："吾贵为天子，而不得自由！"[9]

赵景公寺是文献皇后为父亲祈福而建。据史料记载，隋文帝登基后，曾下诏追封独孤信为"赵国公，邑一万户，谥曰景"[10]，寺院之名即由此而来。

今天，我们能够看到对赵景公寺较为翔实的记载出自唐代段成式的《寺塔记》：

长乐坊赵景公寺。隋开皇三年置，本日弘善寺，十八年改焉。南中三门里，东壁上，吴道玄画《地狱变》，笔力劲怒，变状阴怪，睹之不觉毛戴。吴画中得意处。

三阶院西廊下，范长寿画《西方变》及十六对观宝池，池尤妙绝，谛视之，觉水入深壁。院门上白画树石，颇似阎立德。予携立德《行天祠》粉本验之，无异。西中三门里门南，吴生画龙及刷天王须，笔迹如铁。有执炉天女，窃眸欲语。华严院中，鍮石卢立像，高六尺，古样精巧。塔下有舍利三斗四升，移塔之时，僧守行建道场，出舍利，俾士庶观之。呗赞未毕，满地现舍利，士女不敢践之，悉出寺外。守公乃造小泥塔及木塔近十万枚葬之，今尚有数万存焉。寺有小银像六百余躯，金佛一躯长数尺。大银象高六尺余，古样精巧。又有籢七宝字《多心经》小屏风，盛以宝函，上有杂色珠及白珠。骈赘乱目。禄山乱，宫人藏于此寺。屏风十五牒，三十行。《经》后云："发心主司马恒存愿，成主上柱国索伏宝息上柱国真德为法界众生，造黄金牒经。"善继疑外国物。

辞《吴画连句》：

惨淡十堵内，吴生纵狂迹。风云将逼人，鬼神如脱壁。其中龙最怪，张甲方汗栗。黑夜窸窣时，安知不霹雳。此际忽仙子，猎猎衣乌奕。妙瞬乍疑生，参差夺人魄。往往乘猛虎，冲梁耸奇石。苍峭束高泉，角睐警欹侧。冥狱不可视，毛戴腋流液。苟能水成刹，那更沉火宅。

语（各录禅师佳语）：

兰若和尚云："家家门有长安道。"荆州些些和尚云："自看功夫多少。"无名和尚云："最后一大息须分明。"

题约公院（四言）：

印火荧荧，灯续焰青。七俱胝咒，四阿含经，各录佳语，聊事素屏。丈室安居，延宾不扃。[11]

读罢这段文字，一座建筑宏伟、装饰精美、佛音荡漾、古韵悠扬的古代寺院依稀可见。当然，《寺塔记》重在记述赵景公寺最具特色的地方，而未对它的全貌进行整体的描绘。我们可以结合我国古典建筑的一般原理与隋代佛教建筑的基本结构样式，作合理的推断，试图来重新绘制一幅赵景公寺的全景图。

我国佛教建筑在发展初期主要是模仿古印度的四方宫塔结构，中国最早的佛寺建筑——洛阳白马寺，就是这一形制的范例。魏晋南北朝时期，佛教在中国发展兴盛，寺院建筑栋宇宏伟，达到了"宝塔骈罗……金刹与灵台比高，广殿共阿房等状"[12]的富丽堂皇的局面。当时，以木石（砖）为材料的楼塔式结构逐步取代了以宫塔为主体的制度，楼塔内供奉佛像取代了宫塔外部的佛龛，楼内诵经代替了绕塔瞻礼。远负盛名的洛阳永宁寺就是以楼塔为主体。《洛阳伽蓝记》记载："中有九层浮图一所，架木为之，举高九十丈。上有金刹，复高十丈，合去地一千尺。去京师百里，已遥见之。……浮图有四面，面有三户六窗，……浮图北有佛殿一所，形如太极殿。中有丈八金像一躯，中长金像十躯，秀珠像三躯，金织成像五躯，玉像二躯，作功奇巧，冠于当世。"[13] 隋代皇家所立佛寺基本上继承了南北朝佛寺的建制，如仁寿三年（603）隋文帝为皇后所立，由当时最杰出的建筑师宇文恺督建的禅定寺，"木浮图，高三百卅尺，周匝百二十步。寺内复殿重廊，天下伽蓝之盛，莫与之比。"同样为隋初皇室所立的赵景公寺在形制上无疑当与禅定寺相仿，在规模上也自当不输于禅定寺。

无论是从捐建寺院者的尊贵身份，还是从寺院的实际功能来推测，赵景公寺在主体建筑所处的院落之外，当有一座坐北向南、气势不凡的寺院外门。前来朝拜的香客由此入寺，富贵者所乘车马也正好可以停驻在外门与中门之间的院落里。站在这座院落的中心，抬起头来，便可看见那座作为主体建筑的佛塔，矗立在蓝天白云之下，掩映在古柏苍松之间，其玲珑的塔顶显示出宗教的神秘气息，塔角的银铃，随风拂动，清脆而缥缈，让人顷刻间忘记了喧嚣的世俗，情不自禁地迈步进入向这片清幽的佛国净地。

进入南中三门，不仅宏伟高耸的佛塔清晰可见，在院落东面，于宽广的墙壁之上，还可以欣赏到唐代画圣吴道子的著名壁画——那幅"惊天地，泣鬼神"的《地狱变相图》。图画中，虽无刀林、沸镬、牛头、马面、鬼怪等恐怖形象，但"变状阴惨，使观者腋汗毛耸，不寒而栗"[14]。据史料记载，寺中老僧说："吴生画此地狱变成之后，都人咸观，皆惧罪修善，两市屠沽，鱼肉不售。"[15] 确实达到了震慑人心的效果。

西中三门南壁上是吴道子所绘的神龙，以及"窃眄欲语"的执炉天女，与白描手法绘制的《地狱变相图》相互映衬，使赵景公寺得锦上添花之妙，游览者也能再品吴画的绝世风姿。正是得益于吴道子千古扬名的画作，赵景公寺才能在隋唐众多绮丽秀美名寺古刹之中脱颖而出，引才人墨客接踵来访。

为合理推测赵景公寺的规模和建制，我们不妨抓住中院开有西中三门这一信息，来作言之有据的推论。我国古典建筑在布局上最典型的特征就是讲究以南北为中心的左右对称的美学结构。根据这一美学结构，在赵景公寺的中院，必定会有与西中三门对应存在的东中三门。由此延伸出去，除了南北中轴线上的主建筑群，在东西三门之外，还当有次要的建筑群落存在。也就是说，赵景公寺当是以佛塔为主体的多院落形制，而段成式文章提到"三阶院""华严院""约公院"只是其中个别院落的名称。

这些院落以佛殿、讲堂、佛阁等建筑物为组成部分，靠回廊将其划分为不同功用的个体空间，每个院落的回廊上又开有廊门，这保证了佛寺的整体性和通透性。

寺中佛殿大都以条砖包砌的素平方台为根基，这种台基的样式简单古朴，反映了隋初建筑的朴素风格。高高的台基之上，下有覆莲或覆盆柱础的朱红圆木大柱，支撑起宽阔畅亮的大殿。隋代大殿多采用"一殿二楼"结构或者"凹"字形布局。"一殿二楼"是在大殿左右设立阁楼，阁楼的陪衬突出了大殿的主体地位。"凹"形布局，即在大殿左右设立小殿，三殿组成"凹"字式样，增加了观赏视觉上的回环之美。通向大殿的台阶由东西两阶组成，正中无阶，这与唐代以后台阶中间设立阶梯或者当中缀以垂带的做法有很大差异。这种台阶设置，使大殿正中供奉的大佛益发显得位置优越，形象突出。殿外勾栏用直棂或直棂与勾片相间的样式，和直棂式门窗风格统一，清新简约，不似后代的纷繁庞杂。殿上斗栱，和北朝一样，是不出跳的，但柱头之间却设有阑额，人字栱和一斗三升的造型也比北朝密集与厚重，显示了斗栱形制向华美化方向发展的趋势。高贵舒展的庑殿顶，饰以色泽明艳的琉璃瓦，使得大殿显得气势不凡。殿内供奉着雕刻精巧的大小佛像，藏有稀世罕见的珍贵屏风。攒尖顶或圆形的亭子把寺院装点得更加秀丽，也为游客提供了吟赏风景、避暑纳凉的好去处。

杜牧《题宣州开元寺》云："楼飞九十尺，廊环四百柱。高高下下中，风绕松桂树。春苔照朱阁，白鸟两相语。溪声入僧梦，月色晖粉堵。"[16] 这是杜牧为同样以佛塔为中心的宣州开元寺绘制的清秀容貌，在明月清辉笼罩下的赵景公寺应该也能够呈现出这般的静谧吧。

注　释：

[1] 令狐德棻. 周书·独孤信传：卷一六［M］. 北京：中华书局，1971：263.

[2] 同[1].

[3] 同[1].

[4] 魏徵. 隋书·文献独孤皇后: 卷三六 [M]. 北京: 中华书局, 1973: 1108-1109.

[5] 同 [4].

[6] 同 [4].

[7] 同 [4].

[8] 同 [4].

[9] 同 [4].

[10] 同 [1].

[11] 段成式. 酉阳杂俎校笺: 续集卷五 [M]. 许逸民, 校笺. 北京: 中华书局, 2015: 1789-1801.

[12] 范祥雍. 洛阳伽蓝记校注 [M]. 上海: 上海古籍出版社, 1978: 1-2.

[13] 同 [12].

[14] 黄伯思. 东观余论: 卷下 [M] // 景印文渊阁四库全书: 850. 台北: 台湾商务印书馆: 1986: 374.

[15] 李昉. 太平广记: 卷二一二 [M]. 北京: 中华书局, 1961: 1622.

[16] 杜牧. 樊川诗集注: 卷一 [M]. 冯集梧, 注. 上海: 上海古籍出版社, 1999: 100.

第二节　隋代灵花寺

位于常乐坊南门之西的灵花寺，原名太慈寺。灵花寺原为隋朝大司马窦毅的住宅。窦毅少年时"深沉有器度，事亲以孝闻"，他在北魏孝武帝时任员外散骑侍郎，仕历西魏、北周。在北周时，窦毅任大将军。当时北周与突厥外交，突厥王曾许诺将其女儿许配给北周皇帝。但北周敌国北齐也派去使者，"甘言重币"，向突厥求娶这名女子。突厥贪图钱财，意欲对北周悔婚。窦毅作为北周使者，前往交涉，要求迎娶突厥之女。窦毅来到突厥，"抗言正色，以大义责之，累旬乃定"，最终成功为北周迎娶了这位皇后。入隋以后，窦毅为大司马，"隋开皇初，拜定州总管。累居藩镇，咸得民和。开皇二年，薨于州，年六十四"。[1]特别要提及的是，窦毅的女儿即日后成为唐高祖李渊正妻的太穆皇后，而其从侄窦抗是唐开国元勋，终唐代一朝，窦氏一族都是声望极为显赫的世家大族。

灵花寺是窦毅去世四年之后，由其家人舍宅而建。古时那些信仰坚诚的官吏、富商有时会将自己的住宅捐出来作为寺院，被称为"舍宅为寺"。段成式《寺塔记》

关于灵花寺的记载甚具传奇色彩：

> 大历初，僧俨讲经，天雨花，至地咫尺而灭，夜有光烛室。敕改为"灵花"。俨即康藏之师也。康本住靖恭里毡曲，忽睹光如轮，众人皆见，遂寻光至俨讲经所，灭。

> 佛殿西廊，立高僧一十六身。天宝初，自南内移来。画迹拙俗。

> 观音堂，在寺西北隅。建中末，百姓屈俨患疮且死，梦一菩萨摩其疮曰：我住灵花寺。俨惊觉汗流，数日而愈。因诣寺寻检，至圣画堂，见菩萨，一如其睹。倾城百姓瞻礼，俨遂立社，建堂移之。

> 圣画堂中，构大枋为壁，设色焕绮，本邵武宗画，不知何以称圣？据《西域记》："菩提树东有精舍，昔婆罗门兄弟，欲图如来初成佛像，旷岁无人应召。忽有一人，自言善画如来妙相，但要香泥及一灯照室，可闭户六月。终怪之，余四日未满，遂开户，已无人矣。唯右髀上工未毕。"盖好事僧移此说也。堂中有于阗输石立像，甚古。

> 《游目记》所说刺柏，太和中，伐为殿材。

> 辞《偶连句》：

> 共入夕阳寺，因窥甘露门。清香惹苔藓，缁草杂兰荪。捷偶飞钳答，新诗倚杖论。坏幡标古刹，圣像焕崇垣。岂慕穿笼鸟，难防在槛猿。一音唯一性，三语更三幡。[2]

这座隋代的灵花寺，不仅有院堂勾连，佛像矗立，古柏参天，兰草飘香，更流传着讲经雨花、光轮入室、观音救死等佛教传说，充满了宗教的神秘感与神圣感。

由于隋唐时期我国住宅建筑的结构原理变化不大，因此，同样为官宦府邸改建的灵花寺和接下来所要讲到的宝应寺的形制差别不会很大。只是在风格上，灵花寺应与同为隋代建筑的赵景公寺的朴素简洁更为接近一些。而宝应寺，则折射出华美绚烂的中唐建筑风范，以及人类古典文明处于巅峰时期照耀千古的璀璨光彩。

注　释：

[1]令狐德棻.周书·窦毅传：卷三〇[M].北京：中华书局，1971：521.
[2]段成式.酉阳杂俎校笺：续集卷五[M].许逸民，校笺.北京：中华书局，2015：1803-1812.

第三节　唐代宝应寺

宝应寺原来的主人是唐代历任侍御史、武部员外郎、黄门侍郎、宰相等职的王缙。王缙生长在一个有浓郁佛学氛围的家庭里，他的母亲崔氏是一位虔诚的佛教徒。崔氏"师事大照禅师三十余岁，褐衣蔬食，持戒安禅，乐住山林，志求寂静"[1]。大照禅师就是唐代北宗禅主神秀的继承人普寂。在神秀之后，普寂由洛阳移居长安弘法，当时北宗禅势力强盛，普寂禅师门庭兴旺，"王公大人，竞来拜谒"。崔氏拜这位高僧为师，受其点化三十余年，其佛学造诣自当非同寻常。王缙之兄便是深谙禅学，闻名遐迩的"诗佛"兼画家王维。在母亲和兄长的熏陶下，王缙也沉溺佛教，愈老愈甚。他的诗歌《同王昌龄裴迪游青龙寺昙壁上人兄院集和兄维》云："林中空寂舍，阶下终南山。高卧一床上，回看六合间。浮云几处灭，飞鸟何时还。问义天人接，无心世界闲。"[2]其诗境虽不能和乃兄王维之作相媲美，可也处处流露着佛境的空无之美。大历年间，王缙之妻李氏亡故，王缙舍道政坊的府邸为佛寺，为妻追福，这就是宝应寺的由来。当时的代宗很赏识王缙的这一做法，曾亲笔为宝应寺题写寺额。

图 44 （唐）汉白玉佛头
Figure 44 (Tang Dynasty) White Marble Budda Head

我们翻开史书来了解王缙的生平，可以读到他的一件弃官救兄的事迹，特别令人印象深刻。安史之乱中，安禄山攻陷两京以后，大掠留滞在京的文武朝臣及宦官、宫嫔、乐工等，将他们押送至洛阳，当时王维也在其中。一次，安禄山召集叛军首领在凝碧池欢宴庆功，逼迫降官陪坐、梨园乐工奏唱助兴。乐工们感今追昔，相对泪下。著名乐师雷海青摔碎乐器拒绝弹奏，被叛军肢解于试马殿。王维当时被叛军软禁在洛阳菩提寺，并逼令接受伪职。其好友裴迪来看望他，告诉了他雷海青惨死之事。王维听罢悲愤交集，就口占了《菩提寺禁，裴迪来相看，说逆贼等凝碧池上作音乐，供奉人等举声便一时泪下，私成口号，诵示裴迪》这首著名的绝句："万户伤心生野烟，百官何日再朝天。秋槐叶落空宫里，凝碧池头奏管弦。"诗的前两句抒发两京陷落之悲以及对唐王朝的思念；后两句感叹旧宫凄凉，贼氛方炽，兼寓乐工在凝碧池头贼宴上被迫演奏一事。全诗感事而发，颇含忠心。唐肃宗当政后，唐军击退叛军，克复两京。王维因受伪职，被囚禁论罪。但因这首诗传到了肃宗处，受到肃宗嘉许。另外，当时王缙殷切上书，情愿削去己职以赎兄罪。所以王维最终得到了宽赦，仅被降职为太子中允。我们回顾这一件史事，必定会被雷海青的宁折不弯激动得扼腕斯奋，会被王维的悲愤绝句感动得细吟远思，同样，我们也不会忘记王缙手足孝悌的一片深情。

下面再回到宝应寺的话题，我们还是来一边叙说唐代宫室建筑制度，一边勾画宝应寺奢华精美的建筑风貌吧。

唐代初期，鉴于隋亡的教训，政府按品阶对官员住宅建筑作了严格的规定。高层统治者以身作则，提倡廉俭作风。唐太宗翠微离宫的房顶用茅草修葺，重臣魏徵府宅之中不设延纳宾客的前堂。他们的行为，导引了一代建筑之风气，使得唐代前期豪华邸宅寥寥无几。高宗武后时代，大唐国力日渐隆盛，皇宫王室修筑宫殿日复奢华，雄壮磅礴，构思精巧的大明宫就是这一时期修建的。女皇武则天在华伟的含元殿上，在衣冠巍峨的万国臣僚面前，娥眉横扫天下男儿的恢宏气度成为那个时代抹不去的风采。所谓上行下效，贵戚宠臣修建豪宅之风由此而起。武则天之侄宗楚客的洛阳府宅"文柏为梁，沉香和红粉以泥壁，开门则香气蓬勃。磨文石为阶砌及地"[3]。男宠张易之宅"甚壮丽，计用数百万。红粉泥壁，文柏帖柱，琉璃沉香为饰。"[4]

武则天败后，李氏王室势力再起，中宗女长宁公主洛阳府邸占两坊之地，"盛加雕饰，朱楼绮阁，一时称绝。又有山池别院，山谷亏蔽，势若自然。"中宗幼女"于金城坊造宅，穷极壮丽"[5]。玄宗登基，开创了开元盛世的全胜局面，中国古典文明辉煌灿烂到了巅峰状态。唐玄宗修筑兴庆宫，与他那位令六宫粉黛颜色尽失的贵妃娘娘在香气四溢的沉香亭里吟赏牡丹，卓绝风情羡煞多少后来人。玄宗后期，政治腐败，私宅建筑甚是奢华。杨国忠"姊妹昆仲五家，甲第洞开，僭拟宫掖……每构一堂，费逾千万计，见制度宏壮于己者，即彻而复造，土木之工，不舍昼夜。"[6]安禄山亲仁坊的府邸"堂皇三重，皆象宫中小殿。"[7]就连歌手李龟年的宅屋也是"僭侈之制，逾于公侯……中堂制度甲于都下"[8]。长安一百零八坊里，多少朱门大户，真是累累高堂竞豪奢啊！

日居中天，光芒万丈，繁盛莫比，然而盛极而衰，陨落之势已不可免。安史之乱使璀璨的唐帝国一落千丈，日薄西山之气笼罩着大唐泱泱疆土。皇室软弱无力，权臣大将恃功骄恣，像是要一掷千金来修建富贵乡，重温昔日的繁华梦一般，中唐以后崇楼巨宅之制愈演愈烈。《资治通鉴》载："初天宝中，贵戚第舍虽极奢丽，而垣屋高下犹有制度，然李靖家庙已为杨氏马厩矣。及安史之乱后，法度废弛，大臣将帅，竞治第舍，各穷其力而后止，时人谓之木妖"[9]。在平定安史叛乱中功劳显赫的郭子仪，用亲仁坊的四分之一，面积达13公顷的土地，为自己修建规模宏大的府舍，家中有仆佣三千多人，出入不相识，其穷奢极欲可见一斑。

宝应寺具体的修建年限和建制规模虽已无从确考，但王缙为官的时期正是以上所描述的唐朝权臣勋贵竞修豪宅的时代，而且有史料记载作为宰相的王缙常常邀请诸道节度、观察使前来寺里捐助财物、助己修缮该寺。由此可以推断，宝应寺繁奢华丽的程度当不会逊色于盛唐、中唐其他官僚住宅。

当时的人们去宝应寺观瞻，首先映入眼帘的是具有旌表门第意义的乌头大门，与大门相连的素夯土墙是寺院坚硬结实的第一重外墙。由于唐制规定，五品以上官员才可在宅外立乌头门，因此这重土墙即彰显了宅中主人的社会地位。驻足门里，眼前一座开阔宏深的悬山顶大门，好不威风。由此方可进入宅中男主人接待宾客的前堂、女眷生活的内宅以及供她们游宴戏耍的风景绮丽的后园。宅中前堂，作为整个住宅建筑中最重要的部分，被修建得富丽堂皇。它的底座由华丽的覆莲，雕饰精美的方台和图形丰富的须弥座组合形成，崇美非常。堂前台阶，东西为阶梯，中间是绘着精美图案的修长的慢道，形式完整而壮丽。梁柱之间，勾心斗角的斗栱，气势博大，表现了盛唐以来特有的雄壮之美，而不流于宋代之后的绮丽繁复。堂中墙壁香粉为饰，室内屏风珠玉为缀。整座宅室，重廊复阁，勾栏赤柱，金匾碧书，光彩凛然。

唐代著名画家韩干与宝应寺颇有渊源，段成式《寺塔记》记载：

> 道政坊宝应寺。韩干，蓝田人。少时，常为贳酒家送酒，王右丞兄弟（指王维、王缙兄弟）未遇，每一贳酒漫游。干常征债于王家，戏画地为人马。右丞（王维）精思丹青，奇其意趣，乃岁与钱二万，令学画十余年。今寺中释梵天女，悉齐公（王缙）妓小小等写真也。寺有韩干画《下生帧》，弥勒衣紫袈裟，右边仰面菩萨及二狮子，犹入神。[10]

善画的王维非常欣赏善画的韩干，曾不惜重金助他学画，最终使韩干成就为著名的画师，而后来在王缙捐建的宝应寺中，韩干也贡献了自己高超的画技，画出了许多精美绝伦的壁画，有释梵的天女、紫衣的弥勒、仰面的菩萨以及活灵活现的狮子。不能不说宝应寺所见证的这一际遇是中国绘画史上的一段千古佳话。引文记载寺中释梵天女的形象是临摹王缙家中歌姬小小的面貌而画成的。晚唐段成式等人有《哭小小写真连句》：

> 如生小小真，犹自未栖尘。褕袂将离壁，斜柯欲近人。
> 昔时知出众，清宠占横陈。不遣游张巷，岂教窥宋邻。
> 庾楼吹笛裂，弘阁赏歌新。蝉怯折腰步，蛾惊半额嚬。
> 圆形谁有术，买笑讵辞贫。复陇迷村径，重泉隔汉津。
> 同心知作羽，比目定为鳞。残月巫山夕，余霞洛浦晨。[11]

段成式这些文人欣赏了释梵天女的壁画形象，进而想象王家歌姬小小其人的美丽容颜，并相与连句，发之歌咏，表达了对于这位未曾真正谋面的美人的爱慕之意，古人的多情之处，亦令今人为之一哂。

注　释：

[1] 王维. 请施庄为寺表[M]//王维. 王维集校注. 陈铁民，校注. 北京：中华书局，1997：1085.

[2] 王缙. 同王昌龄裴迪游青龙寺昙壁上人兄院集和兄维[M]//彭定求，等. 全唐诗：卷一二九. 北京：中华书局，1960：1310.

[3] 张鷟. 朝野佥载：卷六[M]//景印文渊阁四库全书：1035. 台北：台湾商务印书馆，1986：284.

[4] 张鷟. 朝野佥载：卷三[M]//景印文渊阁四库全书：1035. 台北：台湾商务印书馆，1986：247.

[5] 刘昫. 旧唐书·外戚传：卷一八三[M]. 北京：中华书局，1975：4734.

[6] 刘昫. 旧唐书·后妃传：卷五一[M]. 北京：中华书局，1975：2175.

[7] 宋敏求. 长安志：卷八[M]//景印文渊阁四库全书：587. 台北：台湾商务印书馆，1986：130.

[8] 郑处诲. 明皇杂录：卷下[M]//景印文渊阁四库全书：1035. 台北：台湾商务印书馆，1986：515.

[9] 司马光. 资治通鉴：卷二二五[M]. 北京：中华书局，1956：7264-7265.

[10] 段成式. 酉阳杂俎校笺：续集卷五[M]. 许逸民，校笺. 北京：中华书局，2015：1814.

[11] 同[10] 1820.

第四节　唐代洞灵观

作为道教建筑的洞灵观，史书记载甚为简略，加上关于唐代道观殿宇形制的史料不详，又无可信实例留存至今，因此，我们只能提供古代道教宫观一般建筑特点的相关资料，以供参考。

宫、观是道士、坤道居住、生活及举行道教活动的场所。如同"寺"起初并非佛教建筑的称谓，"宫""观"原本也并不为道教建筑所专有。《玉海》解释："观，观也。周置两观以表宫门，其上可居，登之可以远观，故谓之观"。看来起初"观"是宫门两侧供人瞭望的建筑物。"宫观"在秦代是皇室居所的笼统叫法，唐统治者因为抬高了道教的地位，于是把供奉道教偶像的殿堂也叫作"宫观"。宫观建筑的早期结构比较简单，随着道教神仙谱系和斋醮科仪的日臻完善，宫观建筑也向定型化方向演进，形成了与佛寺布局类似的宫观形制。宫观一般以"天王殿"（崇虚堂）为中心，其上有安置香炉的"崇玄台"，南是门室，北是"崇仙殿"，东、西为阳仙房和阴仙房，形成典型的中心对称结构。

道教的神仙观念在宫观建制上颇有表现。唐代道教书籍《洞玄灵宝三洞奉道科戒营始·卷一·置观品》叙述了营造道观的选址宗旨："夫三清上境及十洲五岳诸名山或洞天，并太空中，皆有圣人治处。或结气为楼阁堂殿，或聚云成台榭宫房，或处星辰日月之门，或居烟云霞霄之内，或自然化出，或神力造成，或累劫营修，或一时建立。或其蓬莱、方丈、圆峤、瀛洲、平圃、阆风、昆仑、玄圃、或玉楼十二，金阙三千，万号千古，不可得数。皆天尊太上化迹，圣真仙品都治，备列诸经，不复详载。必使人天归望，贤愚异域。所以法彼上天，置兹灵观。"[1]在道教中人看来，高山峻岭是天地的交融之处，是神仙出没的地方，在这与天庭比邻的地方修建道观，居于此中修行，更易于成仙。可见宫观的营建是道教神仙观念实实在在的反映。

另外，道教中人还注意把老子"地法天，天法道，道法自然"的思想与宫观建筑紧密结合起来，在修建道观时，巧妙利用自然环境，遇水架桥，因高建殿，既保留了大自然的神灵秀美，又体现了道观的清幽境界。许多道观与灵山秀水相互辉映，成为游览胜地。

唐代规模最大的道观是老子庙。杜甫《冬日洛城北谒玄元皇帝庙》诗中描述这座道观，称"碧瓦初寒外，金茎一气旁。山河扶绣户，日月近雕梁……翠柏深留景，红梨迥得霜"[2]。可知其金碧辉煌，豪华秀美。

中唐睿宗时期，玉真、金仙两公主分别于辅兴坊西南隅和东南隅设立道观，两观地理位置优越，建制高大华丽。《两京新记》载："此二观南街东当皇城之安福门，西出京城之开远门，车马往来，实为繁会，而二观门楼绮榭，耸对通衢，西土夷夏，入城遥望，窅若天中。"[3]这两处道观体现了中唐建筑宏思巨构的特点。

昔日拜伦在面对凋残的古希腊文明时曾感叹说："美丽的希腊，一度灿烂之凄凉的遗迹！你消失了，然而不朽；倾圮了，然而伟大！"[4] 站在道政、常乐两坊的故土之上，面对隋唐那轮已经西沉的红日，想象着早已化作香泥的辉煌的寺观建筑群，我们又何尝不会发出如此的感想呢？

注　释：

[1] 胡锐. 论南北朝时期道教宫观之发展与特点[J]. 宗教学研究, 2003（2）：104-107.

[2] 杜甫. 杜诗详注：卷二[M]. 仇兆鳌, 注. 北京：中华书局, 1979：89.

[3] 韦述. 两京新记[M]//续修四库全书：732. 上海：上海古籍出版社, 2002：134.

[4] 汪正章. 建筑美学：跨时空的再对话[M]. 上海：东方出版社, 2014：76.

第五章 "别有豪华称将相":历史人物

甲第豪华将相居,长安大道走香车。

平明公主升金辇,薄暮王孙载醉舆。

蓟北胡儿终乱世,征西汉将竟何如。

古来人事随流水,天上浮云自卷舒。

　　据张永禄先生主编的《唐代长安词典》记载:唐代道政坊坊址"在今西安城外东南西安交通大学、交大二村及皇甫庄一带";常乐坊坊址"在今西安城外东南友谊东路东段西安交通大学至沙坡村"。[1]又据考古实测:道政坊南北长度500米,常乐坊南北长度544米,二坊东西宽均为1125米。[2]另据《白居易常乐里东亭故居地考证》一文:"从学校征地档案查明:西安交通大学自校园西墙到三村东墙东西宽度为1538.64米,校园南北长度为1084.432米。从这些数据可以看出,校园东西宽度大于两坊(道政坊、常乐坊)东西宽度,且交大二村、三村尚坐落于唐城之外。而校园南北长度(1084.432米)则与两坊南北长度加坊间街宽的1088米之数相差无几。这就是说,今天西安交通大学校园(包括交大一村、附中、职教学院以及化工学院一带地盘,也包括皇甫庄和南北沙坡村在内)正居唐代常乐、道政二坊之地。"[3]以上是两篇20世纪90年代的研究资料,由于近20年来西安交大多次扩建校区,目前校区已经逐渐涵括了原来皇甫庄与南北沙坡村的大多数土地,故而我们大致可以将西安交大的现有区域视为唐代道政坊与常乐坊的所在。就这一意义而言，历史上曾经生活在这两坊的人物与我们今天的交大人共有着一方的土地。

　　道政坊、常乐坊两地之于隋代的大兴城、唐代的长安城，是非常重要的所在，它们曾经是皇亲国戚、王侯将相的聚居地，留下了数量众多的风云人物的遗踪，为西安交大这片热土积淀了丰厚的历史遗产。唐代英主李世民曾说过："以铜为镜，可以正衣冠；以古为镜，可以知兴替；以人为镜，可以明得失。"[4] 我们追寻这些人物的流风遗事，可以从中感受历史的厚重，吸收智慧和力量，汲取经验与教训，获得借鉴与启迪。历史上究竟有多少名流在西安交大这片土地上生活过，关于确切的数目，现在无从详考，但综合各种文献记载和碑志资料，可以考证出有名有姓者，约有四十余位。这些历史人物有的砥节砺行，独步一时；有的招贤纳士，励精求治；有的矫世励俗，创业垂统；有的才高行洁，卓尔超群，当然，也有机诈权谋，为世所戒惕之人。这些人物有的活跃在动荡的历史舞台之上，有的建树于令人魂牵梦绕的盛世之中，也有的成为历史发展历程急转直下的导火索，他们在史册上留下了或浓重，或深沉，或沉重，或明快，或多彩，或写意的一笔，为我们西安交大人留下了许许多多值得追寻的史话。

　　细细追究，在交大这片沃土留过踪迹的这四十余位人物中，仅隋唐时期就有二十余位曾经在各自的历史舞台上辉煌过，其中有两位是隋、唐两朝开国皇帝的岳父：一位是隋文帝杨坚的岳父，即文献皇后的父亲独孤信；另一位是唐朝开国皇帝高祖李渊的岳父，即窦皇后的父亲窦毅。独孤信与窦毅不仅为国家培养了贤良淑德的国母，而其本身也都是当朝重臣。独孤信功勋卓著，忠心为国，可歌可泣；窦毅宅心忠厚，名传朝野。除了两位国丈外，还有十余位贵胄、文武官员、文人雅士曾经在这里生活过。他们分别是唐睿宗次子申王李撝，唐肃宗之三女和政公主，唐宰相侯君集、张行成、王缙、关播，唐中书令来济，唐工部尚书刘知柔，唐吏部尚书钱徽，唐殿中监张九皋，唐刺史郭敬之，唐罗国公张平高，唐名将王荣、梁约、马实、尉迟青，著名诗人白居易等。另外，唐朝最有名的反叛者安禄山也曾居住于此。以上这些人物的生活史在某种意义上可以视为是隋唐历史的浓缩。上述有些人物，如独孤信、窦毅、王缙、白居易等，本章之前或之后有所涉及，可以参阅，本章就不一一赘述了。

注　释：

[1] 张永禄. 唐代长安词典[M]. 西安：陕西人民出版社，1990：164.
[2] 中国科学院考古研究所西安唐城发掘队. 唐代长安城考古纪略[J]. 考古，1963（11）：604.
[3] 孙民柱. 白居易常乐里东亭故居地考证[J]. 西安交通大学学报（社会科学版），1997（1）：84-86.
[4] 刘昫. 旧唐书·魏徵传：卷七一[M]. 北京：中华书局，1975：2561.

第一节　贤能之臣张行成、来济

住在道政坊南门之西第一家的，是初唐著名贤臣张行成，他仕至宰相之位。

张行成，字德立，生于隋文帝开皇七年（587），定州义丰（今河北安国）人。年少时曾拜著名经学家刘炫为师，刻苦好学，勤奋不怠。刘炫夸赞他说："张子体局方正，廊庙才也。"隋大业末年（618），朝廷察孝廉以选拔人才，任命张行成为谒者台散从员外郎。唐初，张行成参加科举考试，登进士乙科。恰逢朝廷遴选才能出众者辅政治国，遂授其为雍州富平县主簿。张行成在任期间以才著称，政绩颇多，任满之后又被任命为殿中侍御史。张行成忠正不阿，不畏权臣外戚，纠劾严正，深受太宗赏识。太宗曾经私下对房玄龄说："观古今用人，必因媒介，若行成者，朕自举之，无先容也。"[1]言语中流露着举用贤才的自豪之情，也更加证实了张行成过人的才干。

唐太宗虽为少有的一代明君，但人无完人，作为统治者，他同样有着不完美的一面。例如，太宗待人尝因地缘而有远近亲疏之分。太宗原籍武川（内蒙古武川），与陕西关中接近，言谈时常抬高关中之人，而贬抑较远的山东之人（崤山以东，非今山东省），亲疏之意溢于言表。一次夜宴中，太宗又谈及关中与山东的人物高下。张行成正好在侧侍宴，听闻之后，立刻跪谏太宗，曰："臣闻天子以四海为家，不当以东西为限；若如是，则示人以隘陋。"[2]太宗听后非但没有生气，反而非常赞赏他的见解，当场赐予他一匹名马、十万钱和一袭华服。自此以后，每有重要政事，太宗都会事先与张行成商议，再作定夺。

太宗曾经对群臣说："朕所以不能恣情欲，取乐当年，而励节苦心，卑宫菲食者，正为苍生耳。我为人主，兼行将相之事，岂不是夺公等名？昔汉高祖得萧、曹、韩、彭，天下宁宴；舜、禹、汤、武有稷、契、伊、吕，四海乂安。此事朕并兼之。"言下之意极为自负自己的文治武功，觉得自己不仅身为皇帝，还兼行了文相武将的事功，从而掩盖了群臣的功绩。这一番话隐然是以帝王之尊，而与臣下争功，气量未免狭隘。张行成退而上书谏言："有隋失道，天下沸腾，陛下拨乱反正，拯生人于涂炭，何周、汉君臣之所能拟？陛下圣德含光，规模弘远，虽文武之烈，实兼将相，何用临朝对众与其较量，以万乘至尊，共臣下争功哉？臣闻'天何言哉，四时行焉'；又闻'汝惟不矜，天下莫与汝争能'。臣备员枢近，非敢知献替之事，辄陈狂直，伏待菹醢。"[3] 张行成引经据典劝说太宗，希望他作为天子，应该提高涵养，抬高格调，不矜不骄，才能更好地统御皇朝。不久，张行成便升任刑部侍郎。贞观十七年（643）夏四月庚辰朔，太子承乾因谋反被废。丙戌，太宗立晋王李治为太子，命张行成兼任太子少詹事。

贞观十九年（645），太宗亲征，讨伐高丽，下诏皇太子留守定州监国，张行成与高士廉、刘洎、马周、高季辅五人共同辅佐太子。定州乃张行成故乡，太子派人祭祀其先人，行成可谓志得意满，衣锦还乡。回京之后，太宗任命他为河南巡察大使。复旨之后，又"以本官兼检校尚书左丞"。第二年，太宗驾幸灵州，太子本来也应该陪同太宗前行，但张行成上书劝阻，称"伏承皇太子从幸灵州。臣愚以为皇太子养德春宫，日月未几，华夷远迩，佇听嘉音。如因以监国，接对百僚，决断庶务，明习政理，既为京师重镇，且示四方盛德。与其出陪私爱，曷若俯从公道？"[4] 张行成认为与其让太子陪同出外游玩，不如令其监国，学习处理政务，以彰其德。他一心以国家社稷为重，太宗以为忠心可嘉，遂进位银青光禄大夫。

贞观二十三年（649）五月己巳，太宗驾崩，庚午，张行成迁侍中，兼检校刑部尚书。六月甲戌朔，于太极殿与高季辅共同辅佐高宗即位，以顾命大臣辅政，封北平县公，监修国史。永徽二年（651），拜尚书左仆射。一年后，高宗立陈王忠为太子，行成兼太子少傅。

高宗当政时，有一次晋州（今属河北省石家庄市）地震，高宗向张行成咨问。张行成对答道："陛下本封于晋（高宗曾被封为晋王），今晋州地震，不有征应，岂使徒然哉！夫地，阴也，宜安静，而乃屡动。自古祸生宫掖，衅起宗亲者，非一朝一夕。或恐诸王、公主，谒见频烦，承间伺隙。复恐女谒用事，臣下阴谋。陛下宜深思虑，兼修德，以杜未萌。"张行成借着议论自然灾害，向高宗提出政治的上警示之言，希望他要严防皇亲国戚、臣下左右可能的阴谋之事，并且要勤修己德，使祸事消弭于未萌。

高宗永徽四年（653），自三月至五月不曾降雨，张行成上表请辞，高宗不仅亲手回复他的奏折称："密云不雨，遂淹旬月，此朕之寡德，非宰臣咎。实甘万方之责，用陈六事之过。策免之科，义乖罪己。今敕断表，勿复为辞。"还痛哭流涕地说："公，我之故旧腹心，奈何舍我而去？"不得已，行成虽然年迈，也只能复起视事，同年九月壬寅，卒于尚书省舍，享年67岁。对于他的逝世，高宗悲痛不止，辍朝三日，赏赐丰厚。弘道元年（683）高宗病逝，朝廷诏许张行成配享高宗庙廷。张行成历经太宗、高宗两朝，且深得两位皇帝的器重，可谓两朝元老，朝之重臣。他的赤胆忠心，天地可鉴，日月可表；他的人品才识，推群独步，众所瞻望。

与张行成同时代还有一位著名贤臣来济，仕至中书令、检校吏部尚书，他的住宅在常乐坊十字街之东。

来济，扬州江都人，生于隋大业五年（610），其父是隋朝著名的左翊卫大将军、荣国公来护儿。隋义宁二年（618）三月，统领侍卫部队的虎贲郎将司马德戡、直阁裴虔通、将作少监宇文智及等人举兵反叛，抓获隋炀帝，推举右屯卫将军宇文化及为丞相。来护儿忠心追随隋帝，也惨遭叛军杀害，且祸及全家，只有来济与其弟来恒因年幼而幸免于难。失去了家庭的来济，孤苦无依，流离失所，然而幼逢家难的他并没有放弃志向，而是立志从文，发奋上进，孜孜好学。他博通古今，文采飞扬，且长于议论，晓畅时务，在科举考试中进士及第。"贞观中累转通事舍人"，在殿廷之上为进宫朝见者通奏，引见外国使者，犒慰将士，尽职尽责。据《旧唐书·来济传》载，太子李承乾谋逆失败之后，太宗问侍臣如何处置，群臣都不敢回答。只有来济上前奏曰："陛下上不失作慈父，下得尽天年，即为善矣。"太宗采纳了他的建议，赦免了承乾的死罪。不久，来济被任命为考功员外郎。贞观十八年（644），朝廷开始设置太子司议郎，经过严格选拔，来济在同辈中脱颖而出，出任太子司议

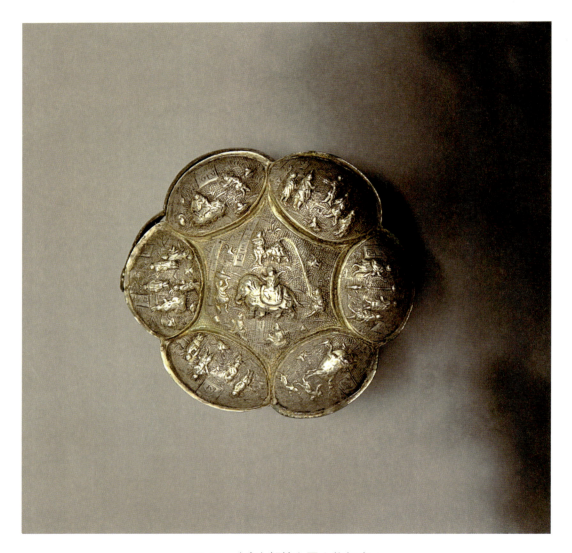

图 45 （唐）都管七国人物银盒 1

Figure 45　(Tang Dynasty) Seven Countries Contributing to China 1

郎一职,并兼任崇贤馆直学士。不久,又升任中书舍人,与令狐德棻等一同编撰《晋书》。此后,来济仕途平稳,步步高升。高宗永徽二年(651),"拜中书侍郎,兼任弘文馆学士,监修国史";永徽四年(653),"同中书门下三品";永徽五年(654)"加银青光禄大夫,以修国史功封南阳县男,赐物七百段";永徽六年(655),"迁中书令、检校吏部尚书",为正三品文官。然而,并不是职高权重的地位使来济为后人记住,而是忠贞为国与敢于直言使他永垂后世。

作为一位贤能之臣,来济充分展示了他的政治才能与爱民之心。来济善于抓住时机劝谏帝王,为百姓陈情。显庆元年(656),高宗向身边的侍臣询问治国之道,来济答道:"昔齐桓公出游,见老而饥寒者,命赐之食,老人曰:'愿赐一国之饥者。'赐之衣,曰:'愿赐一国之寒者。'公曰:'寡人之廪府安足以周一国之饥寒!'老人曰'君不夺农时,则国人皆有余食矣;不夺蚕要,则国人皆有余衣矣!'故人君之养人,在省其征役而已。今山东役丁,岁别数万,役之则人大劳,取庸则人大费。臣愿陛下量公家所须外,余悉免之。"[5]来济不仅巧妙地回答了高宗的提问,还借此提出山东役丁遽增,严重扰民的问题。高宗采纳了他的建议,免除了当地的劳役。来济之所以能够这样做,选择好的时机固然重要,而更重要的是有一份爱民的情怀长存于心。

高宗宠爱武则天,当武则天还只是一个小小的昭仪之时,高宗欲立其为"宸妃"。来济认为后宫妃嫔有其固定数目,自古以来并没有"宸妃"这个名号,不可以为她一人而新立名号。后来,高宗想废去原配王皇后而立武则天为后。来济与长孙无忌、褚遂良、韩瑗以国家社稷为重,对此举强烈反对,以死固争。来济多次上书高宗,冒死力谏,称"王者立后,以承宗庙、母天下,宜择礼义名家、幽闲令淑者,副四海之望,称神祇之意。故文王兴姒,《关雎》之化,蒙被百姓,其福如波;成帝纵欲,以婢为后,皇统中微,其祸如此。"[6]来济的苦心劝谏,使得高宗立后的设想一度受阻。然而最终,在中书舍人李义府、卫尉卿许敬宗等人的推波助澜之下,尚在犹豫之中的高宗终于下定决心,下诏废去王氏,武则天如愿以偿地登上了皇后的宝座。初为皇后的武则天在表面上并未为难多次阻挡她皇后之路的来济,甚至还上书高宗,请求嘉奖来济的忠心;然而在内心深处,却是对其恨之入骨。对于这一切,来济心知肚明，故而请求辞官，但辞不获命，终因此而遭祸。

高宗显庆二年（657），许敬宗、李义府为迎合武则天的意旨，诬奏来济与韩瑗、褚遂良朋党勾结，图谋不轨，并说桂州乃用武之地，他们授任褚遂良为桂州都督，是想利用他为外援。来济终于遭到报复而被贬职，他被贬为台州刺史，终生不许朝见皇帝。显庆五年（660），来济被流放到更为偏远的庭州（今新疆吉木萨尔一带），任庭州刺史。龙朔二年（662），突厥入侵边疆，年过半百的来济率领将士进行拼死抵抗。他慷慨悲壮地对众将士说："吾尝挂刑纲，蒙赦性命，当以身塞责，特报国恩。"[7]来济抱定必死决心，身体力行，不着甲胄，带头冲入敌阵，英勇杀敌，壮烈牺牲，享年53岁。

来济不仅是一位忠正爱民的政治家，一位可歌可泣的民族英雄，还是一位才华横溢的文人。他参与过编修史书，还著有文集30卷。然而令人惋惜的是，在漫长的历史岁月中，这些文集大都已经失传。但他的一首《出玉关》边塞诗，仍能让我们见出他的诗才。诗云：

敛辔遵龙汉，衔凄渡玉关。今日流沙外，垂涕念生还。[8]

这首诗作于来济被贬庭州西出玉门关时，字里行间流露出其谪守望归的悲凉心境。来济经行敦煌龙勒、玉门关、西域流沙的边地，直抒胸臆，把人物凄恻的心境化入空旷寂寥的荒野之中，淋漓尽致地展示了追昔抚今的深沉感喟。其雄浑深婉，慷慨悲壮，深情蕴藉，意沉调响，充分体现了唐代边塞诗的诗风。

在现存唐代的诗作之中，我们还可以找到一首唐太宗亲自为来济所写的饯别诗，即《饯中书侍郎来济》，诗云：

暧暧去尘昏灞岸，飞飞轻盖指河梁。云峰衣结千重叶，雪岫花开几树妆。

深悲黄鹤孤舟远，独叹青山别路长。聊将分袂沾巾泪，还用持添离席觞。[9]

这样一位文修武备的人物，就曾经生活在西安交大的土地上，虽然他距离我们有千年之遥，但是，他的人格魅力，他的品行将跨越时空，永远激励、鞭策交大人做国之栋梁！

注　释：

[1] 刘昫. 旧唐书·张行成传：卷七八［M］. 北京：中华书局，1975：2703-2708.

[2] 同[1].

[3] 同[1].

[4] 同[1].

[5] 司马光. 资治通鉴：卷二〇〇［M］. 北京：中华书局，1956：2696-2697.

[6] 刘昫. 旧唐书·来济传：卷八〇［M］. 北京：中华书局，1975：2743.

[7] 同[6].

[8] 计有功. 唐诗纪事校笺：卷四［M］. 王仲镛，校笺. 北京：中华书局，1965：49-50.

[9] 同[8].

第二节　功过参半的侯君集

侯君集，生年不详，豳州三水（今陕西旬邑北）人，唐初名将，仕至宰相、兵部尚书，他的府宅在道政坊北门之西。与前文所述张行成、来济单纯的贤臣形象不同，侯君集的生平经历显示出相当的复杂性，他一面是战功赫赫的猛将，位列凌烟阁二十四功臣之一，另一面又是私取财宝与参与谋反的罪人，最后遭到诛杀。

侯君集少年时代便以武勇著称。《旧唐书》云："性骄饰，好矜夸，玩弓矢而不能成其艺，乃以武勇自称。"[1]但他并不只是头脑简单、四肢发达的一介武夫，而是智勇双全的将帅之才。李世民还只是秦王时，就将其收于麾下，委以重任，历任左虞侯、车骑将军，封全椒县子。隋末战乱中，他跟随李世民东征西战，功勋卓著。后来，李世民实力大增，对太子李建成构成威胁，引起猜忌，侯君集对李世民多次献计献策。在玄武门之变及李世民称帝的过程中，侯君集发挥了重要的作用。李世民即位后，封他为潞国公，赐邑千户，拜右卫大将军。贞观四年（630）十一月，侯君集又任兵部尚书，参议朝政。

自唐朝立国后，吐谷浑多次袭扰唐西北边境。贞观八年(634)，吐谷浑再次攻扰凉州，太宗大为震怒，下决心大举征伐。十二月初三，李靖任西海道行军大总管，侯君集与任城王李道宗作为副将，奉命讨伐吐谷浑。一路上侯君集进献不少奇计，皆为李靖采纳，大破敌军于库山。紧接着，侯君集又与李道宗自为一军，从南路挺进，途经破逻真谷(今青海都兰东南一带)，翻越汉哭山，在杳无人烟的地区行军两千余里。一路上，地理环境恶劣至极，盛夏之际，却天降大霜，山上都是积雪，无水无草，口渴只能饮一把雪，在这样困苦的条件下，他率领将士沿途转战，越过星宿川(今青海黄河上源星宿海)，到达柏海(今青海鄂陵湖和扎陵湖)，一路上与敌交战数次，每战必胜，获牛马无数，斩获颇丰。行军至北可望见被认为是黄河源头所在的积石山，才奏凯而归。与李靖一军在大非川顺利会师后，平定了吐谷浑。在这场战争中，侯君集提出的分进合击，穷追猛打等战法，是击败敌军、取得战争胜利的重要原因。

贞观十一年(637)，太宗授予侯君集陈州刺史的职位，改封其为陈国公。第二年，官拜吏部尚书，进位光禄大夫。侯君集本是行伍出身，从未习文，担任吏部尚书之后，才开始认真读书识字。他聪颖异常，不久之后竟能"典选举，定考课，出为将领，入参朝政"[2]，一时传为美谈。

侯君集一生最光辉的事迹，当属他独担重任，率唐军征讨高昌的功勋。

高昌，就是汉朝时候的车师。距长安以西四千三百里，有三十一城，先都交河，后移至高昌，是西域大国，拥兵万人，土壤肥沃，麦果丰饶，以葡萄酒知名。隋朝进入贡，隋封其王鞠伯雅为车师大守，弁国公。

唐高祖武德三年(620)，伯雅死，其子鞠文泰嗣位，遣使告哀，高祖派使臣前去祭吊，正式承认了其藩贡国地位。鞠文泰开始还很"孝敬"，经常贡献奇珍异兽。太宗贞观四年(630)，鞠文泰还亲身入朝，回去时获赏赐甚厚，大打秋风而回，其妻还被赐姓李，封为常乐公主。按理说鞠文泰亲朝天子，又获巨赏，应该安心臣服才是。但此人在朝贡时经过唐朝西边久战之地，见人烟稀少，城邑空虚，心中就升起轻唐之念。渐渐地，鞠文泰把西域诸国经过高昌前往唐朝的商人和贡使都扣押起来，又暗中和突厥人勾结，攻打唐朝另外的西域属国伊吾。不久，竟胆大妄为，和突厥连兵进攻唐朝另一属国焉耆，拔克三城，尽掳男女而去。

焉耆王上表告状，太宗大怒。贞观十四年（640），太宗命侯君集为交河道行军大总管，率军数万前往征讨。当时，唐朝众大臣都以为行经沙漠，用兵万里，恐难取胜，而经高昌界处绝域，得之难守，不如不伐。太宗坚执不从，侯君集身负皇命，浩荡而来。

很值得人玩味的是，侯君集军到之前高昌国内即有童谣流唱："高昌兵马如霜雪，汉家兵马如日月。日月照霜雪，回手自消灭。"鞠文泰当时让人搜捕初唱者，最终也未抓获，不知是何者所为。唐军日益逼近，鞠文泰听说唐军已到达离高昌不远的碛口，这位西域名王惶骇无计，未见唐军，竟忧悸而死。侯君集率军行至柳谷，侦察兵报告说鞠文泰近几天就要下葬，届时高昌国人就会聚集在一起。很多将领都要求趁发丧时起兵突袭。侯君集独表异议，认为那样做不是大国军队所为。于是全军整装而发，鸣鼓而行，光明正大地前往征讨。

高昌大兵汇集于田地城，城坚墙厚，高昌人起初还以为能固城自守。然而侯君集军队携带了威力巨大的撞城车和抛石机，巨石飞空，尖车推城，很快就一攻而入，俘获男女七千多口。接着，大军继续前行，直逼都城高昌。鞠文泰之子鞠智盛无奈，来信乞怜，侯君集回信让他束手投降。鞠智盛还不肯出降，侯君集命人填其城壕，又大发抛石机，并树十丈高楼，于楼顶指引抛石机落点，巨石纷下，高昌守兵顿成肉泥。早先答应和高昌里外为援的西突厥兵此时踪影全无，计穷之下，鞠智盛出城门投降。侯君集又分派兵马，迅速攻灭其余城池，平灭高昌，刻石记录功勋，带着俘虏，得胜而归。此次远征，下高昌三郡、五县、二十二城，土地东西八百里，南北五百里，得人口三万七千七百户，马四千三百。唐太宗以高昌故地为西州，置安西都护府，留遣兵马镇守。

然而，令后人遗憾的是，侯君集在立下赫赫战功的同时，也犯下了非常严重的罪行。他蹈袭了历来平灭西域将领的覆辙——私取宝物。据说"君集之破高昌，得金箒二，甚精，御府所无，亦隐而不献"[3]。他属下的将士得悉统帅大拿高昌宝物，也纷纷效仿，竟来盗窃。"欲影正者端其表，欲下廉者先之身"[4]，侯君集上梁不正，

图 46 （唐）鹦鹉纹海棠形圈足银盒 1

Figure 46　(Tang Dynasty) Begonia-shaped Pedestal Base Silver Box with Parrot Pattern 1

自然不敢阻挡,以至于高昌一国宝物被洗掠一空。

大军回京,御史们早把弹劾奏章报上,功劳再大,赏罚应分,迎接侯君集的不是凯旋乐曲,而是国家大狱。后中书侍郎岑文本上书建言,认为功臣大将不能轻加屈辱,列举了汉朝李广利、陈汤,晋朝王濬以及隋朝韩擒虎等大将事迹,并以黄石公兵法内容作为补充:"是以黄石公军势曰:'使智,使勇,使贪,使愚。故智者乐立其功,勇者好行其志,贪者邀趋其利,愚者不计其死。'"[5]希望太宗以帝王之德,含弘为美,弃人之短,收人之长,使侯君集能悔过报效。太宗觉得有理,于是下诏释放了他。侯君集集功臣与罪人于一身,虽得出狱,然终日无法开怀。好在太宗待其如初,贞观十七年(643),在凌烟阁悬挂二十四位功臣画像时,侯君集仍在其中,位列第十七。

贞观十七年(643)四月,太子承乾谋反事发,依附于太子的侯君集也因此受到牵连而被诛杀。段成式曾记载一则传说,反映出侯君集附逆之时复杂的心境:"侯君集与承乾谋通逆,意不自安,忽梦二甲士录至一处,见一人高冠彭髦,叱左右:'取君集威骨来!'俄有数人操屠刀,开其脑上及右臂间,各取骨一片,状如鱼尾。因嘊呀而觉,脑臂犹痛。自是心悸力耗,至不能引一钧弓。欲自首,不决而败。"[6]侯君集因谋反被正法,并被没收所有的家产。临刑前,侯君集对监斩官说:"君集岂反者乎,蹉跌至此!然尝为将,破灭二国,颇有微功。为言于陛下,乞令一子以守祭祀。"[7]唐太宗听闻,特意开恩,留下了他的妻子和一个儿子,将他们发配到岭南(今广东钦山港)。抄没侯君集府第之时,有这样一则传说:"侯君集既诛,录其家,得二美人,容色绝代。太宗问其状,曰:'自尔已来,常食人乳而不饭。'"[8]从中可以见出侯君集平日生活骄奢淫逸的一面。

然而,我们不能就此否定侯君集,作为一名驰骋疆场,平定敌国的英雄,是他在唐初内忧外患混乱不堪之时率领军队大破吐谷浑,之后更是彻底征服高昌,为贞观盛世的出现打下了坚实的基础。也正是他的赫赫战功使得唐王朝犁庭扫穴,维护了丝绸之路的畅通,从阿拉伯到大唐的商使才能来往不绝,源源不断地将大唐的物产和风采带到世界各地,又将万里之遥的异国文化引进中华。唐三彩中中亚的双峰驼和阿拉伯的单峰驼,或昂首嘶鸣,或俯卧在地,或驮丝绸,或载乐队,不正生动地再现了丝绸之路的繁忙景象吗？可见，他为唐朝的开疆拓土立下了汗马之功。

千秋功过，都待后人评说，侯君集给我们留下了太多的思考。历史上有多少人如他一般，居功自傲而蔑视王法，咎由自取，走向自我毁灭。这些警钟需要代代长鸣！

另值一提的是，20世纪70年代，陕西旬邑县郑家乡安仁村出土了侯君集之母窦娘子的墓志，由这方墓志才知道其父为唐泰州诸军事、泰州刺史。这方墓志的文笔，用典繁博，修辞巧丽，明显带有南朝美文特色。而其书法笔力刚劲险峻，法度严谨，笔墨丰腴，意态精密，形神俱妙，颇似《九成宫礼泉铭》碑字体，是唐代书法珍品。

注　释：

[1] 刘昫. 旧唐书·侯君集传：卷六九[M]. 北京：中华书局，1975：2509.

[2] 同[1].

[3] 刘𫗧. 隋唐嘉话：卷上[M]. 北京：中华书局，1979：8.

[4] 桓宽. 盐铁论·疾贫第三三：卷六[M]. 上海：上海人民出版社，1974：75.

[5] 同[1].

[6] 段成式. 酉阳杂俎校笺：前集卷八[M]. 许逸民，校笺. 北京：中华书局，2015：670.

[7] 同[1].

[8] 同[3].

第三节　承平时代的申王李㧑

在道政坊北门之西，留有一位唐朝王爷的足迹，他就是唐睿宗次子、唐玄宗之兄申王李㧑，其王府就坐落在这里，而这间王府就是前面所述侯君集的旧宅。李㧑一生没有过多地介入政治，他在玄宗开创的盛唐时代中，更多的是一位享受承平的人物。

唐睿宗共有六子，申王李㧑是他的第二个儿子，其他五子分别是：长子李宪，本名成器，为避昭成皇后尊号更名，肃明顺圣皇后之子。文明元年（684），年仅

6岁的他被立为皇太子。武则天废睿宗自立国号后,归为皇孙之列。长寿二年(693),武则天封其为寿春郡王。唐隆元年(710),进封宋王。睿宗二次执政时,因成器为长子,又曾做过太子,而楚王(即日后的玄宗)功高,故东宫之位悬疑未决。他深明大义,主动对睿宗说:"储副者,天下之公器,时平则先嫡长,国难则归有功。若失其宜,海内失望,非社稷之福。"[1]让太子之位,请立对社稷有功的玄宗,死后玄宗追封他为"让皇帝"。三子李隆基,即玄宗皇帝,昭成顺圣皇后之子。自幼深受武则天宠爱,因除韦后有功,被立为太子,在位期间,国力昌盛,经济繁荣,再现了天下大治的中兴局面——开元盛世,使封建王朝达到了巅峰。四子李范,本名隆范,为避玄宗名讳取"隆"字,崔孺人所生。最初被封为郑王,后改封卫王。长寿二年(693),与弟兄一同受封,为巴陵郡王。唐隆元年(710),进爵为岐王,官拜太常卿,兼左羽林大将军。开元初,拜太子少师,历任绛州、郑州、岐州三州刺史。开元八年(720),迁太子太傅。他为人好学爱才,善吟诗作赋,平等待人,功绩显赫,死后被追封为惠文太子,陪葬睿宗于桥陵。五子李业,本名隆业,与其四哥一样,为避玄宗名讳去"隆"字,王德妃之子。垂拱三年(687),被封为赵王。长寿二年(693),封中山郡王,授都水使者。不久改封彭城郡王。景龙二年(708),兼陈州别驾。睿宗再次即位后,进封薛王,因好学被授予秘书监之职,兼右羽林大将军。开元初,历任太子少保,泾、豳、卫、虢等州刺史。开元八年(720),任太子太保。其母早逝,对抚养他成人的贤妃孝敬有加,深得玄宗赞赏。死后玄宗悲痛不已,册封其为惠宣太子,陪葬睿宗于桥陵。六子李隆悌,后宫所生。最初被封为汝南郡王,然而他英年早逝,睿宗追封其为隋王,赠荆州大都督。

睿宗的这六个儿子中,除李隆基以外,只有岐王李范曾参与平定太平公主之乱,其余各人虽然贵为皇子,名位显赫,但不过分参与政治,恭谨一生,唐史对此评价说,"睿宗有圣子,一受命,一追帝,三赠太子,天与之报,福流无穷,盛欤!"[2]。

李㧑,本名成义,为避昭成皇后尊号更名。其生母柳氏地位不高,只是个掖庭宫人。李㧑刚出生的时候,太后武则天就因他的母亲身份卑贱,打算把他排除在皇族兄弟之外。当时著名僧人万回善于观察面相,他对武则天说,"此儿是西域大树之精,养之宜兄弟"[3]。武则天听后非常高兴,于是放弃原来的打算,摒除偏见,

图 47 （唐）海棠形龟纹小银盒 1

Figure 47 (Tang Dynasty) Begonia-shaped Moire Silver Box 1

对其一视同仁。李㧑也没有因为自己的出身而自卑,他同其他兄弟一样,秉性善良,性格宽厚,聪敏好学,仪表魁伟,长大后俨然一位风度翩翩的儒雅皇子。

垂拱三年(687),睿宗封诸子为王,李㧑被封为恒王。天授元年(690),武则天夺取朝政,废睿宗自立,改国号为周,李㧑同众兄弟一起降为皇孙。长寿二年,武则天将其降为衡阳郡王。神龙元年(705),张柬之、桓彦范等大臣乘武则天身患重病之时,发动政变,迫使武则天传位于中宗。中宗复位后,实封李㧑二百户,通前五百户,同时官升司农少卿,银青光禄大夫。然而中宗愚昧糊涂,大权逐渐为皇后韦氏掌控。景龙四年(710),韦后毒死中宗后,立年仅16岁的李重茂为帝,自己则临朝称制,掌握实权。李隆基寻机发动政变,处死韦后、安乐公主及其党羽,迫使李重茂退位,拥立父亲复位,睿宗再次执政。

睿宗二次即位后,李隆基因功高被立为太子,其他兄弟四人亦同在受封之列,依次被封为宋王、申王、岐王和薛王。李㧑为申王,任右卫大将军。景云元年(710)七月,改任殿中监,兼检校右卫大将军。次年,转任光禄卿、右金吾卫大将军。延和元年(712),睿宗让位传德,把皇位传给了李隆基。先天元年(712)七月,玄宗加实封一千户给申王。八月,下诏升申王为司徒,兼益州大都督。此后,李㧑还多次被派出京为官,先后出任幽州、邓州、虢州、绛州四州刺史。开元八年(720),因事入朝,停刺史之位,仍做司徒。开元十二年(724),李㧑因病去世。玄宗对他的离去惋惜不已,赠予他太子的谥号,追封为惠庄太子,陪葬在桥陵南三公里处(三合乡邢家村南)。墓高八米,至今保存完好。

自古以来,皇室之人往往外表风光,内心痛苦,宫廷里的明争暗斗,勾心斗角使任何皇室成员都很难找到一块净土。为了争夺皇位而兄弟反目,自相残杀者,历朝历代更是数不胜数。但是李㧑兄弟却是一个例外,他们一直是手足情深,五人曾经在东都积善坊分院同居,号"五王宅"。大足元年(701),赐宅于兴庆坊,依旧名为"五王宅"。即使是在玄宗即位之后,兄弟五人也时常拥被同寝,殿中还曾设有五个帷帐。兄弟设宴同欢之后,一起谈诗论赋,弹奏丝竹,议谋国事。玄宗很看重李㧑,称赞他"明德茂亲,崇儒乐善,为国翰屏,当朝羽仪"[4]。玄宗也很爱护关心李㧑,据说"申王有肉疾,腹垂至骭,每出,则以白练束之,至暑月,常欷息不可过。玄宗诏南方取冷蛇二条赐之,蛇长数尺,色白,不螫人,执之冷如握冰。申王腹有数约,夏月置于约中,不复觉烦暑。"[5]

申王李㧑的日常生活显示出风流倜傥的一面,他蓄养了成百上千的宫妓,"红袖两行围绣榻,夜深齐讶醉舆来"[6]这两句诗,是对他的最好写照。据《开天遗事》记载,李㧑每至风雪苦寒之际,使宫妓密围座侧,以御寒气,呼为"妓围";另外申王与诸王在宫中聚宴,以龙檀木雕成童子,以绿袍束带,列执画烛,称为"烛奴",引得众人纷纷效仿;还有他每醉而归,即让宫妓将锦采结成一兜,舁归寝室,呼为"醉舆"。李㧑的这些事迹在玄宗盛世承平的时代成为被人津津乐道的话题。

注 释:

[1] 刘昫.旧唐书·让皇帝宪传:卷九五[M].北京:中华书局,1975:3010.

[2] 欧阳修,宋祁.新唐书·三宗诸子:卷八一[M].北京:中华书局,1975:3604.

[3] 刘昫.旧唐书·惠庄太子㧑传:卷九五[M].北京:中华书局,1975:3015.

[4] 董诰,等.全唐文:卷二〇[M].北京:中华书局,1983:239.

[5] 段成式.酉阳杂俎校笺:卷一七[M].许逸民,校笺.北京:中华书局,2015:1250.

[6] 史梦兰.全史宫词:卷一三[M].黑土,水秀,校注.北京:大众文艺出版社,1999:289.

第四节 皇位的觊觎者安禄山

唐朝是我国历史上最为鼎盛的一个时代,是堪与西罗马比美、超过东罗马的东方最富强、最文明的泱泱大国。大唐盛世,广开言路,不拘一格选用贤才,无数风流人物得以青史留名,名传千古。也因此,我们脚下这片土地才会留下众多名人贤士的足迹,令今日之交大人尊崇。

然而,开元盛世之后,唐朝发生了翻天覆地的变化,一场叛乱使唐朝在极短的时间内由极盛走向衰落,而封建社会再也没有重现过那令人神往的盛唐气象。这个转折点就是历史上有名的安史之乱,而这个"安",就是指叛乱者安禄山,安禄山未反之时在长安居住期间,曾住在兴庆宫南的道政坊内。

安禄山,本名轧荦山,唐营州柳城(今辽宁省朝阳市)胡人。他幼年丧父,其母嫁与突厥人安延偃为妻。不久,因该突厥部落发生内讧而逃至幽州。安禄山长成以后,由于他通晓六种藩语,很快就做了维持市场治安的互市牙郎,以勇敢善斗闻名。为了谋求更好的发展,安禄山后来选择投军,拜于幽州节度使张守珪帐下,被任命为捉生将,屡立战功,再加上他为人圆滑,善于揣度人心,深受张守珪的青睐,不仅将其收为养子,还升他做员外左骑卫将军,充衙前讨击使。

开元二十四年(736)三月,已担任了平卢讨击使、左骁卫将军的安禄山奉命与契丹作战,恃勇轻进,为敌所败,依军法应当斩首。张守珪惜其骁勇,写了一纸呈文,派人将他押往京师,交由朝廷处置。玄宗不顾宰相张九龄的劝阻,仅仅免去安禄山的官职,让他戴罪立功。

安禄山回到幽州军营,张守珪对他更加另眼看待,不但给他创造了各种立功赎罪的机会,而且让他负责接待朝廷派往幽州的各类差员。生性圆滑的安禄山使出浑身解数曲意巴结、贿赂这些朝廷差员。因此,时过不久,朝廷内外对他的赞誉之辞不绝于耳。开元二十八年(740),张守珪保荐安禄山担任平卢兵马使。开元二十九年(741),朝廷御史中丞张利贞收受贿赂,在玄宗面前保举安禄山,擢升其为平卢军使,兼营州都督。天宝元年(742),由于李林甫的推荐,又被任命为执政一方的边关大帅——平卢节度使,兼任柳城太守,押两蕃、渤海、黑水四府经略使。时隔两年,安禄山又取代裴宽兼任范阳(今河北)节度使。天宝七年(748),玄宗赐安禄山实封及铁券;两年后,封东平郡王,开有唐一代赐将帅以亲王之衔的先例;翌年又应安禄山之请,让其兼任河东(今山西太原)节度使。至此,安禄山一人身兼平卢、范阳、河东三镇节度使,集三镇军、政、民、财权于一身,拥兵18.39万,约占全国总兵力的三分之一,成为权倾一时的边帅。

作为一个胡人浪儿,安禄山能够平步青云,步步高升,直至成为手握兵权的重臣,并非是因为他有过人之才,而在于他的那些谄媚逢迎的小人权术,骗取了玄宗的信任。玄宗宠爱杨贵妃,安禄山很清楚杨贵妃在唐玄宗心目中的地位,竟恬不知耻地请求做比他小二十多岁的贵妃的养子。渐渐地，安禄山与杨贵妃熟了，只要一见面，总亲亲热热地叫声干娘，宫女、太监听了，都觉得刺耳，可他却寡廉鲜耻，我行我素，而且总是显得从容自如的样子。他每次觐见玄宗，都很讨巧地先拜贵妃，再拜玄宗，说是遵从胡人礼仪，"先母而后父"[1]，玄宗不仅不生气，还更觉得安禄山憨厚可爱。安禄山身体肥胖，大腹便便，下垂过膝，体重330斤，需人左右扶持才能行走，但他在玄宗面前表演胡旋舞的时候，却迅疾如风，旋转自如。有一次，玄宗指着他的肚子开玩笑，问他这么大的肚子里面都装的什么，他诙谐地回答说："唯赤心耳！"不仅逗得玄宗哈哈大笑，还认为安禄山对他是一片忠心，对其更加信任。

安禄山原本住在道政坊，但玄宗认为他的住宅不够宽敞、豪华，因而在亲仁坊南街为他选了块宽爽之地，出内库钱为其更造宅第，并敕令：但穷极壮丽，不限财才。玄宗还对督役中使说："禄山眼孔大，勿令笑我。"关于这间新宅豪华的陈设，《安禄山事迹》载："具幄幕，器皿充牣其中。布帖白檀床二，皆长一丈，阔六尺，银平脱屏风帐，一方一丈八尺。于厨厩之物，皆饰以金银金饭瓮一，银淘盆二，皆受五斗织银丝筐及篦篱各一，他物称是虽禁中服御之物，殆不及也。"又载："禄山既移居亲仁坊，进表求降墨敕，请宰相至席宴会。是曰，玄宗欲于楼下打球，遂停打球，命宰相赴焉。"[2]这些都可以看出玄宗对于安禄山的纵容。

早在安禄山违反军法的时候，被誉为"唐代无双士，南天第一人"的开元贤相张九龄就认为"禄山狼子野心，面有逆相"，应该"因罪戮之，冀绝后患"。到了天宝十三年（754），安禄山的谋反迹象已有所表露，太子李亨、内侍高力士，甚至连杨国忠也屡次进言安禄山必反，然而玄宗却固执地认为他对自己忠心耿耿，没有丝毫警惕之心，他甚至把一些在朝廷上警告自己安禄山必反的人绑缚起来，送给安禄山处置。天宝十四年（755）十月，地方官上奏安禄山在渔阳举兵叛乱，玄宗仍然认为是安禄山在玩笑取乐。直至一个月后，安禄山以讨伐杨国忠为名，率军十五万，与史思明连陷河北、河南，快要攻破潼关进逼长安时，唐玄宗才如梦初醒，追悔莫及，只能放弃长安，逃往四川。从此生灵涂炭，唐半壁江山陷于长期的战乱之中。至于安禄山的那处豪宅，也毁于战火之中。安史之乱直至代宗宝应二年（763年）才宣告结束。

安禄山这场叛乱不仅使唐朝由此走向衰落，也直接导致了一代美人杨贵妃的香消玉殒。玄宗出京避难，在逃到马嵬坡的时候，护送他的将士发生兵变，要求处死杨国忠父子与杨贵妃。玄宗无奈，也只能忍痛下诏，将贵妃赐死。白居易曾作《长恨歌》感慨此事，留下了许多千古传诵的名句。

正如《长恨歌》所吟唱诗句"渔阳鼙鼓动地来，惊破霓裳羽衣曲"，安史之乱将鼎盛一时的大唐王朝推向了战乱的深渊，其余波延续多年。一个不学无术，只会耍阴谋伎俩的小人，居然使得整个大唐社稷发生了翻天覆地的变化，并且深刻地影响了后世，这不能不叫后人痛心沉思。名相魏徵曾说过："天下事有善有恶。任善人，则国安；用恶人，则国乱。"[3]安史之乱这件史事的教训对于当今社会仍有重要的借鉴意义，我们应当以安禄山为鉴，警惕阿谀奉承之辈，永奉任人唯贤。

注　释：

[1] 刘昫. 旧唐书·安禄山传：卷二〇〇[M]. 北京：中华书局，1975：5367-5372.

[2] 姚汝能. 安禄山事迹[M]. 上海：上海古籍出版社，1983：6-7，10.

[3] 刘昫. 旧唐书·魏徵传：卷七一[M]. 北京：中华书局，1975：2561.

第五节　贤德聪颖的和政公主

唐肃宗共有七个女儿，依次为宿国公主（长乐公主）、萧国公主（宁国公主）、和政公主、郯国公主（大宁公主）、纪国公主（宜宁公主）、永和公主（宝章公主）、郜国公主（延光公主）。和政公主排行第三，生母是章敬皇后，与代宗同母，这位公主的住宅在常乐坊南门之东。

章敬皇后英年早逝，去世时留下才只有三岁的和政公主，幸得韦妃收养。和政公主虽自幼丧母，然生性善良，且聪敏机巧，对韦妃恭顺孝敬有如生母。长大成人之后，下嫁河东柳潭为妻。

图 48 （唐）海棠形龟纹小银盒 2

Figure 48 (Tang Dynasty) Begonia-shaped Moire Silver Box 2

安史之乱期间，安禄山攻破潼关，直逼京师，唐玄宗带着杨贵妃姐妹和杨国忠等人匆匆南逃，长安城中一片混乱，皇室大臣纷纷外逃，和政公主一家也在逃难之列。当时，她的二姐宁国公主因丈夫去世而独自寡居，和政公主将自己的坐骑让给宁国公主，与丈夫步行，几乎每天都要在荒山野岭中步行百里。途中，丈夫寻找柴水，公主烧火做饭，共同服侍宁国公主，几经磨难，终于脱离险境。后来跟随玄宗到达蜀地，丈夫柳潭被封为驸马都尉。郭千仞叛变之时，柳潭率领张义童等人殊死作战，公主在一旁协助丈夫，为平定这场叛乱立下了汗马功劳。

和政公主之嫂是杨贵妃的姐姐秦国夫人，安史之乱以前，由于杨贵妃得宠，杨氏一门势倾朝野，但和政公主从来没有仗势娇纵，反而一直是克己奉公。秦国夫人死后，和政公主还抚养她的孩子，将其视如己出，疼爱有加。

和政公主聪慧贤能，知书达礼，深得皇帝器重。天宝末年，蕃将阿布思伏法，因为当时法律是"一人犯罪，株连九族"，他的妻子也被投入掖庭作为乐伎。有一天，肃宗在宫中欢宴，命其穿上绿色的戏服表演，在场的众人皆乐不可支，唯有和政公主低头皱眉不忍观看。肃宗问其缘故，公主动之以情、晓之以理地对肃宗说："禁中侍女不少，何必须得此人？使阿布思真逆人也，其妻亦同刑人，不合近至尊之座；若果冤横，又岂忍使其妻与群优杂处为笑谑之具哉？妾虽至愚，深以为不可。"[1]肃宗听了之后，深感公主言之有理，并亦生怜悯痛惜之意，于是当场取消了演出，并赦免了阿布思的妻子。由此，肃宗更加器重公主，公主也因此事，被史书称道为思虑深远的女性。

当肃宗生病时，和政公主亲自侍奉，端水喂药，日夜守护，极尽孝道。肃宗病愈后，下诏赐给她田产，她却因为妹妹宝章公主没有受到赏赐而坚持不肯接受。

和政公主善于理财，颇有经商头脑，是个商业奇女，靠着自己的聪明才智，经商所得不菲。然而，由于饱受战争的摧残，唐朝经济衰败十分严重，国家陷入了严重的财政危机。和政公主以社稷为重，将自己经商所获的千万家财无偿捐献出来，亲自赡恤王公戚属，而自己却与家人躬俭节用，亲自缝补衣裳，过着极为简朴的生活。她的子女也不似一般官宦子弟那样绫罗绸缎加身，而是穿着朴素。后来，代宗目睹妹妹生活的困苦状况，下诏各节度使筹集银两接济公主，可是她却说："吾方竭家财以资战士，其能饕餮，首冒国经？"[2]没有接受分文。

和政公主非常看重亲情，她与代宗一母同胞，是亲兄妹。代宗在位期间，她时时为兄分担忧愁，在社稷民生大事上为兄出谋划策。她屡次进宫向代宗陈述民间百姓的疾苦和政事得失，对代宗影响很大。和政公主在朝野享有极大的威望，史书称："人之疾苦，事之得失，岂尝私谒，动必以闻，上敬异之，朝廷赖焉。"[3] 广德二年（764），吐蕃再次入侵，兵锋直指长安，她刚刚生过孩子就急着要入宫商讨边事，驸马柳潭竭力劝阻，然而公主忧心忡忡，以"君独无兄乎"相责，坚持入宫觐见代宗，为代宗出谋划策，分忧解难。而由于时值六月，天气炎热，忧劳过度的和政公主在第二天就病倒，卒于自己的住宅，去世时年仅36岁！

对于和政公主的去世，代宗悲伤至极，"皇上友爱天深，痛毒兼至，耆然一叫，声泪俱咽。哀动木石，岂伊人伦？涟涟孔怀，如失于臂。曰余此妹，国之鸿宝"[4]，并令当时著名书法家颜真卿为其撰写《和政公主神道碑》。碑铭称"历考往代鳌降之盛，未有如公主者焉"，颂扬和政公主不以"帝女之崇"为贵，孝悌恭亲，躬俭温良，智勇助国的懿德。

较之其他朝代，唐代社会的妇女地位已相当高了，男女也较为平等，个性较为解放。大唐的公主们多以天下为己任，与父兄并肩作战，为大唐的建立和兴盛、为汉民族的强盛建立了不朽的功绩。她们所表现出来的胆量、勇气和智慧丝毫不逊色于同时代的男儿，出现了不少中国历史上罕见的奇女子。和政公主虽然没有上阵杀敌，驰骋疆场，或是为了边疆安定而出塞和亲。然而她深明大义，对李唐王朝赤胆忠心，以天下之忧为己忧，为国家的前途，百姓的命运，呕心沥血，堪称大唐的栋梁。以她的学识和才智，以她对兄长的关切和对国家的忠诚，以她的无私无畏及在朝野的威望，"国之鸿宝"这一评价当之无愧。和政公主的一生虽然短暂，但却永远彪炳史册。

注 释：

[1] 赵璘. 因话录：卷一[M]. 上海：上海古籍出版社，1957：69.

[2] 董诰，等. 全唐文：卷三四四[M]. 北京：中华书局，1983：3490-3493.

[3] 同[2].

[4] 同[2].

第六节 瑕不掩瑜的关播

在常乐坊的西北，曾经是中唐时期德宗建中年间宰相关播的相府。

关播，字务元，卫州汲（今河南卫辉）人，为汉寿亭侯关羽的后代。贞观初为检校尚书左仆射，后迁兵部尚书，建中三年（782）官拜宰相。白居易曾租赁关府东亭居住，我们在下一章会有介绍。

玄宗天宝末年，关播举进士，善言物理，精通佛学。当时邓景山任淮南节度使，关播担任他的幕僚，后迁右补阙。大历中，其因与神策军使王驾鹤交往密切，招致宰相元载的不满，被派出京为官，任河南兵曹参军（兵曹参军是唐代州府中掌管军防、驿传等事的小官），负责数县，颇有政绩，后来陈少游镇守浙东、淮南时，关播作为他的宾客，被授予判官之职，历任检校金部员外，摄滁州刺史。李灵曜叛变时，陈少游镇守的淮上地区盗贼四起，为害百姓。关播调阅州兵，供给军资粮草，帮助消灭盗贼，百姓得以安居乐业。宰相杨绾、常衮得知他的政绩之后，都很器重他，一起推荐关播为都官员外郎。

德宗初年，湖南王国良依山为盗，惊扰州县，当地无人能制服。德宗派遣都官员外郎关播前去招抚。辞行之际，德宗向关播询问理政之关键，关播回答道："为政之本，须求有道贤人，乃可得理。"德宗说："朕下诏求贤良，当躬亲阅试，亦遣使臣黜陟，广加搜访闻荐，擢其能者用之，冀以傅理。"关播回答说："下诏求贤，黜陟举荐，唯得求名文词之士，安有有道贤人肯随牒举选乎？"[1] 希望朝廷能够更加礼遇贤德之士。德宗很认同他的见解。等到他回来的时候，又升他做给事中。按照惯例，当时诸司的库房，都由低级胥吏掌知，弊病颇多。关播建议以士人担任，这一方案首次施行，消除了弊端，为时人所称道。

关播在担任吏部侍郎的时候，恰逢德宗寻觅宰相人选。宰相卢杞担心新任宰相会分去自己的权力，便向德宗力荐忠厚老实的关播。建中三年（782）十月，德宗任命他为中书侍郎、同中书门下平章事，并充崇文馆大学士，修撰国史。然而关播

图 49 （唐）三重银盒 2

Figure 49 (Tang Dynasty) Three-layer Silver Box 2

太过本分，政事任由卢杞做主，他只能充当陪衬的角色，并无大的作为。另外，关播在用人方面也出现过一些失误，误以庸才为良材，如在朝廷平定李希烈之乱中，关播重用缺乏军事谋略的李元平，结果吃了败仗，被人戏称为"盲宰相"。后来，卢杞等人被贬，关播依然执政，朝中大臣对此不满，向德宗抗议，关播也因而被降为刑部尚书。

贞元四年（788），回纥向大唐请求和亲。朝廷令关播加任检校右仆射、御史大夫，持节担任护送咸安公主及册封回纥可汗的使臣。由于他往来清俭谨慎，受到了回纥人的赞赏。回国后，任兵部尚书。他以体弱多病坚决辞官，故以太子少师致仕。之后，关播减去僮仆车骑，闭关守静，不萦外事，为君子所器重。贞元十三年（797）正月卒，时年79岁，德宗为其废朝一日，赠太子太保的谥号。

关播的一生有功有过，但总体来说瑕不掩瑜，他立于朝廷，是一位正直持重的大臣。

注　释：

[1] 刘昫. 旧唐书·关播传：卷一三〇 [M]. 北京：中华书局，1975：3627.

第七节　其他人物

唐代生活在道政坊、常乐坊两地的还有一些历史人物可以述及，我们按时代顺序列举如下。

张平高，绥州肤施人，唐太宗时罗国公，住在位于道政坊南门之西第二家。

隋末，张平高任职鹰扬府校尉，戍守太原，天赐机缘，与高祖李渊相结交，因而参与起义。随李渊平定京城后，官拜左领军将军，封萧国公。贞观初，出任丹州刺史，后因故被免，以右光禄大夫之职返乡，死后改封罗国公，追赠潭州都督。

王荣，定州人，唐太宗时镇国大将军，居住在道政坊。

王荣少时便有惊人臂力，且箭法精湛，当时被视为硬弓之王。太宗时以赫赫战功历任定州行营都刑署。

刘知柔，彭城人，唐高宗时工部尚书，居住在道政坊东门之北。

刘知柔出自彭城丛亭里刘氏，是南北朝时期一个显赫的宗族。刘氏族人记载本族为汉宣帝之子楚孝王刘嚣曾孙居巢侯刘恺的后代。宋人欧阳修所著《新唐书·宰相世系表》时，也采用了这一记载。而刘知柔属于丛亭里刘氏刘僧利一支后裔，是魏沛郡太守刘僧利的六世孙、监察御史刘藏器的儿子、唐朝著名史学家刘知几的兄长。在刘知柔这一代，刘氏一族人文蔚起，兄弟六人均进士及第，且都成为当时著名的文人学士。

刘知柔生性简静，仪表堂堂，风度翩翩，年少时便以词学闻名，进士出身。历任国子司业、工部尚书、太子宾客等显要职务。后被封为彭城县侯。去世后，追赠太子少保。著名学者李邕曾经为他撰有《赠太子少保刘知柔神道碑》，收录于《文苑英华》卷900。其弟刘知己，是一位著名的史学家，他所著的《史通》是一部划时代的史学批评著作，这部著作提出过广为人知的才、学、识三长的史才观。

作为一位文官，刘知柔不仅才高八斗，而且还很有胆识。他曾经随同李孝逸平定阿溪地区的叛军。当官军抵达下阿溪北时，由于叛军占据有利地势，唐军多次交战均遭失利。李孝逸这时恐惧不已，心生退意。当时刘知柔任行军管记，他不断劝说李孝逸坚定平叛信心，并献计策，顺风纵火，进行决战。李孝逸接受了建议，率唐军全线出击，发起火攻，焚烧叛军营寨。叛军因置阵已久，士卒疲倦，阵形不整，在唐军猛烈的进攻下大败，被斩首七千余，溺死者更是不可胜数。在这场平叛中，刘知柔虽不是统筹决策的将军，但是，他却起了关键性的作用。作为一位随军文官，在己方多次失利的情况下，不仅没有惊慌失措，还将生死置之度外，坚定将领的信心，献计献策，充分显示出了他的风度才干。

郭敬之，山西太原人，唐玄宗时寿州刺史，郭子仪之父。曾居于常乐坊。

郭敬之最初的任职是涪州（治今四川涪陵县）录事参军，此后一直迁转各地，曾先后任绥、渭、桂、寿、泗五州刺史。郭敬之一直做地方官，退休后回到京城长安，在常乐坊安度晚年。唐玄宗天宝三载(744)正月十日因病去世，享年78岁。郭敬之死后，过了一些年，郭子仪日渐显贵，深得朝廷推重，为此，特赠郭敬之太保，追封祁国公。唐代宗广德二年（764），郭子仪为父亲迁坟改葬，建立家庙时，大书法家颜真卿特地撰写了著名的《赠太保郭敬之庙碑》。碑文除对郭敬之的生平进行了记述之外，还对他的形貌作了描述，说他身长八尺二寸，声如洪钟，二目有神，络腮胡须，风度闲雅，望之有神仙之态；又对他的品行作了赞誉，说他自幼仁爱，长成有德，平生不做违背礼法的事情。无疑，郭敬之的品德对一代名将郭子仪人格的形成有着重要的影响。

张九皋，韶州曲江人，唐玄宗时殿中监、宋州刺史，宰相张九龄之弟，居住在常乐坊。

张九皋本身也是位诗人，在京城名望很高，经常有人将他的作品献给公主。据《太平广记》记载，进士张九皋本应高中解头，然一同应试的王维与岐王过从甚密，受岐王引见，王维以一曲琵琶获得公主的青睐，于是得到了公主的推荐，一举登第，在这场"解头之争"中大获全胜（唐宋时，凡举进士者，皆由州县地方推荐发送入京，称为"解"）。

张九皋颇有才气，也很欣赏有才之士，经常向朝廷举荐人才。天宝八年（749），他看到高适的作品，引为奇才，极力向朝廷推荐他参加"有道科"的考试。虽然高适不满职位低微，三年后便辞官回家，他却因此得以一举成名，诗名传天下。

尉迟青，西域于阗人，唐德宗时将军，住在常乐坊十字街之东。

尉迟青善吹筚篥。当时被称为"河北第一手"的王麻奴自恃才高，经常在尉迟青家附近卖弄技艺，欲与其一决高下，但他始终不屑一顾。王麻奴终于按捺不住，登门挑战，一曲《勒部羝曲》，便汗流浃背，而尉迟将军轻松地吹奏了一遍，令人如闻仙乐。王麻奴羞愧难言，当场摔破筚篥，发誓终生不再吹篥。这也是成语"竟奏筚篥"的典故。

钱徽，字蔚章，吴郡人，唐文宗时尚书左丞、吏部尚书，居住在常乐坊。其父是著名的"大历十才子"之一的钱起。

贞元初，钱徽进士及第，被派遣到湖北谷城县从事幕僚之职。当时的谷城县令王郢挥金如土，喜欢结交三教九流，经常用公款请客送礼，案发被革职查办。负责处理此案的观察使樊泽查阅其账簿时，发现县衙内几乎人人涉案，唯独钱徽清清白白，一文未取，樊泽如实向上汇报。元和初钱徽入朝为官，三迁祠部员外郎，召充翰林学士。元和六年（811）转祠部郎中、知制诰。元和八年（813）改司封郎中，赐绯鱼袋。元和九年（814）拜中书舍人。元和十一年（816）因上疏劝阻淮西之征引起宪宗不悦，被罢免学士之职。

长庆元年（821）钱徽任礼部侍郎，掌管科举事宜。前刑部侍郎杨凭素以文学著称，家中藏书颇丰，其子杨浑之为了确保能够考中进士，将许多珍贵字画送给了同样对古书字画情有独钟的宰相段文昌。科举之前，恰逢段文昌将出使四川，临行前，他不仅当面向考官钱徽托付此事，还私下以书信保荐杨浑之。与此同时，当朝翰林学士李绅也以举友人周汉宾相托。然而，钱徽秉公办事，论才取士，并没有照顾二人的情面。发榜之后，杨浑之、周汉宾二人皆名落孙山。无巧不成书，偏偏与钱徽私交甚厚的李宗闵、杨汝士都有亲友及第。段文昌与李绅二人怒不可遏，上奏诬告钱徽徇私舞弊，言其"所放进士郑朗等十四人，皆子弟艺薄，不当在选中"。兹事体大，穆宗为慎重起见，向学士元稹、李绅询问。李绅自是对钱徽颇有指摘，而元稹则因与李宗闵素有嫌隙，故二人异口同声地附和段文昌之词。于是穆宗命中书舍人王起和主客郎中、知制诰白居易一同在子亭对这次中举的十四人进行复试。由于复试所出题目《孤竹管赋》和《鸟散余花落诗》都过于深僻，有十人没有通过。穆宗大怒，钱徽因此被贬为江州刺史，其友李宗闵、杨汝士亦一同遭贬。二人劝钱徽将段文昌、李绅写给他的书信呈给穆宗，让真相大白，而他却说："不然。苟无愧心，得丧一致，修身慎行，安可以私书相证耶？"[1]认为自己问心无愧，用不着去辩护，何况将私信示人，有悖自己的道德原则，令家人将书信付之一炬，尽皆焚毁。

不久，穆宗明白了其中端倪，下诏痛斥朋党之争的祸害。钱徽也重新获得穆宗的信任及重用，先后出任华州刺史、潼关防御、镇国军等职。文宗即位后，授予钱徽尚书左丞之职。大和元年（827）十二月，钱徽二次出任华州刺史。第二年秋天，因身体有病，请求告老还乡。然文宗以其为心腹重臣，国之脊梁，非但没有批准他的辞呈，还授予他吏部尚书的职位。大和三年（829）三月，钱徽病逝，享年75岁。

以上众多这些扬鞭策马、舒卷风云的历史人物都曾真实地生活在交大这片土地上，他们的生活史真可作为一部隋唐史的浓缩。而如今，隋唐皇亲国戚、帝王将相们的豪宅巨厦已经被一座现代化的大学所取代。西安交大一片片科研、教学、行政与住宿的建筑群分布在大唐兴庆宫遗址的附近，整整齐齐地排列在常乐坊和道政坊的旧址上。"往事越千年，魏武挥鞭，东临碣石有遗篇。萧瑟秋风今又是，换了人间。"[2] 这些建筑群更加具有时代的朝气，荣光逼人，春风无限。或许交大的某片女生宿舍区原先居住过某位公主，或许交大的某片男生宿舍区原先居住过某位才子，或许交大的图书馆原先是某个宰相的私人藏书楼，或许交大的体育场原先是某位将军的私人演武场。你在这里可以尽情地驰骋想象之马，因为历史的真实和想象的虚构在这里模糊了界限，分不清彼此；因为一切想象的虚构都很可能符合史实。这就是交大，历史与现实重叠的交大！当然，今天的交大学子拥有更好的想象力，他们不仅可以回想过去，更能构想未来；他们的视角不仅仅落在脚下这片沃土之上，而且落在了更辽阔的天地里，甚至于天外的宇宙。因而，历史和未来比起来，总显得那么渺小！但历史又是不可或缺的，所谓"九层之台，起于累土"，空中楼阁，终究虚幻；一尘一沙，尽是良材。

注 释：

[1] 刘昫. 旧唐书·钱徽传：卷一六八 [M]. 北京：中华书局，1975：4384.

[2] 毛泽东. 浪淘沙·北戴河 [M] // 毛泽东. 毛主席诗词三十二首. 北京：文物出版社，1965：35-36.

第六章 "同是天涯沦落人"：白居易东亭与虾蟆陵

白傅歌诗映万春，绿筠冉冉想斯人。

事能为处济天下，道不行时善一身。

常乐坊中堪养竹，浔阳江畔倍伤神。

虾蟆陵下琵琶女，谁料当年是近邻。

白居易（772—846），字乐天，号香山居士，又号醉吟先生，是中国诗史上的著名诗人。他的很多诗不仅为国人熟诵，还在海外如日本等地有很大影响。白居易的生命轨迹，在西安交通大学校园中留下了重要印记。他早年科举登第之后任校书郎时，在常乐坊原宰相关播宅的东亭寓居，而东亭的位置即在交大校园内，现今交大校园内还有白居易东亭故址纪念亭和白居易的塑像。而白居易在谪居江州后所写的名篇《琵琶行》中琵琶女"自言本是京城女，家在虾蟆陵下住"的虾蟆陵，也在交大校园内。东亭时期的白居易初入仕途，有兼济天下的风发意气；而《琵琶行》时期的白居易，正处于遭受挫折后的低落之中。从交大校园的这两处遗址，我们可以窥见诗人白居易的不同生命阶段。

第一节 白居易的流风遗韵

唐代宗大历七年（772），白居易出生于郑州新郑东郭宅。他的七世祖白建是北齐五兵尚书，六世祖白士通是唐朝的利州都督，五世祖白志善曾作尚衣奉御，他的曾祖父白温曾任检校都官郎中。白居易的祖父白锽"幼好学，善属文，尤工五言诗，有集十卷。年十七，明经及第。"[1]（《故巩县令白府君事状》）历任酸枣、巩县两县县令。白居易的父亲白季庚"天宝末，明经出身"（《襄州别驾府君事状》），曾任彭城令。当时藩镇叛乱，白季庚游说徐州刺史李洧归顺朝廷有功，因授朝散大夫、大理少卿、徐州别驾，兼徐泗观察判官，后又历任衢州、襄州别驾。而白居易的外祖父陈润，亦是明经出身，是大历中久负盛名的诗人，《全唐诗》里还存有他的八首诗。可见这是一个世敦儒业的家庭。这样的家世应该也对白居易"兼济天下"志向的形成有所影响。

白居易自小就聪慧绝人。曾在给好友元稹的书信中对自己的童年作过如此的描述："仆始生六七月时，乳母抱弄于书屏下，有指'无'字'之'字示仆者，仆虽口未能言，心已默识。后有问此二字者，虽百十其试，而指之不差……及五六岁便学为诗，九岁谙识声韵。"[2]可见白居易在襁褓之中就对文字十分敏感，而五六岁便学诗让人联想到诗圣杜甫"七龄思即壮，开口咏凤凰"。这样的天分让他以后更容易成为一名伟大的诗人。

白居易不仅天资聪慧，而且异常刻苦。他在《与元九书》中说自己："十五六始知有进士，苦节读书。二十以来，昼课赋，夜课书，间又课诗，不遑寝息矣。以至于口舌成疮，手肘成胝，既壮而夫革不丰盈，未老而齿发早衰白，瞥瞥然如飞蝇垂珠在眸子中也，动以万数。盖以苦学力文所致。"[3]可见年轻时白居易苦学之状。

天才加勤奋，这使得白居易在诗学上的成熟很早。16岁时，他便写下著名的五律《赋得古原草送别》，诗云：

  离离原上草，一岁一枯荣。野火烧不尽，春风吹又生。远芳侵古道，晴翠接荒城。又送王孙去，萋萋满别情。[4]

白居易曾带着自己的诗拜谒当时的前辈诗人顾况。顾况是个很高傲的人，对后辈的文章很少有看得上的。但他看了白居易的这首诗之后，十分惊喜，不由得亲自迎门，给年轻的白居易很高的礼遇，并对他说："吾谓斯文遂绝，复得吾子矣。"这段记载并见于《旧唐书》与《新唐书》本传，应为信实。有一个流传很广的更具戏剧性的故事，传说白居易谒见顾况的时候，顾况戏谑地对他说："长安物贵，居大不易。"等到他读到"野火烧不尽，春风吹又生"这两句的时候，不得不感叹道："有句如此，居亦何难？老夫前言戏之耳！"[5]不论真实性如何，可见后人对白居易才华的赞赏。

白居易生活的时代，正值安史之乱后，强藩剧镇割据称雄，时而互相攻伐，时而连兵抗击朝廷，战祸连年，民不聊生。11岁时，为避战乱，白居易全家曾移居符离（今安徽宿州北）；15岁时，又全家移居江南，因为父亲白季庚当时在衢州做官。直到20岁时，中原战乱稍定，白居易才又回到符离。二十一二岁的时候，父亲到襄州做官，白居易又去过襄州。贞元十年（794），父亲白季庚卒于襄州。白居易服丧三年，之后才开始准备科举考试。总之，白居易在登进士第之前的生活是比较流离颠沛的。

相比很多诗人来说，白居易的科举之途可谓顺利。他27岁通过县试，28岁通过州试从而取得乡贡资格。贞元十六年（800），时年29岁的白居易以第四名登进士第。在及第后的雁塔题名会上，白居易写下了"慈恩塔下题名处，十七人中最少年"[6]这两句诗，正概括出诗人十年苦学，一举成名的得意心情。

贞元十九年（803），中进士三年后的白居易又登书判拔萃科，与他同中此科的还有他一生的挚友元稹。由此白居易被授秘书省校书郎一职，虽然品秩不是很高，但总算在仕途上有了一个起点。这时候，白居易开始寄居在常乐坊中已故宰相关播的园亭。这处寓所的旧址就在交大校园东南区域。秘书省的工作是比较清闲的，白居易经常和朋友同事在长安城中游聚。

贞元二十一年（805）春，白居易从常乐坊的东亭移居永崇坊的华阳观。元和元年（806），白居易罢校书郎，他的朋友元稹也搬来和他一起居住，准备应制举。在这里，他们闭户累月，苦思冥想，探讨当时社会政治的各种问题，写出了在士子中颇有影响的《策林》75首。是年，白居易制科入等，授盩厔尉，而他的好朋友元稹得授左拾遗。相比秘书省校书郎来说，县尉的工作是很繁忙的。在这段为官时期，由于深入民间，使他更多地了解了人民的苦难，写下了很多揭露统治者和反映民生疾苦的作品，如《观刈麦》《宿紫阁山北村》等诗。白居易的歌行名篇《长恨歌》也诞生在这一时期。任县尉的当年十二月，白居易和朋友陈鸿、王质夫同游周至仙游寺，此地离"玄宗回马杨妃死"的马嵬坡很近，大家谈起当时盛传于民间的唐明皇李隆基和贵妃杨玉环的故事，颇多感慨。事后，白居易创作了这首《长恨歌》，同游者陈鸿为之作《长恨歌传》。这一歌一传珠联璧合，相互辉映，不仅当时"童子解吟长恨曲"，而且流传千年至今，仍为文学史上的经典。

元和二年秋天（807），白居易被召回长安，十一月，他做了翰林学士。这一年对白居易的仕途和生活来说，都是非常重要的。此年春天，他与杨汝士之妹完婚。杨汝士和他的从父兄弟杨虞卿与李宗闵交情甚厚，而在唐朝中后期有名的牛李朋党之争中，李宗闵与李德裕交恶，所以牵连所及，李德裕对白居易也累加排斥。白居易日后的政途多舛便可想而知了。

次年五月，白居易改授左拾遗，仍充翰林学士。左拾遗是一个谏官，职位不高，但却有批评朝政、直接向皇帝陈述政见的机会。在任左拾遗的三年中，白居易多次不顾安危地直言谠谏。比如元和三年（808）唐宪宗策试贤良方正能言极谏科举人，当时的陆浑尉皇甫湜和伊阙尉牛僧孺以及前进士李宗闵苦诋时政，将矛头直指当时跋扈的宦官。宦官非常愤怒，当时的宰相李吉甫也觉得锋芒太过，遂将当时的考策官和复策官杨於陵、韦贯之、裴垍、王涯等人贬官。白居易在裴垍等人被贬之后上书皇帝："此数人者，皆人望也。若数人进，则必君子之道长；若数人退，则必小人之道行。"并说自己和裴垍等六人共同复策，如果裴垍被贬，自己也应受到责罚："岂可六人同事，唯罪两人？"[7] 由此可见白居易的谠直和担当。

元和四年（809），宪宗任命宦官突吐承璀为讨伐王承宗的统帅。白居易上书谏曰："岂有制将、都统而使中使兼之？臣恐四方闻之，必轻朝廷。四夷闻之，必笑中国。王承宗闻之，必增其气。国史记之，后嗣何观？陛下忍令后代相传，云以中官为制将、都统，自陛下始？"[8] 讨伐王承宗一年多而无果，白居易又连上三状请求罢兵。因为白居易上书的言语太过直切，宪宗感到很不开心，对李绛说："白居易小子，是朕拔擢至名位，而无礼于朕，朕实难奈。"[9] 李绛为白居易解释道："居易所以不避死亡之诛，事无巨细必言者，盖酬陛下特力拔擢耳，非轻言也。陛下欲开谏诤之路，不宜阻居易言。"[10] 因此宪宗才没有怪罪。

元和五年（810），白居易左拾遗任满，自请改京兆府户曹参军。左拾遗为从八品上，京兆参军为正七品下，资序相类，但俸禄稍多，是为了养亲。元和六年四月，因母亲去世，白居易丁忧退居下邽（今陕西渭南）将近四年。元和九年深冬，白居易诏授太子左赞善大夫，终于结束近四年之久的闲居生活，告别下邽故里，回到帝都长安。左赞善大夫为东宫属官，这虽是一个无实事可做的闲职，但品秩却为正五品上，属于常参官之列，得每天参与朝谒。

元和十年（815），白居易回朝任太子左赞善大夫，住在昭国里。适逢宰相武元衡被盗杀。于是白居易第一个上书，请急捕贼雪耻。可宰相却认为他是东宫官，不该在台谏官之前抢先议政。这时平时忌恨他的人又诬说，他的母亲因看花坠井而死，他却作《赏花》与《新井》诗，甚伤名教。于是白居易被贬为江州司马。

自元和元年授盩厔尉始，至元和十年贬江州司马止，共约十个年头，这是白居易前期志在兼济，政治进取，有所作为的辉煌的十年，也是他积极倡导新乐府运动，在创作上取得丰硕成果的十年。在此期间白居易创作了以《秦中吟》《新乐府》为代表的大量讽喻诗，其思想基础基本上是以儒家重民爱民思想为核心的民本主义。《秦中吟》包括十首诗，都是针砭时弊之作。如《重赋》揭露官府借无名税横征暴敛的弊端，《轻肥》揭露宦官的骄奢生活。白居易曾在《与元九书》中说："闻《秦中吟》，则权豪贵近者相目而色变矣。"[11] 所以，其实他被贬的真正原因正是因为屡次直谏和这些讽刺权贵的诗歌。

被贬江州之后的白居易，心情是很低沉的。在此期间所作的诸多诗歌中，最有名的当属元和十年（815）秋天所写的《琵琶行》。诗人同情于琵琶女的沦落遭遇，发出"同是天涯沦落人，相逢何必曾相识"的感叹，也是诗人自伤身世。白居易在江州时，还在给元稹的《与元九书》中阐述了自己的诗歌纲领，即反对"嘲风雪，弄花草"，主张"文章合为时而著，歌诗合为事而作"[12]。他在江州将自己的诗集分为讽喻诗、闲适诗、感伤诗和杂律诗，他最重视的就是能够体现他上述诗论的讽喻诗了。

元和十三年（818）底，白居易得以由江州司马量移忠州刺史。元和十五年（820）

忠州刺史任满，改拜尚书司门员外郎，旋改任主客郎中知制诰。这样白居易又返回了长安，居住在新昌里。唐穆宗长庆二年（822），白居易自中书舍人除授杭州刺史，时年五十一岁。穆宗登基后，没有保持住宪宗时期的中兴局面，已经基本归顺的藩镇纷纷再反，而穆宗朝中的宰臣相对元和朝也显得碌碌无为。而且此时朝中的党争日益激烈，以李德裕为代表的李党和以牛僧孺、李宗闵等人为代表的牛党之间互相倾轧，连白居易的好朋友元稹也陷入与裴度的争斗之中。这让已经屡受挫折的白居易对仕途有些心灰意冷。白居易的思想开始从前期的积极用世、兼济天下，向后期的消极引退、独善其身过渡。因此，他这次出刺杭州，倒是如笼鸟投林般轻松的。

虽说白居易已经对官场颇为厌倦，但在杭州，他还是力所能及地做了很多能够惠及当地百姓的事情。比如他在西湖上筑了一道长堤，方便蓄水灌溉，也就是现在西湖上的白堤。当然，除了公务之外，他也饱览了杭州的美景。长庆四年（824）三月，白居易以右庶子被召回京师。此年穆宗去世，年仅十六岁的唐敬宗即位。敬宗游乐无度，不理政事，宰相李逢吉大权独揽，专政跋扈。白居易对于此次回到长安，是比较冷淡的，因此从杭州走到洛阳便不再前进，请求分司东都，想从此在洛阳终老。他在洛阳履道里买宅，有水有竹，还有他从杭州带回来的天竺石和两只鹤。白居易在履道里幽静的园亭中过着半官半隐的生活。敬宗宝历元年（825），白居易改授苏州刺史。苏州是个大州，州务繁忙，白居易昼夜视公，十分勤政。正如他在诗中所言：

> 候病须通脉，防流要塞津。救烦无若静，补拙莫如勤。削使科条简，摊令赋役均。以兹为报效，安敢不躬亲？襦袴提于手，韦弦佩在绅。敢辞称俗吏，且愿活疲民。[13]

可见，一旦有为百姓做事的机会，白居易总是不惮其烦的。宝历二年（826），唐敬宗被杀，宦官拥立文宗李昂即位。唐文宗启用的旧臣多为白居易的朋友，因此白居易又到朝中做官，于大和元年（827）授秘书监，并于次年改授刑部侍郎。但此时的白居易已经对宦途感到厌倦，再加上自己的身体越来越差，因此大和三年（829）

以太子宾客分司东都。

大和三年（829）三月，白居易回到洛阳履道坊宅，其《归履道宅》诗云："驿吏引藤舆，家童开竹扉。往时多暂住，今日是长归。眼下有衣食，耳边无是非。不论贫与富，饮水亦应肥。"[14]正反映了他当时的心态。在此次回到洛阳之后，白居易就再也没回过长安了。大和四年（830）开始，白居易又做了四年的河南尹，大和八年（834）罢河南尹，再授太子宾客分司。在洛阳的白居易虽然身有官职，但经常与在洛阳任职的好友一起游山玩水，赏花吟诗，过着闲云野鹤的生活。白居易把这种半官半隐的状态叫作"中隐"：

大隐住朝市，小隐入丘樊。丘樊太冷落，朝市太嚣諠。不如作中隐，隐在留司官。似出复似处，非忙亦非闲。不劳心与力，又免饥与寒。终岁无公事，随月有俸钱。君若好登临，城南有秋山。君若爱游荡，城东有春园。君若欲一醉，时出赴宾筵。洛中多君子，可以恣欢言。君若欲高卧，但自深掩关。京无车马客，造次到门前。人生处一世，其道两难全。贱即苦冻馁，贵则多忧患。唯此中隐士，致身吉且安。穷通与丰约，正在四者间。[15]

如果能像东方朔那样"避世金马门"，当然算是"大隐隐于市"了。而那些隐居在山水丘园之间的隐士，只能算"小隐"。因此，白居易管自己这种半官半隐的状态叫作"中隐"。这种融汇道家知足知止和儒家乐天知命思想，并借助于执两用中的中庸之道的思维模式，折中于"穷通丰约"四者之间，从而升华为处世哲学的中隐观念，是白居易的一大发明。应该说，白居易开创的"中隐"传统对后世的文人影响是很大的。

如果说早年的白居易以"兼济天下"的志向为主，晚年在洛阳的白居易则转向了"独善其身"。他在诗中这样表述自己的晚年心态："丈夫一生有二志，兼济独善难得并。不能救疗生民病，即须先濯尘土缨。"[16]大和九年（835），朝中发生了震惊朝野的甘露之变。唐文宗听从李训计谋欲尽除宦官不成，满朝宰相大臣被杀无数，从此宦官更加嚣张了。此时在洛阳的白居易远于漩涡之外，避祸而身存，《九年十一月十一日感事而作》诗云："祸福茫茫不可期，大都早退似先知。当君白首同归日,是我青山独往时。"[17]

会昌二年(842),71岁的白居易以刑部尚书致仕。会昌四年(844),73岁的白居易又为洛阳百姓做了一件好事,即疏通了行船不畅的八节滩。他在诗里写道:"我身虽殁心长在,阇施慈悲与后人。"[18]会昌六年(846),白居易病逝于洛阳,葬洛阳龙门山。唐宣宗李忱写了一首悼念白居易的诗《吊白居易》:"缀玉联珠六十年,谁教冥路作诗仙。浮云不系名居易,造化无为字乐天。童子解吟长恨曲,胡儿能唱琵琶篇。文章已满行人耳,一度思卿一怆然。"[19]颔联两句评价白居易乐天知命的胸怀,颈联两句则是评价白居易的诗歌成就。"童子解吟长恨曲,胡儿能唱琵琶篇"说明白居易的诗歌流传之广,不仅老幼皆诵,而且还传唱于外邦。

一个人的人生观与价值取向不是一成不变的,会随着个人的穷通遭遇以及对社会、人生的换位认识,重新思考而有所变化。白居易年轻时胸怀兼济天下之志,敢于争锋,刚勇坚强;中年以后逐渐转向独善其身,避险知足,清淡圆融。这种转变,从客观上说,是因为他痛感时不可为,不愿卷入争名逐利的政治倾轧;从主观上说,也是他介然有守,不愿随俗俯仰、与世浮沉,追求人格上的独立与自我完善的表现。

中国有句成语叫作"文如其人",说的是从一个人的作品可以看出一个人的品质和思想。白居易就是这样一位有着如此特色的诗人。作为一代大诗人,白居易以毕生精力从事创作,一生留下了3000多篇诗文。他将自己的人生理想与价值取向寄寓在这些诗作中。白居易在给自己所作的墓志铭《醉吟先生墓志铭并序》中写道:"凡平生所慕所感,所得所丧,所经所遇所通,一事一物已上,布在文集中,开卷而尽可知也。"[20]也就是说,白居易一生的经历遭际,穷通得失以及他的思想变迁、人生体验均记录在他的诗文中。然而无论如何,积极入仕与消极退引的矛盾,始终成为他一生不可获释的情结。他前期创作的《养竹记》与中期创作的《琵琶行》正是这种矛盾的充分表现,前者充满着积极入世的兼济之志,后者则流露出消极引退走向问道之途的无奈。

也许是机缘的巧合,也许是历史的刻意,在交大的校园里留下了关于《养竹记》和《琵琶行》的相关遗迹,中国历史上这位大诗人白居易,竟和西安交通大学有着如此千丝万缕的关系。

注　释：

[1] 白居易.白居易文集校注[M].谢思炜,校注.北京：中华书局,2017：396.

[2] 同[1] 323.

[3] 同[1] 324.

[4] 谢思炜.白居易诗集校注[M].北京：中华书局,2006：1042.

[5] 魏庆之.诗人玉屑：卷一〇[M].王仲闻,点校.北京：中华书局,2007：320.

[6] 王定保.唐摭言：卷三[M].上海：上海古籍出版社,1978：43.

[7] 同[1] 1193.

[8] 同[1] 1240.

[9] 刘昫.旧唐书·白居易传：卷一六六[M].北京：中华书局,1975：4344.

[10] 同[9].

[11] 同[1] 321.

[12] 同[1] 321.

[13] 同[4] 1876.

[14] 同[4] 2128.

[15] 同[4] 1765.

[16] 同[4] 2261.

[17] 同[4] 2482.

[18] 同[4] 2794.

[19] 彭定求,等.全唐诗：卷四[M].北京：中华书局,1960：49.

[20] 同[1] 2031.

第二节　《养竹记》与白居易的兼济之志

唐德宗贞元十八年（802）冬，白居易赴长安参加书判拔萃科考试。第二年（803）春，三十二岁的白居易与元稹等六人同登书判拔萃科，授秘书省校书郎。秘书省又叫兰台，是掌管图书的机构。秘书省的长官是秘书监和少监，其次是秘书丞和秘书郎，再其次便是校书郎和正字了。校书郎有时为八人，有时为十人，职责是校对书籍，官阶是正九品上。

　　白居易在授校书郎后，开始在长安常乐坊已故宰相关播宅的东亭居住。此由白居易在《养竹记》中自述可证："贞元十九年春，居易以拔萃选及第，授校书郎，始于长安求假居处，得常乐里故关相国私第之东亭而处之。"[1] 关播在唐德宗建中三年（782）官拜宰相，贞元十三年（797）正月卒。白居易于贞元十九年住进东亭时，关播已去世六年。而白居易所居的东亭，位置就在现今西安交通大学校园内。在交大校园的东南区域，有白居易东亭纪念亭和白居易的塑像，并有白居易在东亭居住时所写的《养竹记》碑刻。

图50　白居易东亭遗址养竹记碑刻（1996年百年校庆刻立）

Figure 50　"Tending Bamboo" Stone Tablet in the East Pavilion Site

(built in the Centennial Anniversary of Xi'an Jiaotong Universityin 1996)

据史料可知，白居易在东亭生活了大约三年时间。据白居易《策林序》："元和初，予罢校书郎，与元微之将应制举，退居于上都华阳观。"[2]元和元年为唐宪宗年号，为公元806年。这一年的四月，唐宪宗策试举人。因此白居易罢校书郎和元稹一起准备制举考试的时间，应该是元和元年（806）年初。两人为了准备制举，一起到永崇坊中的华阳观居住。因此白居易在常乐坊居住的时间，是从贞元十九年（803）春到元和元年（806）初，大约有三年时间。

白居易在常乐坊东亭的生活，可以从他一首诗中窥见，这首诗名字很长，叫作《常乐坊闲居偶题十六韵，兼寄刘十五公舆、王十一起、吕二炅、吕四颖、崔十八玄亮、元九稹、刘三十二敦质、张十五仲方，时为校书郎》。白居易这首诗所寄的王起、吕炅、吕颖、崔玄亮、元稹，他们都与白居易同年登科，其中吕炅和王起是博学宏词科，其他几人和白居易一样都是书判拔萃科。这几个人也都是校书郎。刘公舆、刘敦质、张仲方三人，也都是白居易在秘书省的同事。由诗中可见当时白居易的生活还是很悠闲的：

> 帝都名利场，鸡鸣无安居。独有懒慢者，日高头未梳。工拙性不同，进退迹遂殊。幸逢太平代，天子好文儒。小才难大用，典校在秘书。三旬两入省，因得养顽疏。茅屋四五间，一马二仆夫。俸钱万六千，月给亦有余。既无衣食牵，亦少人事拘。遂使少年心，日日常晏如。勿言无知己，躁静各有徒。兰台七八人，出处与之俱。旬时阻谈笑，旦夕望轩车。谁能雠校闲，解带卧吾庐。窗前有竹玩，门外有酒沽。何以待君子，数竿对一壶。[3]

秘书省的工作看来是很清闲的，不用每天去上班，只需要"三旬两入省"。而且俸钱也有余，又不像很多其他部门那样有人事的纠葛，只需要校对书籍就可以了。

因此白居易可以过着很自在悠闲的生活,偶尔有机会的时候就和同事相聚同游。而常乐坊关宅东亭的环境也是很清幽的，窗前有一丛绿竹，坊中还有美酒可以共饮。据徐松《唐两京城坊考》，常乐坊"曲中出美酒，京都称之"[4]，可见常乐坊的美酒在整个京城都是有名的。白居易与朋辈对竹饮酒，谈笑忘倦，可以说颇为惬意了。从《答元八宗简同游曲江后明日见赠》《首夏同诸校正游开元观因宿玩月》等诗来看，除了在常乐坊白居易的居所聚会，白居易还经常和朋友们同游京城胜迹，如曲江、开元观等。

白居易住进东亭的第二天，散步到亭的东南角，发现此处有一丛竹，询问认识关播的老人，得知是关相国亲手所植。因长期无人管理，丛竹早已经荒芜不堪，于是白居易进行了一番修剪，并作《养竹记》书于亭壁。今西安交通大学校园东南域白居易塑像旁有一处碑刻，所刻即为白居易所写的《养竹记》，由著名学者霍松林先生手书，文曰：

竹似贤，何哉？竹本固，固以树德，君子见其本，则思善建不拔者。竹性直，直以立身，君子见其性，则思中立不倚者。竹心空，空以体道，君子见其心，则思应用虚受者。竹节贞，贞以立志，君子见其节，则思砥砺名行，夷险一致者。夫如是，故君子人多树之为庭实焉。

贞元十九年春，居易以拔萃选及第，授校书郎，始于长安求假居处，得常乐里故关相国私第之东亭而处之。明日，履及于亭之东南隅，见丛竹于斯，枝叶殄瘁，无声无色。询于关氏之老，则曰：此相国手植者。自相国捐馆，他人假居，繇是筐篚者斩焉，彗帚者刈焉。刑余之材，长无寻焉，数无百焉。又有凡草木杂生其中，菶茸荟郁，有无竹之心焉。居易惜其尝经长者之手，而见贱俗人之目，翦弃若是，本性犹存。乃芟蘙荟，除粪壤，疏其间，封其下，不终日而毕。于是日出有清阴，风来有清声，依依然，欣欣然，若有情于感遇也。

嗟乎！竹，植物也，于人何有哉？以其有似于贤，而人爱惜之，封植之，况其真贤者乎？然则竹之于草木，犹贤之于众庶。呜呼！竹不能自异，唯人异之。贤不能自异，唯用贤者异之。故作《养竹记》，书于亭之壁，以贻其后之居斯者，亦欲以闻于今之用贤者云。[5]

自关播于贞元十三年去世之后，这丛竹已经荒芜了三年，有人斩竹用来编筐，有人用来做扫帚，原本高耸的竹林已经"长无寻焉"，变得很低矮了。而且因为无人料理，各种杂草丛生竹林之中。白居易见这丛竹子经过如此剪伐，仍然亭亭而立，刚直的本性犹存，觉得很可惜，因此他利用不到一天的时间对之进行了一番修剪和培护。这丛绿竹就这样恢复了生机，日出的时候投下翳翳清阴，风吹来的时候又泛起琅琅清音，依依然，欣欣然，仿佛对与诗人白居易的相遇表示感恩。

白居易在《养竹记》的开头对竹的人格象征意义进行了一番精到的评论。竹的根系很牢固，君子见之，就想到做人也应该建立起牢固的不可动摇的根本。竹的秉性很刚直，君子见之，就想到做人也应该刚直中立，不偏倚。竹的心是虚空的，君子见之，就想到只有保持虚静的内心才能体会大道，才能容受万物。竹节是坚贞的，君子见之，就想到做人也要坚贞不屈，不论经历顺遂还是坎坷，都要保持一致的品格。所以，古代的君子经常在庭院中种竹，来砥砺自己的人格。

中国古代思想有"比德"的传统，将外物和人的品格相比拟。《礼记·聘义》中曾记载孔子之言："夫昔者君子比德于玉焉：温润而泽，仁也。"[6]中国人之所以喜爱玉，就是因为玉的温和润泽，正好像君子的仁德品格。又如屈原的《橘颂》，也是以橘树的独立不迁来比拟士人之人格。梅、兰、竹、菊之所以成为雅俗共道的"四君子"，原因也在于此。竹的中通外直，为众多古代贤人君子所喜爱。《世说新语·任诞》载："王子猷尝暂寄人空宅住，便令种竹。或问：'暂住何烦尔？'王啸咏良久，直指竹曰：'何可一日无此君！'"王子猷即王羲之的第五子王徽之，他即使暂住人宅，也要栽竹相伴，"何可一日无此君！"[7]之语更成为人所称道的名言。苏轼也特别爱竹，其《於潜僧绿筠轩》诗云："可使食无肉，不可使居无竹。无肉令人瘦，无竹令人俗。"[8]"不可居无竹"即化用自王徽之的典故。又如清代的郑板桥，不仅善于画竹，而且多有写竹的名句。如他有一首题画诗《竹石》："咬定青山不放松，立根原在破岩中。千磨万击还坚劲，任尔东西南北风。"[9]四句诗写出了竹的坚贞品格，至今为人传诵。

《养竹记》中所说的竹的本固、性直、中空、节贞，其实也是白居易自己的人格理想。白居易不论是为政做官，还是写诗作文，都秉持着这样的人格准则。

第六章
"同是天涯沦落人":白居易东亭与虾蟆陵

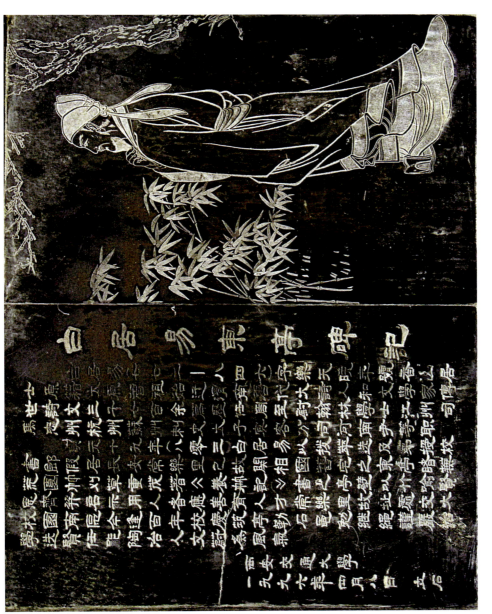

图 51 白居易东亭碑记(1996 年百年校庆刻立)

Figure 51 *Bai Juyi The Stone Tablet in the East Pavilion* (built in the Centennial Anniversary of Xi'an Jiaotong Universityin 1996)

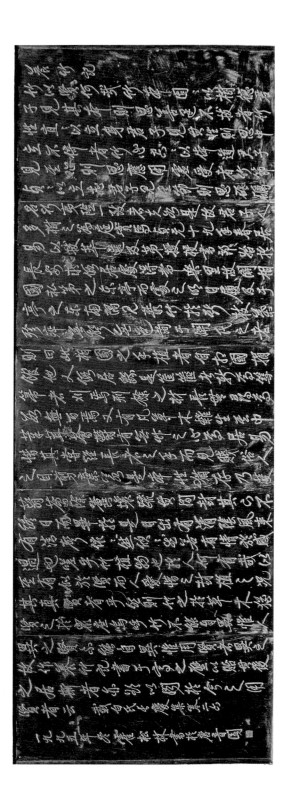

图 52　养竹记碑刻全文（1996 年百年校庆刻立）

Figure 52　Tablet Inscription of the Full Text of *Tending Bamboo* (built in the Centennial Anniversary of Xi'an Jiaotong University in 1996)

元和元年（806）四月制举，白居易与元稹一同中举，同月授盩厔尉。元和二年十一月，授翰林学士。元和三年（809）四月改授左拾遗，仍兼翰林学士。拾遗是谏官，但官阶很低。白居易在上给宪宗的《初授拾遗献书》中表达了自己将不负皇恩、尽言直谏："候陛下言动之际，诏令之间，小有遗阙，稍关损益，臣必密陈所见，潜献所闻。但在圣心裁断而已。臣又职在中禁，不同外司。欲竭愚衷，合先陈露。"[10]事实上，他也是这样做的。白居易任左拾遗期间，"屡陈时政，请降系囚，蠲租税，放宫人，绝进奉，禁掠卖良人等，皆从之。又论裴均违制进奉银器，于頔不应暗进爱妾，宦官吐突承璀不当为制军中统领。"[11]

元和三年（808），河东节度使王锷入朝，勾结当权宦官，并进奉宪宗，想要做宰相。宪宗欲命之，白居易上书《论王锷状》，力谏不可："宰相是陛下辅臣，非贤良不可当此位。锷诛剥民财，以市恩泽，不可使四方之人谓陛下得王锷进奉，而与之宰相，深无益于圣朝。"[12]王锷因此没有得逞。

元和五年（810）春，时任监察御史的元稹从河南被召还回京，走到华州华阴境内的敷水驿时，后到的宦官刘士元和元稹争厅，元稹不让，刘士元破门而入，用马鞭打伤了元稹的脸。回京后，受害者元稹反而被认为"少年后辈，擅作威福"，被贬为江陵府士曹参军。白居易和翰林学士李绛、崔群等人都上书认为元稹无罪，白居易更是连上三状："今中官有罪，未见处置，御史无过，却先贬官。远近闻知，实损圣德。臣恐从今以后，中官出使，纵暴益甚。朝官受辱，必不敢言。"[13]（《论元稹第三状》）然而宪宗并没有听从，可见宦官势力之大。

初入仕途的白居易就是这样和当权的宦官和权贵毫无畏惧地针锋相对。这都体现了白居易在《养竹记》中所说的竹所具有的刚直和坚贞。在写作上，白居易也同样如此。白居易文集中有四卷《策林》，就是为了准备元和元年的制举而作的。他在《策林序》中写道："元和初，予罢校书郎，与元微之将应制举，退居于上都华阳观，闭户累月，揣摩当代之事，构成策目七十五门。"[14]《策林》中的文章都是针砭时弊的论政之作，如《平百货之价》《议盐法之弊》《革吏部之弊》《议百司食利钱》《论刑法之弊》，等等。这些论政文正体现了他后来在《与元九书》中所说的"文章合为时而著"的理念。

在诗歌写作上,他则贯彻了自己在《与元九书》中所说的"歌诗合为事而作"的观念。自元和元年授盩厔尉后,白居易创作了以《秦中吟》《新乐府》为代表的大量讽喻诗,都是针砭时弊之作。如《重赋》揭露官府借无名税横征暴敛的弊端:

厚地植桑麻,所要济生民。生民理布帛,所求活一身。身外充征赋,上以奉君亲。国家定两税,本意在忧人。厥初防其淫,明敕内外臣。税外加一物,皆以枉法论。奈何岁月久,贪吏得因循。浚我以求宠,敛索无冬春。织绢未成匹,缲丝未盈斤。里胥迫我纳,不许暂逡巡。岁暮天地闭,阴风生破村。夜深烟火尽,霰雪白纷纷。幼者形不蔽,老者体无温。悲端与寒气,并入鼻中辛。昨日输残税,因窥官库门。缯帛如山积,丝絮似云屯。号为羡余物,随月献至尊。夺我身上暖,买尔眼前恩。进入琼林库,岁久化为尘。[15]

又如《轻肥》揭露宦官的骄奢生活:

意气骄满路,鞍马光照尘。借问何为者,人称是内臣。朱绂皆大夫,紫绶或将军。夸赴军中宴,走马去如云。樽罍溢九酝,水陆罗八珍。果擘洞庭橘,脍切天池鳞。食饱心自若,酒酣气益振。是岁江南旱,衢州人食人。[16]

他曾在《与元九书》中说:"闻《秦中吟》,则权豪贵近者相目而色变矣。"[17] 在写了《秦中吟》之后,白居易又在元和四年写了五十首《新乐府》。他在《新乐府序》中自述为诗宗旨云:"其辞质而径,欲见之者易谕也。其言直而切,欲闻之者深诫也。其事核而实,使采之者传信也。其体顺而肆,可以播于乐章歌曲也。总而言之,为君、为臣、为民、为物、为事而作,不为文而作也。"[18] 他还为每一首诗作了点明诗旨的小序,如:

《捕蝗》，刺长吏也。

《蛮子朝》，刺将骄而相备位也。

《两朱阁》，刺佛寺寖多也。

《西凉伎》，刺封疆之臣也。

《八骏图》，戒奇物、惩佚游也。[19]

白居易把自己所作的诗分为讽喻诗、闲适诗、感伤诗和杂律诗，在其中最看重自己的《秦中吟》《新乐府》等讽喻诗，因讽喻诗能反映国事民生，可发挥政治上的美刺作用，符合儒家诗学的比兴传统。可以说，在文章和诗歌写作中，白居易都做到了他在《养竹记》中寄托在竹身上的刚直和坚贞。

白居易不仅在为政和为文两方面都亲身践行着他在《养竹记》中所寄寓在竹身上的刚直、坚贞等品格，还经常用竹的品格与好友共勉。如白居易在《赠元稹》诗中称赞元稹："无波古井水，有节秋竹竿。"[20] 元稹在《种竹》诗中曾写及此事："昔公怜我直，比之秋竹竿。"[21] 后来同样爱竹的苏轼在《临江仙·送钱穆父》一词中曾化用白居易的这两句诗："一别都门三改火，天涯踏尽红尘。依然一笑作春温。无波真古井，有节是秋筠。"[22] 又如白居易在《酬元九对新栽竹有怀见寄》诗中与元稹共勉："共保秋竹心，风霜侵不得。"[23]

可以说，白居易用一生来证明，他做到了他在《养竹记》中所向往的竹的品格。斯人往矣，只有交大校园中的猗猗绿竹，让人无限仰怀这位唐代诗人的风范。

注　释：

[1] 白居易.白居易文集校注[M].谢思炜,校注.北京：中华书局,2017：263.

[2] 同[1] 1351.

[3] 谢思炜.白居易诗集校注[M].北京：中华书局,2006：447.

[4] 徐松.唐两京城坊考：卷三[M].张穆,校补.北京：中华书局,1985：84.

[5] 同[1].

[6] 孙希旦.礼记集解[M].北京：中华书局,1989：1466.

[7] 刘义庆.世说新语笺疏[M].刘孝标,注.余嘉锡,笺疏.北京:中华书局,2007:893.

[8] 王文诰.苏轼诗集:卷九[M].孔凡礼,点校.北京:中华书局,1982:448.

[9] 郑燮.板桥集·中国板桥题画[M].清晖书屋刻本.

[10] 同[1] 1188.

[11] 谢思炜.白居易诗集校注[M].北京:中华书局,2006:10.

[12] 刘昫.旧唐书·白居易传:卷一六六[M].北京:中华书局,1975:4344.

[13] 同[1] 1245.

[14] 同[1] 1351.

[15] 同[3] 157.

[16] 同[3] 174.

[17] 同[1] 321.

[18] 同[3] 267.

[19] 同[3] 268-269.

[20] 同[3] 37.

[21] 元稹.元稹集[M].冀勤,点校.北京:中华书局,2015:21.

[22] 苏轼.东坡词编年笺证[M].薛瑞生,笺证.西安:三秦出版社,1998:603.

[23] 同[3] 63.

第三节　虾蟆陵的琵琶情殇

唐宪宗元和九年(814),宰相武元衡为刺客所杀,京城震惶。当时身为太子赞善大夫的白居易第一个上疏请求捕贼以雪国耻。当时的宰相以白居易非谏官,认为不当先于谏官言事。素来不喜欢白居易的人还构陷说,白居易的母亲赏花坠井而死,而白居易却写了《新井》和《赏花》诗,甚伤名教。执政者以此为借口,将白居易贬为江州司马。

江州的政务主要由别驾、长史统摄,司马因为多由迁谪官员担任,流动性比较大,因此是个闲官。这让身怀用世之志的白居易感觉很苦闷,他在《江州司马厅记》中这样描述任江州司马的状态:"若有人蓄器贮用,急于兼济者居之,虽一日不乐。

若有人养志忘名，安于独善者处之，虽终身无闷。"[1] 江州时期的白居易毕竟还不能完全放弃兼济之志而归于独善，因此他是不能"无闷"的。"悯默向隅心，摧颓触笼翅"[2] 两句诗正反映他当时的心态。

谪居江州的第二年（815）秋天的一个夜晚，白居易于浔阳江边送客，主客二人正举酒话别时，闻有琵琶声自江心而来，哀怨动听。经过询问，白居易才知道那弹琵琶的女子本是长安的歌伎，曾因技艺出色和年轻貌美出尽风头，过着春风得意的生活。后来她渐渐年老，嫁给了一个商人，商人常年外出，她只能独自在江口守着空船，想起少年时"秋月春风等闲度"的生活，十分伤感。白居易听到哀怨的琵琶乐声本已很感伤，听到歌女的自述，更加难以自制，不禁泪湿青衫。于是他写下这首长诗《琵琶行》①：

浔阳江头夜送客，枫叶荻花秋索索。主人下马客在船，举酒欲饮无管弦。
醉不成欢惨将别，别时茫茫江浸月。忽闻水上琵琶声，主人忘归客不发。
寻声暗问弹者谁，琵琶声停欲语迟。移船相近邀相见，添酒回灯重开宴。
千呼万唤始出来，犹抱琵琶半遮面。转轴拨弦三两声，未成曲调先有情。
弦弦掩抑声声思，似诉平生不得志。低眉信手续续弹，说尽心中无限事。
轻拢慢捻抹复挑，初为霓裳后绿腰。大弦嘈嘈如急雨，小弦切切如私语。
嘈嘈切切错杂弹，大珠小珠落玉盘。间关莺语花底滑，幽咽泉流冰下难。
冰泉冷涩弦凝绝，凝绝不通声暂歇。别有幽愁暗恨生，此时无声胜有声。
银瓶乍破水浆迸，铁骑突出刀枪鸣。曲终收拨当心画，四弦一声如裂帛。
东船西舫悄无言，唯见江心秋月白。沉吟放拨插弦中，整顿衣裳起敛容。
自言本是京城女，家在虾蟆陵下住。十三学得琵琶成，名属教坊第一部。
曲罢常教善才服，妆成每被秋娘妒。五陵年少争缠头，一曲红绡不知数。
钿头云篦击节碎，血色罗裙翻酒污。今年欢笑复明年，秋月春风等闲度。
弟走从军阿姨死，暮去朝来颜色故。门前冷落鞍马稀，老大嫁作商人妇。

---

① 《琵琶行》一诗各版本互有异文，如"索索"，他本作"瑟瑟"；"绿腰"，他本作"六幺"。其他异文，于此不再列举。本书所引《琵琶行》以谢思炜校注之《白居易诗集校注》为准。

图 53　唐代虾蟆陵遗址发掘现场 1

Figure 53　Excavation Site of Xiama Tombs in Tang Dynasty 1

第六章
"同是天涯沦落人":白居易东亭与虾蟆陵

图 54　唐代虾蟆陵遗址发掘现场 2

Figure 54　Excavation Site of Xiama Tombs in Tang Dynasty 2

图 55　唐代虾蟆陵遗址发掘现场 3

Figure 55　Excavation Site of Xiama Tombs in Tang Dynasty 3

图 56　唐代虾蟆陵遗址发掘现场 4

Figure 56　Excavation Site of Xiama Tombs in Tang Dynasty 4

商人重利轻别离，前月浮梁买茶去。去来江口守空船，绕船月明江水寒。
夜深忽梦少年事，梦啼妆泪红阑干。我闻琵琶已叹息，又闻此语重唧唧。
同是天涯沦落人，相逢何必曾相识。我从去年辞帝京，谪居卧病浔阳城。
浔阳小处无音乐，终岁不闻丝竹声。住近湓江地低湿，黄芦苦竹绕宅生。
其间旦暮闻何物，杜鹃啼血猿哀鸣。春江花朝秋月夜，往往取酒还独倾。
岂无山歌与村笛，呕哑嘲哳难为听。今夜闻君琵琶语，如听仙乐耳暂明。
莫辞更坐弹一曲，为君翻作琵琶行。感我此言良久立，却坐促弦弦转急。
凄凄不似向前声，满座重闻皆掩泣。就中泣下谁最多，江州司马青衫湿。[3]

这首诗以真切的情感、生动而又情景交融的叙事和对音乐的出色描写而成为与《长恨歌》齐名的歌行长篇。白居易听到歌女的自述身世，感到自己与她同病相怜，都是"天涯沦落人"，因此十分感伤。

诗中歌女"自言本是京城女，家在虾蟆陵下住"，其实她在京城时曾住的虾蟆陵，就在白居易曾寓居的常乐坊中，同样都在现今西安交通大学校园内。"停船暂借问，或恐是同乡"，两人曾在京城同坊居住，又都沦落江州，命运如此相近，难怪诗人不能自禁了。而关于虾蟆陵就在常乐坊这一点的确定，也是经过学者们一番考证的。

北宋宋敏求在《长安志》卷九"常乐坊"条记述："坊内街之东有大冢，俗误以为董仲舒墓，亦呼为虾蟆陵。"[4]街之东即坊内十字街的东面。《长安志》卷十一"万年县"下又记载"虾蟆陵""在县南六里"。[5]南宋程大昌《雍录》卷七"虾蟆陵"下也记云："在万年县南六里。"[6]而根据文献图志记载（如《雍录》所附《唐都城内坊里古要迹图》），唐京兆府万年县治所在宣阳坊，位置就在今天西安市和平门西北的东县门街一带，距交大距离正为六里。因此可以证明，虾蟆陵的位置正在西安交大校园内。

元代骆天骧所撰《类编长安志》卷八也记载："虾蟆陵，本下马陵。新说曰：'兴庆池南胭脂坡大道东有虾蟆陵……《琵琶行》云：家在虾蟆陵下住。下马陵是也。'"[7]而现今西安交通大学校园正在兴庆池南，校园中一隆起之丘地亦名胭脂坡。元代李好文《长安志图》"城南名胜古迹图"中，长安城南有"胭脂坡"，胭脂坡旁也标注有"下马陵"三字，并注曰："本董仲舒墓。过者皆下马，故名，讹为虾蟆陵。"[8]而关于胭脂坡，《类编长安志》卷七记"胭脂坡"："开元、天宝间，皆伎馆倡女所居。"[9]《琵琶行》中歌女自言居住在虾蟆陵下，而虾蟆陵正在胭脂坡旁，而胭脂坡正为歌伎居住之地，正相吻合。

唐人谢良辅《忆长安》诗云："忆长安。腊月时，温泉彩仗新移。瑞气遥迎凤辇。日光先暖龙池。取酒虾蟆陵下。家家守岁传卮。"[10]"龙池"正是兴庆宫内的兴庆池，这说明虾蟆陵就在兴庆宫附近。又贞元间诗僧皎然有诗曰："翠楼春酒虾蟆陵，长安少年皆共矜。纷纷半醉绿槐道，蹀躞花骢骄不胜。"[11]可见虾蟆陵乃当时放浪少年贪欢逐乐之地。琵琶歌女家住虾蟆陵旁，也就确为可信了。交大所在之地为唐代常乐坊，而据《唐两京城坊考》，坊中"曲中出美酒，京都称之"[12]，正与谢良辅诗中"取酒虾蟆陵下"和皎然诗中"翠楼春酒虾蟆陵"的记载相符。由以上可证，唐代的虾蟆陵，就在现今西安交大校园东南区域内。

关于虾蟆陵，很早就有人认为是汉代董仲舒之墓。《西京杂记》载："胶西相董仲舒坟在长安，人为致敬，过者必下马，名下马陵，后人语讹变为虾蟆，非是。"[13]《西京杂记》的作者有西汉刘歆、东晋葛洪、南朝梁吴均等不同说法，可见最晚南北朝之前就已经有虾蟆陵为董仲舒墓的说法了。开元、天宝年间的史家韦述在《两京新记》中记"虾蟆陵"曰："本董仲舒墓。"[14]中唐李肇《唐国史补》也记载："昔汉武帝幸芙蓉园，即秦之宜春苑也，每至此墓下马，时人谓之下马陵，岁月深远，误传虾蟆尔。"[15]元代骆天骧《类编长安志》卷八引用《景龙文馆记》文曰："乃汉董仲舒墓，文士过之，皆下马，谓之下马陵。俗谓虾蟆陵。"[16]元代李好文《长安志图》"城南名胜古迹图"中，也在长安城南"下马陵"旁注曰："本董仲舒墓。过者皆下马，故名，讹为虾蟆陵。"[17]以上文献都认为虾蟆陵即汉代董仲舒墓，原本叫作"下马陵"，因为发音相近，遂讹传为"虾蟆陵"（陕西方言中"下马"和"虾蟆"都读hā ma）。只不过略有出入的是，原本称为"下马陵"的理由，有人认为是汉武帝到此下马，有人认为是"文士过之皆下马"，有人则笼统解释为"过者皆下马"。

不过关于董仲舒墓的位置，除了认为董仲舒墓在交大校园内一说之外，还有"和平门城内董墓说"和"兴平董墓说"两种说法。认为董仲舒墓在西安城和平门内的说法，是从明代中后期才开始流传的。明万历三十五年（1607）出版的《关中陵墓志》载"董仲舒墓今在府内东南隅"是最早的记载。不过据学者考证（见孙民柱《董仲舒墓辨惑》，贾三强《明代下马陵方位变迁考》），和平门董墓的说法缘于在明代正德年间尊孔尊董的儒学潮流下，当时的陕西巡抚在孔庙东面营造"董子祠"，后人因附会为董仲舒墓，并为之立碑。此处遗址现今仍在。因此"和平门城内董墓说"的说法是靠不住的。

还有一种说法，认为董仲舒墓在现今陕西省兴平市茂陵附近。这种说法最早见于北宋乐史《太平寰宇记》："董仲舒墓在（兴平）县东北二十里。"[18]而且20世纪八九十年代以来，支持"兴平董墓"的学者也很多。此说之理由，在于兴平有"策村"，其村民多为董姓，村东南有一大冢，位于茂陵附近，故有学者认为董仲舒在家中去世之后应陪葬于汉武帝茂陵，故该冢疑为董墓。但此说亦为推测，汉武帝茂陵陪葬墓中可考者有李夫人、卫青、霍去病、霍光、金日䃅等人，历史上并没有董仲舒陪葬茂陵的传说。

1998年10月25日，西安交通大学在修建浴池时，发现一座汉代砖砌古墓。此墓坐北朝南，墓室距地表9.24米，墓室南北进深6.3米，东西宽2.32米，高约2.70米。墓室南面东侧有一宽1.1米的耳室。经测算，这座汉墓的具体位置，就正位于唐代长安城常乐坊内十字大街的东边，与《长安志》"坊内街之东有大冢，俗误以为董仲舒墓，亦呼为虾蟆陵"的记载完全吻合，应该就是虾蟆陵所谓的"陵"了。此墓很有可能就是一代大儒董仲舒之墓。

董仲舒（前179—前104），是广川（今河北景县广川镇）人。董仲舒在汉景帝时曾任博士，治《春秋公羊传》。汉武帝元光元年（前134），武帝下诏征求治国方略，董仲舒上《天人三策》，提出"大一统"的思想和"罢黜百家，独尊儒术"的主张。他在《天人三策》中说："《春秋》大一统者，天地之常经，古今之通谊也。"[19]他认为当时"百家殊方"导致"法制数变，下不知所守"，因此主张"诸不在六艺之科孔子之术者，皆绝其道，勿使并进"，这就是历史上所说的"罢黜百家，独尊儒术"。汉武帝采纳了他的意见，将不治儒家五经的博士废除，官吏皆出儒生。由此，汉初以来黄老思想为主流的局面被改变，儒家成为统治思想，并从此奠定了以后两千年的政治思想传统。因此，董仲舒在中国古代思想文化和政治史上的地位都是很高的。

白居易曾居住的东亭，和琵琶女曾居住的虾蟆陵，都在交大校园内，可谓奇缘。白居易所居之东亭离虾蟆陵汉墓不过几百米的距离，他在坊内居住的时候何曾想到曾有这样一位歌女在这里度过了春风秋月般的青春呢。当白居易听到琵琶女自道"家在虾蟆陵下住"的时候，一定感到特别亲切，也一定更为两人命运轨迹之重叠感到惊奇与感伤。

为了缅怀和凭吊这位伟大诗人在交大校园中的流风遗韵，西安交通大学在百年校庆之际，在白居易曾居住过的东亭旧址处建造了纪念亭、纪念碑和白居易的塑像，并于 1996 年 4 月 8 日举行了隆重的揭幕仪式。纪念亭古朴而典雅，亭东悬挂一块长方形匾额，上书"东亭"两个大字，是中国书法家协会名誉主席启功先生所书。亭对面是一座覆盖着琉璃瓦的壁墙，主壁上镌刻着白居易《养竹记》全文，为陕西师范大学著名古典文学教授霍松林先生所书；侧壁上有交通大学碑记和诗人观竹的肖像，壁墙后面是一片新植的翠竹林。在壁墙前树立着诗人白居易的塑像，仿佛在注视着这片生活过的土地。

白居易不仅是一位先天下之忧而忧的胸怀兼济之志的士大夫，而且是一位文章歌诗为时、为事而作的讽喻诗人，又是一位以诗为乐而独善其身的醉吟先生。对于交大师生来说，白居易的模范和启示就在于：首先，要做对国家和社会有担当和责任的知识分子；其次，不论顺境还是逆境，都要保持正直善良的心灵，并学会用诗性之审美来超越人生的苦痛。

注　释：

[1] 白居易. 白居易文集校注 [M]. 谢思炜，校注. 北京：中华书局，2017：249.

[2] 谢思炜. 白居易诗集校注 [M]. 北京：中华书局，2006：839.

[3] 同[2] 961.

[4] 宋敏求.长安志[M].辛德勇,郎洁,点校.西安:三秦出版社,2011:308.

[5] 同[4] 376.

[6] 程大昌.雍录[M].黄永年,点校.北京:中华书局,2002:147.

[7] 骆天骧.类编长安志[M].黄永年,点校.西安:三秦出版社,2006:249.

[8] 李好文.长安志图[M].辛德勇,郎洁,点校.西安:三秦出版社,2011.

[9] 同[7] 207-209.

[10] 彭定求,等.全唐诗:卷三〇七[M].北京:中华书局,1960:3484.

[11] 彭定求,等.全唐诗:卷八二一[M].北京:中华书局,1960:9267.

[12] 徐松.唐两京城坊考[M].张穆,校补.北京:中华书局,1985:84.

[13] 谢维新.古今合璧事类备要前集:卷六七[M]//景印文渊阁四库全书:939.台北:台湾商务印书馆,1986:534.

[14] 同[4] 376.

[15] 同[4] 376.

[16] 同[7] 249.

[17] 同[8].

[18] 乐史.太平寰宇记·关西道三:卷二七[M]//景印文渊阁四库全书:469.台北:台湾商务印书馆,1986:237.

[19] 班固.汉书:卷五六[M].北京:中华书局,1962:2523.

第七章 "早时金碗出人间":校园出土文物

> 长安遗物费寻思,前代繁华定可知。
>
> 古篆昭明铭汉镜,梵文斑驳咒唐碑。
>
> 三重银盒开妆阁,六股玉钗当鬓眉。
>
> 内宦秦王俱泯灭,当时墓志有哀词。

交大西迁古都后,匆匆已届 63 个春秋。60 余年来,西安交通大学这片神奇的土地,在一次次开发建筑中出土了大量的珍贵文物,为交大人再现了她深藏在历史尘埃中的诸多秘密。交大人在一次次惊喜与震撼中,领悟了我们脚下这方土地所蕴藏的华夏文明;交大人在亲手触摸这千年历史宝藏时,由衷地感谢选择这一校址的交大先驱们。这些出土的历代文物,衬托出这所百年老校校园的千年文化根基。

校园出土的文物,从年代上看,最早的是西汉,最晚的是清代。在这些文物中,比较集中的是 1987 年"西安交通大学西汉壁画墓"出土的一批西汉文物,1963 年出土的一批唐代银质器皿,2000 年前后出土的一批元代陶器,1996—1998 年发现的明秦王府宦官墓园出土的一批明代文物;其他文物均是陆续零散出土的。在这些出土文物中有汉代的玉器、桃扇玛瑙、陶器、铁器、铜器、砖瓦、钱币、蚌壳、泥珠等;唐代的金银器、玉器、碑刻、柱础、钱币、象面铜挂钩、玛瑙剑鞘、汉白玉佛头、金银平脱联珠花卉铜镜等;宋代的豆青釉开片瓷碗、宋末元初的瓷罐;元代的灰陶男侍俑、灰陶女侍俑、灰陶车、灰陶马、灰陶车马、灰陶罐、灰陶釜、灰陶

第七章
"早时金碗出人间":校园出土文物

图 57　（年代不详）残玉片 1
Figure 57　(Age Unknown) Jade Pieces 1

图 58　（年代不详）残玉片 2
Figure 58　(Age Unknown) Jade Pieces 2

玉壶春瓶、灰陶马盂、灰陶盏、灰陶灶、灰陶仓等；明代的墓志、钱币、漆木画、瓷器、筒瓦等；清代的金耳挖、墓碑、钱币、瓷器、玉器、铜指甲套等；还有年代不详的残玉璧等。这里我们选取一些具有代表意义的文物一一进行介绍。

第一节　西汉昭明铜镜

　　1987年于"西安交通大学西汉壁画墓"出土的这面"昭明铜镜"，呈圆形，镜面微弧，宽素缘，直径11.1厘米，缘厚0.6厘米，镜背半球形钮、双圜形钮座，座外一周八内向连弧纹与一周陶索纹，环状铭带铸有"内清质昭明光象夫日月"字样。铜镜正背面均遗留有纺织品包裹的痕迹，文饰细密，疑似丝绸，说明当时是将铜镜装在镜囊中，或者是用丝绸制品包敛后随葬的。

　　昭明镜是西汉较为普遍使用的一种铜镜，且分布广泛，根据近年来的考古发掘

图 59　（西汉）昭明铜镜

Figure 59　(the Western Han Dynasty) Zhaoming Bronze Mirror

情况，广州、洛阳、西安、仪征等地区出土的汉代铜镜中，昭明镜占大多数。

铜镜最早出现在新石器时代的"齐家文化"中。1977年青海贵南县尕马台墓葬中出土的七角星纹镜，是我国截至目前发现最早的铜镜，根据墓葬断代，说明铜镜至少在3000多年前已被当时的人们所使用。至西汉时期，铜镜的发展已特别发达，其制作工艺精巧，纹饰丰富，在我国铜镜发展史上占有重要的地位。同时，汉镜流传较广，在日本、朝鲜以及中亚的匈奴墓葬中均有发现。

西汉时期铜镜的制作工艺已发展至较高的阶段。铜镜铸造过程中，锡含量的提高可使青铜合金呈银白色，易于获得清晰的映像，加入适量的铅可增加合金溶液的流动性，减少气泡，使铸造花纹更为精细。自齐家文化至西周晚期，铜镜的铜、锡、铅含量多不稳定，锡的含量也不高，直至战国时期，才逐渐以含铅的高锡青铜为主要材质[1]。根据对西汉时期铜镜的合金成分和金相组织分析，西汉铜镜采用铸造工艺，铜、锡、铅比例始终稳定在大约70%、25%、5%左右，显示出这一时期铜镜制作工艺的高超水准。这时的铜镜质地厚实，纹饰精致，镜面多呈微凸的弧面，可以摄取更多的景象，镜铭的字数增多，有的有纪年，有的还有制作地点和技师的姓名，这些都是断代的重要依据。

西汉时期，铜镜的纹饰在南方和北方都比较一致，根据它的变化大致可分为汉初、武昭、宣帝至王莽前、王莽时四个阶段。

汉初：铜镜的特点与战国晚期并无多大区别，质薄，弦钮，有地纹和主纹之分，云雷纹地蟠螭纹镜、涡纹地蟠螭纹镜继续流行，逐渐出现了三叶至四叶图案，把花纹分成三等分或四等分；同时出现了规矩纹。镜铭也开始出现，如"长相思，毋相忘，常富贵，乐未央"等吉语；开始常为三字一句，以后发展为四字一句。

武昭时期：铜镜上的地纹逐渐消失，弦钮变为圆钮（半球状）、博山炉钮（连峰式）或兽钮，边缘宽平，多素缘和内向连弧纹缘。把花纹分成四等分布置在镜面上，花纹多星云纹（百乳镜）和草叶纹。铭文或有或无。

宣帝至王莽前：从宣帝开始，铜镜以铭文作为主要装饰，最早的是日光镜，铭文为"见日之光，天下大明"。还有昭明镜，镜铭为"内清质以昭明，光辉象夫日月，心忽扬而愿忠，然雍塞而不泄"。西安交大这面铜镜就属这一时期的，字体较圆，有小篆遗风。此时还出现了透光镜，这种镜子外形与一般日光镜、昭明镜完全一样，但当其光亮的镜面承受日光或灯光（聚光）时，墙上就反映出镜背的图像，国外把它称为魔镜。另外由四分法蟠螭纹镜演变而来的四乳四螭镜也开始流行。

王莽时期：日光、昭明、四乳四螭镜继续流行，但字体开始变为方正，边缘加宽。四神规矩镜（六博镜）特别流行，镜缘是锯齿纹和波浪纹。一般都有铭文，铭文的部位不一，在钮座旁常有"长宜子孙"四字，在栏内则有十二地支，在外圈上往往还有一圈铭文，如"尚方作竟（镜）真大巧，上有仙人不知老，渴饮玉泉饥食枣，寿而金石天之保兮"，或"青龙白虎掌四方，朱雀玄武顺阴阳"，或"福禄世兮日以前，天道得物自然，参驾蜚龙乘浮云，白虎失，上大山，凤鸟下，见神人"，等等。这种镜铭反映了阴阳五行、神仙迷信思想的盛行。另一种鸟兽纹带镜也较常见。纪年镜开始出现，但极少见。

交大西汉墓出土的这面铜镜无疑是我们了解汉代社会的珍贵文物。

铜镜除了梳妆功能外，在古代还具有占卜辟邪的作用。铜镜的造型演变是铜镜铸造的重要成就之一，体现了古人对这一实用器物的审美变化；铜镜的纹饰题材十分丰富，最突出的是汉唐铜镜的纹饰内容；铜镜的铭文体现了各个时代的风尚和文化品位，有些具有很高的学术价值；而铜镜所展示出的各个时期的工艺，更是我国古代劳动人民智慧的结晶。千百年来，人们赋予铜镜深厚的文化内涵，中国古代典故、诗词中以铜镜阐明哲理、抒发情感的内容也不少，如六祖惠能的"菩提本无树，明镜亦非台。本来无一物，何处惹尘埃"[2]，张说的"宝镜如明月，出自秦宫样。隐起双蟠龙，衔珠俨相向"[3]，等等，可见铜镜文化的魅力。

注　释：

[1] 何堂坤. 中国古代铜镜的技术研究［M］. 北京：中国科学技术出版社，1992：33-48.

[2] 魏道儒. 坛经译注·行由第一［M］. 北京：中华书局，2010：22.

[3] 彭定求，等. 全唐诗：卷八六［M］. 北京：中华书局，1979：936.

第二节 西汉陶器

陶器的发明是古人造物活动的一个飞跃，是人类最早通过化学变化，将一种物质改变为另一种物质的创造性活动，是人类发展的一个划时代标志。陶器的不漏水、耐火烧等特性，极大地改善了人类的生存条件。中国古代陶器数量多、种类繁、工艺精、造型美、装饰丰，在世界制陶史上是最早的地区之一。

在"西安交通大学西汉壁画墓"中出土有 8 件陶器。

陶罐 2 件，均为灰陶，样式相同，通高 7.4 厘米，口径 5.1 厘米，底径 4.7 厘米，轮制，小口卷唇，短颈，鼓腹，凹圜底，沿下和腹部有一周朱红色彩绘纹饰，口沿下颈部为尖向下的三角形纹饰，腹部一圈朱红色，下以红色作点饰。汉代的制陶业，比起战国有很大发展。汉代的陶器可分为灰陶、硬陶、釉陶三种，其中以灰陶为主，一般都呈青灰色，火候均匀，质地坚实。凡圆形的容器均为轮制，除了随着陶轮的旋转而形成的少许平行的弦纹及一些局部的几何纹和印纹外，基本上都是素面。西汉前期少数容器如瓮、罐之类，偶尔还带有一些不明显的绳纹。西汉中期以后绳纹基本上绝迹。有些灰陶器绘有彩色的花纹，称"彩绘陶"，这是战国以来就有的。花纹是在陶器烧成后才描绘上去的，极易脱落。这种彩绘陶只发现于墓中，不见于房址，可见是专为随葬而作的；交大出土的这两个陶罐就属于这一种。有些陶器在陶胎入窑前用某种溶液涂在陶胎表面，烧成后使其泛出银粉色的光泽，称"锡涂""锡箔"或"银衣灰陶"。另外还有漆衣陶器，这是在陶器烧成后，于器物表里髹红褐色漆，以别于木、漆等胎的漆器。陶器中的日用器皿如瓮、罐、盆、樽、盘、碗等，在整个汉代都大量存在。

平底陶盆 1 件，高 9 厘米，口径 18.6 厘米，底径 10.7 厘米，素面轮制，侈口尖圆唇，腹微鼓。

绿釉陶瓶 2 件，一件保存完好，外施绿色铅釉，为褐色质地，轮制，壶口略侈，稍呈喇叭形，圆肩，斜收腹，假圈足较矮，平底。肩部有浅浮雕的铺首衔环，环中

图 60 （西汉）彩绘陶罐 1

Figure 60 (the Western Han Dynasty) Painted Pottery Pot 1

图 61 （西汉）彩绘陶罐 2

Figure 61 (the Western Han Dynasty) Painted Pottery Pot 2

图 62 （西汉）绿釉陶瓶

Figure 62 (the Western Han Dynasty) Green Glazed Pottery Bottle

图 63 （西汉）陶盆

Figure 63 (the Western Han Dynasty) Pottery Basin

图 64 （西汉）陶球

Figure 64 (the Western Han Dynasty) Pottery Ball

雕有蜘蛛形物，肩上有虎、狐、蛇、猴子、凤凰及山石草木等图案，各种禽兽姿态各异，都雕塑得栩栩如生，通高 35.5 厘米，口径 13.6 厘米，腹径 29.8 厘米，底径 14.4 厘米。另外一件残缺，但纹饰、形态大小与前者相同，残高 21.2 厘米。

圆形陶球 1 件，泥制灰陶，直径 4 厘米。

除此之外，在墓中还发现了绿釉陶仓的残片和一只兽形仓足以及绿釉残陶奁的一只兽形足残件。这些陶器质地优良，制作精美，充分代表了汉代的手工艺水平。

第三节　唐代银器精品

1963 年春学校在建化工教学楼时发现了一处唐代窖藏，共出土 15 件唐代银器，大都为国家一级文物，因交大的土地有相当部分是从南北沙坡村所征，故而考古界将这批器皿命名为"西安沙坡村出土银器"。这批银器是中华人民共和国成立以来出土数量最多且全部为精品的唐代文物，分别为：银香薰 4 件，形体大小基本相同；银碗 2 件，器形不同；银杯 6 件，形状、样式大小各不相同；带盖银罐 1 件；银粉盒 1 件；三足银釜 1 件。这批文物既有唐朝本土产品，也有外来输入品，现分别收藏于中国国家博物馆和故宫博物院。中国国家博物馆收藏 8 件，分别为：鎏金镂空花鸟球形银香薰（2 件）、环柄银杯、錾花花鸟莲瓣高足银杯、鎏金花鸟葵式高足银杯、狩猎纹高足银杯、鹿纹十二瓣银碗、带盖银罐；故宫博物院收藏 7 件，分别为：镂空花鸟纹挂链银香薰（2 件），云首柄银杯、鎏金花卉高足银杯、鎏金錾花花鸟葵式银碗、錾花花鸟纹银盒、三足银釜。

出土的 2 件银碗其中一件"鹿纹十二瓣银碗"是西方输入的器皿，为粟特银器，制作年代大约在 7 世纪前半叶。其高 4 厘米、口径 14.7 厘米、底径 4.8 厘米。侈口，口沿以下内束一周，腹壁斜收，圈足；碗壁捶揲出 12 个起伏的瓣状装饰，碗底正中有阴雕花角鹿的图案，鹿高 6.7 厘米，前右足上翘，两耳竖起，昂首远眺，似作窥察动静状。据考古界学者考证，该碗的形制、纹饰与其他中国发现的银碗迥然不同。首先，鹿作为器物的装饰纹样，古代中国和外国都有，而且历史悠久，但花角鹿更多见于西方的器物上,属于西方流行的做法,而唐代自产的银器上的鹿纹其鹿角均为平顶、呈灵芝状,也称为肉芝顶鹿;再次,碗壁上捶揲出12个起伏凸凹的瓣,这种造型的银器是西方传统的作法,早在地中海沿岸国家和波斯帝国内便流行,而保加利亚南部色雷斯地区更是多有发现,在五六世纪的粟特银器中也很流行;另外,该碗的口沿以下内束一周,也是不见于中国器物的风格。因此,这件银碗有可能是经丝绸之路由中亚传入中国的。在汉文史料中,很早就有对粟特人和粟特地区的记录,吐鲁番和敦煌还出土过许多与粟特有关的文书。大约从4世纪开始,粟特人就不断地向河西及中原迁徙。粟特人在历史上虽然经常被外来势力统治,但他们在吸纳农耕及游牧民族特点时,保持了自己经济与文化的独立,且兼有发达的手工业和商业。移民后的粟特人多聚族而居,必然保持着自身的生活习俗,使用具有自己民族特色的器物,同时也会把带来的手工业技术传播开来[1-3]"在唐代金银器中不仅存在着一些粟特输入的器物,还有一部分粟特工匠在中国制造的作品,而在粟特器物影响下的唐代新产品更多。"[4]

在这批银器中体型最大的当属一只"鎏金錾花花鸟葵式银碗",这是唐代自产器皿。该碗口径18厘米,底径9.8厘米,通高8.1厘米。腹部以突棱为界,突棱之上有两鸟相向图案三组,每组之间用花形图案相隔。所有的花鸟图案都是鎏金的,闪闪发光。图案底子都是砑起的小鱼子纹,与花鸟相配对,显得大方美观、精致可人。

出土的6件银杯都很精致漂亮,其中还有一个粟特形制的"环柄银杯",高6.2厘米,直径7厘米,"通体无花纹,圈足,腹腰略向内收,口沿1厘米下有突棱一周,口沿略向外敞,把手精致简朴。"[5]对于"粟特式"器物,考古界认为不能等同视之,这是因为部分"粟特式"器物"即未必是输入品,但不是中国风格,可能中国工匠的仿制品,也可能是粟特工匠在中国的制品。唐代的'粟特式'器物以金银带把杯最具代表性,金银带把杯所涉及的中亚粟特银器与唐代的密切关系,正是唐代金银器研究中值得高度重视的问题"[6]。

值得注意的是,同一个窖藏出土的2件银碗,一个为粟特进口产品,一个为国产;出土的6个银杯,1个为粟特进口产品,5个为国产。这说明唐人对粟特银

第七章
"早时金碗出人间":校园出土文物

图 65 （唐）鎏金镂空花鸟球形银香薰 2

Figure 65 (Tang Dynasty) Hollowed-out Gilded Silver Aromatherapy Ball
with the Pattern of Flowers and Birds 2

图 66 （唐）环柄银杯

Figure 66 (Tang Dynasty) Silver Cup with Ring-like Handles

第七章
"早时金碗出人间":校园出土文物

图 67 （唐）鎏金花鸟葵式高足银杯

Figure 67 (Tang Dynasty) Sunflower-shaped Gilded Silver Goblet with the Pattern of Flowers and Birds

图 68 （唐）带盖银罐

Figure 68 (Tang Dynasty) Silver Jar with Lid

第七章
"早时金碗出人间":校园出土文物

图 69　(唐)镂空花鸟纹挂链银香薰 2

Figure 69　(Tang Dynasty) Hollowed-out Chained Silver Aromatherapy Ball with the Pattern of Flowers and Birds 2

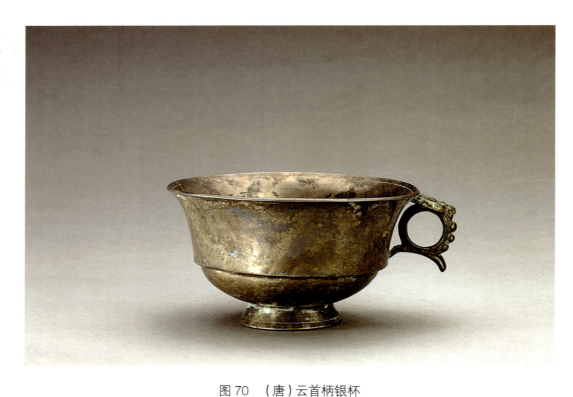

图70 （唐）云首柄银杯

Figure 70 (Tang Dynasty) Silver Cup with Cloud-like Handles

第七章
"早时金碗出人间":校园出土文物

图 71 （唐）鎏金花卉高足银杯

Figure 71 (Tang Dynasty) Gilded Silver Goblet with the Pattern of Flowers

图 72 （唐）錾花花鸟纹银盒

Figure 72 (Tang Dynasty) Silver Box with the Pattern of Intaglioed Flowers and Birds

第七章 "早时金碗出人间"：校园出土文物

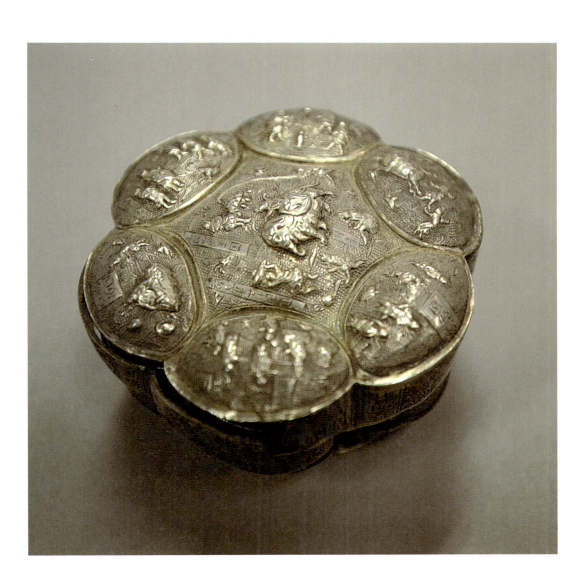

图 73 （唐）都管七国人物银盒 2

Figure 73 (Tang Dynasty) Seven Countries Contributing to China 2

图 74 （唐）鹦鹉纹海棠形圈足银盒 2

Figure 74 (Tang Dynasty) Begonia-shaped Pedestal Base Silver Box with Parrot Pattern 2

第七章
"早时金砜出人间"：校园出土文物

图 75　（唐）海棠形龟纹小银盒 3

Figure 75　(Tang Dynasty) Begonia-shaped Moire Silver Box 3

图 76 （唐）三重银盒 3

Figure 76 (Tang Dynasty) Three-layer Silver Box 3

器有相当多的了解和认可。可以想象，唐代前期银器制造与西方的关系紧密，特别是受到粟特银器的影响；频繁往来于丝绸之路上的粟特商人在获利的同时也促进了粟特地区与中原文化的交流。这对进一步探讨中亚文化在唐代丝绸之路上的活动以及对中原文化的影响是很有意义的。

6件银杯中有一个"錾花花鸟莲瓣高足银杯"，通高5厘米，口径7.2厘米，底径3.8厘米，腹深3.1厘米，通体布满流云、花鸟、树木、山水花纹；仅鸟的形状和姿态就有18种之多，有单独和成对飞的，有展翅欲飞的，有静窥动向的，可谓趣味横生。其中最高的一个"狩猎纹高足银杯"，是6个银杯中最精致的一个。此杯通高7.4厘米，口径6.3厘米，底径3.1厘米，腹深4.8厘米，圆底高足，通体布满花纹；口沿圆周外突，口沿1.1厘米下又有一周突棱，中间为唐代习用的缠枝莲花纹饰。杯的腹部雕刻有四幅狩猎图案，第一幅狩猎者骑着马向前搜索，惊动了侧后方一只小鹿，而狩猎者并未发现，小鹿拼命奔逃；第二幅狩猎者在马背上侧仰着身子，紧张而沉着地射击空中飞翔的大雁；第三幅狩猎者快马扬鞭，追击前方正在逃窜的狐狸和兔子。特别值得称道的是，四种马的技法写实、造型逼真且气势磅礴，姿态和风格与"昭陵六骏"可以媲美，尤其马的飞驰形象与"六骏"中的"什伐赤"相似。整个画面紧张而生动、布局严整，并均用砣起的小鱼子纹做底纹，人物、禽兽、流云、树木等栩栩如生，可谓精品中的精品。

出土熏炉4件，体型大小基本相同，其中1件腹径4.8厘米，通高5厘米。球身中部有子母口，一端用卡轴相接，可以开合，要揭开时取出另一端的子母口。熏炉顶端有小环与小梅花饰物相连，梅花饰物内有转轴，可以转动。有长5.6厘米的四股银丝麦穗辫，末端有小钩可以悬挂。除镂空图案外有三组计六种形态不同的花鸟。鸟的姿态有飞翔、觅食、窥察动静、静默等，极为生动。熏炉内部结构是：下半部有两个同心圆机环和一个焚香盂，各部件以相对称的活轴关联于球壁上，不论球身如何转动，焚香盂始终不翻倒。因为焚香盂的重心在底部，利用装置的同心圆机环与活轴起着机械平衡的作用。熏炉的用途据考证是古代人在盂中焚烧或者放置香料，用来熏衣或被，使其发挥灭虫或消毒的作用。

出土带盖银罐1件，高16.8厘米、口径9.5厘米、底径7.6厘米、腹深13.9厘米。

通体无花纹，盖的顶端仅有梅花瓣底尖端的圆钮，腹向外鼓。从罐的内外来看，圆周都遗留着显著的螺旋丝痕，证明当年银罐铸成后，进行过旋磨修饰。

出土錾花花鸟纹银盒 1 件，高 2.2 厘米，直径 6 厘米，圆形，上下有子母口，通体布满流云、花鸟图案，盖与底的花纹基本相同。

出土三足银釜 1 件，口径 6.7 厘米，腹深 2 厘米，口沿作平向外折，通体无花纹，三足圆鼎形。[7]

1979 年 9 月 24 日，在校园西北侧基建时，出土了三件套装在一起的唐代银盒，依据银盒的纹饰，分别把它们称为：都管七国六瓣银盒、鹦鹉纹海棠形圈足银盒、龟背纹银盒。其中，龟背纹银盒内装有水晶珠两颗、玛瑙珠一颗。这套银盒不仅纹饰精美、别致、奇异、独特，且是三重银盒，这在银盒出土物中，属于罕见的唐代银盒精品，是国家一级文物，现藏西安博物院。这套银盒明显带有中亚、西亚的艺术风格，是唐代丝绸之路繁荣的见证。

这套银盒高 5 厘米，底径 7.5 厘米，足径 6 厘米，腹深 3 厘米，重 121 克。盒身呈六瓣状，盖面高隆，子母口，盒面中部划分六角形，每边围一卵形规范。底部平坦。有喇叭形六瓣高圈足。器物捶击成形，花纹模冲，细部平錾加工，纹饰鎏金，鱼子纹底。正中六角形内，錾骑象人一，前有顶物膜拜者，后有持伞盖者，表现了骑象者身份之高贵。象右侧一人站立，左侧一人随行，一人随地而坐，象身备有鞍鞯。膜拜者前方有"都管七个国"题榜，下有"将来"二字，从昆仑王国右侧起，顺时针排列有以下诸国及地区：

婆罗门国，有一身着袈裟、手持禅杖的僧人站于左侧；右侧二人作问讯状，中间置一小口大腹方瓶于地，瓶口有放射物如火花状，或为宗教仪式不得而知。左侧为国名题榜。右侧有"口锡"二字。

土番国，即吐蕃，有二人驱赶一牛。牛体肥壮，四蹄奔腾，题榜偏左上方。

疏勒国，右侧二人执刀，左侧一人恭立，一人持弓，四人皆英武彪悍，表现了疏勒人尚武精神，题榜在中。

高丽国，一尊者居左盘坐，四人站立于左右，冠上皆插二鸟羽，去衣宽袖，着韦履。题榜为"高丽""国"。

白拓羯国（"白拓羯国"，其中"羯"字缺略，学者尚民杰考证当为"白柘羯国"）[8]，左侧有一老人坐于蒲团之上，右侧有一童子献物，题榜在正中。

乌蛮人，即南诏。左侧两位尊者迈步向前，右侧三人似作迎客状。人皆长裾短衽，首有囊角。题榜在右侧。[9]

在以上画面中，题榜均分布于银盒的盖面之上，而银盒的盖面之画被规则地分划为七个部分，每一部分正好为一国；画面内容与国名题榜相符。"都管七个国"的题榜位于盒盖画面的中心一区，即"昆仑王国"的范围内，显示了该银盒的画面与题榜的中心主题。所提七国，除"昆仑王国"和"白拓羯国"外，其余五国在《唐书》中均有传，说明此七国均有具体所指，并非虚构。然而，"昆仑王国"位于整个画面的正中，"白拓羯国"也为七国组成之一，《唐书》中却无记载。"'昆仑王国'当指骠国，骠国在唐人心目中既是一个具体国家，同时，也很可能寓意了南海诸部的广大地区。"[10] 由此银盒可以看出，这些国家不仅在"丝绸之路"占有一席之地，而且其政治、文化对相邻各国也产生着一定影响。

我国金银装饰品在商代就已出现，春秋战国时已有金银镶嵌工艺。由于金银器工艺可充分发挥金银延展性好的特点，造型精巧优美，装饰丰富多彩，或清素典雅，或玲珑富丽，汉代以后十分流行。而大规模制造和使用金银器是从唐代开始的，它的兴起和发展与隋唐时期西方文化的输入有着密切的关系。

唐代金银器，是古代艺术宝库中绚丽的瑰宝，在我国金银器工艺的发展史上占有极光辉的一页。作为丝绸之路起点的西安，历年来出土的金银器居全国之冠。银盒是唐代金银器物中典型的种类之一。它具有盛装各种物品的功能，如药材、化妆品、金沙等珍贵物品，一般都分上下两层，可以自由开启，用途十分广泛，所以沿用时间最长。西安交大出土的这套银盒造型规整，装饰华丽，应属唐代宫廷用品。

我们知道，在整个古代社会的进程中，唐代是一个开放且相对文明的社会。它同周边国家有着频繁的交往，丝绸之路的繁荣，给它带来了空前的活力，中亚和西亚等地外来金银器受到人们的广泛喜爱，并极大地影响了唐代金银器的生产。正如俞博先生所说："他们（指唐人）从西方人那儿学到很多东西，用于金银器的制作中，但他们自己又将之发展并得以创新。"[11] 在西安出土的唐代金银器中，有不少带有西方的风格，其中既有西方的输入品，亦有采用西方工艺及技术（主要指捶揲技术）的仿制品及创新物品。这从一个方面反映出唐人对外来金银器具有浓厚的兴趣，也可以说是对外来文化的一种青睐，体现出唐人的兼容观念。

注　释：

[1] 西安市文物管理委员会. 西安市东南郊沙坡村出土一批唐代银器[J]. 文物, 1964（6）: 30-32.

[2] 齐东方, 张静. 唐代金银器皿与西方文化的关系[J]. 考古学报, 1994（2）: 173-189.

[3] 齐东方. 西安沙坡村出土的粟特鹿纹银碗考[J]. 文物, 1996（2）: 45-50.

[4] 齐东方. 唐代粟特式金银器研究：以金银带把杯为中心[J]. 考古学报, 1998（2）: 154.

[5] 同[1].

[6] 同[4].

[7] 同[1].

[8] 尚民杰. "都管七个国"银盒所涉两国考[J]. 文博, 2002（2）: 42-45.

[9] 同[8].

[11] BO GYLLENSVÄRD. Tang Gold and Silver: Bulletin No.29[A]. Stockholm: The Museum of Far Eastern Antiquities, 1957: 37.

第四节　唐代玉花簪头

1979 年，西安交大建一村西部住宅楼时，出土了 6 件唐代玉花簪头，也叫"白玉头钗花饰"，其整体形状为叶形片状，上面雕刻有植物花卉纹饰，纹饰各不相同，争奇斗艳，为国家一级文物，现藏西安博物院。植物纹饰始于汉，盛于唐，是唐代玉雕纹饰的一大特点。这件白玉簪头，雕琢细腻，秀雅中透着富贵，匀称中折射着奇异，精致美观，疑为兴庆宫皇家遗物。

玉是山川之精英，得天地之灵气；玉器是人类智慧与山川精英的结合，故而它魅力无穷，万古不衰。

中国是崇尚玉器的大国，有悠久的用玉历史。中国的用玉历史可追溯到距今

图 77　（唐）玉花簪头 2

Figure 77　(Tang Dynasty) Jade Flower-embellished Hair Stick 2

一万年左右的史前时代。从大量考古发现证明，新石器时代中晚期，中国大地上就出现过一个使用玉器的高潮。在此基础上，形成了中国古代传统的用玉观念。经过长期的发展，玉器的使用进入了人们的各个生活领域，礼仪用具、佩饰、生活用品中的玉制品是公认的上品。外事往来，亲友馈赠，喻事拟人，赞赏称颂，也以玉为先。

文献中关于玉器的定义，最为明确的是东汉许慎《说文》中所说："玉，石之美。有五德：润泽以温，仁之方也；䚡理自外，可以知中，义之方也；其声舒扬，专以远闻，智之方也；不挠而折，勇之方也；锐廉而不技，絜之方也。"[1] 许慎的这一定义是继承了春秋战国以来儒家赋玉以德的传统，是对孔子玉有十一德[2]、管子玉有九德[3]、荀子玉有七德[4]以及刘向"玉有六美"[5]等观念的总结。而所谓"五德"，实际上是儒家道德观被强加在了玉器的身上。然而，许慎却是第一个指出玉器乃"石之美"这一定义的人。这一定义的核心是说：玉是一种具备美感的石材。这也是古人玉器观念的精华。从《诗经》到《红楼梦》，在历代文学作品中，玉是诸多美德的代名词，是真善美的象征。人们爱玉、惜玉、佩玉、玩玉，欣赏玉、赞美玉、使用玉，使玉具有了普遍的、社会化的价值，成为人们公认的珍宝。

纵观我国历代玉器的类型、纹饰及雕琢技法，每个时代都有其明显标志。新石器时代的玉器造型大都比较简单，或光素无纹饰。商周时期玉器数量很大，可分为礼器、武器、工具、装饰品几大类；礼器中有璧、琮、圭、璋、璜等。商璧多为素面；西周璧有雕鸟兽纹璧；春秋战国时期玉器的种类较西周时又有发展，大体可分为礼器、丧葬器、装饰品几大类。礼器中璧和璜在春秋时较少，到战国时大量出现。春秋墓中开始出现把薄玉片摆在墓主五官的现象，战国时期雕作龙、兽等动物形，战国还出现了圆柱或棱柱状的七窍塞。春秋战国时期，装饰用玉器颇为盛行，兼有实际用途的装饰品有笄、觿、环、带钩、玺印等。汉代玉器在保留着较多战国风格的基础上有所发展。礼器中璧仍大量存在，璜尺寸变得较大，两者都以谷纹、蒲纹为主。战国时的片状璜，此时发展成为两端雕立体龙或虎头的棒形，背上突起一有孔的耳或加一上下对穿的孔。汉代玉帛葬具盛行，新出现了玉衣、棺内衬玉片等作法，并把琀、握器固定为玉蝉和玉猪。汉代镶嵌物较多，特点是周围留出宽边，中间雕镂出人或动物图案。实用器种类大大增加，有杯、耳环、盘、卮、灯，等等。汉代玉器以神秘的动物形象（龙、螭、凤）取代云雷纹而成为玉器的主导纹饰，勾云纹、谷纹、蒲纹也很盛行。汉代玉器较多使用镂雕、高浮雕及圆雕等技法，玉器雕琢工艺极富特点。隋唐时期礼仪、丧葬用玉数量越来越少，而一般的装饰品、实用品都雕琢精美，数量也大，成为玉器中的主流。装饰品中玉带和玉梳背都是唐代新出现的器型。唐代玉器的图案纹饰向写实方面大大发展了一步，出现了许多全新

第七章
"早时金碾出人间":校园出土文物

图 78　（唐）玉花簪头 3
Figure 78　(Tang Dynasty) Jade Flower-embellished Hair Stick 3

图 79 （唐）玉花簪头 4

Figure 79 (Tang Dynasty) Jade Flower-embellished Hair Stick 4

第七章
"早时金碗出人间":校园出土文物

图 80 （唐）玉花簪头 5
Figure 80 (Tang Dynasty) Jade Flower-embellished Hair Stick 5

图 81 （唐）玉花簪头 6

Figure 81　(Tang Dynasty) Jade Flower-embellished Hair Stick 6

第七章
"早时金碗出人间":校园出土文物

图 82　（唐）玉花簪头 7

Figure 82　(Tang Dynasty) Jade Flower-embellished Hair Stick 7

图 83 （唐）玉花簪头 8

Figure 83 (Tang Dynasty) Jade Flower-embellished Hair Stick 8

而又丰富的题材。纹饰有卷云纹、如意云纹、水波纹和卷草纹、莲花纹等；人物形象和动物形象较多出现，以两动物相对组成图案（如对凤、对鹤等）成为唐代习用纹饰；植物有牡丹、莲花、宝相花等。以植物为纹饰开始于汉，盛于唐，成为唐代纹饰一大特点。唐代玉器的雕琢工艺继承了以前的许多传统技法并使之更加成熟。不论哪种技法，都喜用阴线表现细部，也是当时的又一特点。如果揭开蒙在我国古代玉器头上的神秘面纱，我们就会发现，装饰作用自古至今一直是玉器的最主要用途，也是玉器的本质特征。西安交大出土的这6件玉花簪头毫无疑问亡是装饰品。

注　释：

[1] 许慎. 说文解字：卷一[M]. 长沙：岳麓书社，2007：10.

[2] 朱彬. 礼记训纂·聘义：卷四八[M]. 饶钦农，点校. 北京：中华书局，1998：910-911.

[3] 黎翔凤. 管子校注·水地：卷一四[M]. 北京：中华书局，2004：815.

[4] 王先谦. 荀子·法行篇：卷二〇[M]. 北京：中华书局，1988：535-536.

[5] 刘向. 说苑校证·杂言：卷一七[M]. 向宗鲁，校证. 北京：中华书局，1987：437.

第五节　唐代梵文咒语碑

1985年，西安交大在钱学森图书馆建筑工地发掘出梵文（古印度文）咒语石碑一块，碑高12.5厘米，宽42.5厘米，厚8.4厘米，现藏西安交通大学博物馆。碑上横书古梵文七行，碑面中央镌以佛家法器图形，四侧饰以卷云纹图案，上面的咒语是"驱鬼降妖，保佑平安"之内容。这是唐代丝绸之路中外文化交流、融合的见证。

梵语是印度传统文化的核心部分，是古代印度的标准书面语，梵语不仅是印度的古典语言，也是佛教的经典语言，同时也是印度教、佛教和耆那教的祭祀语言。在世界上所有古代语言中，梵语文献的数量仅次于汉语，远远超过希腊语和拉丁语，内容异常丰富。我国在唐代曾出现有关梵语的书籍，高僧玄奘所取经书即用梵文所写，玄奘是深通梵文的专家，正因为此，我们今天才可以见到他所翻译的佛家经典。

图 84 （唐）古梵文咒语石碑

Figure 84 (Tang Dynasty) Ancient Sanskrit Mantra Stele

  1997 年 3 月，在校园西南区建筑工地发现大柱础石三个，残碑石一通，石座一件。残碑石侧面镌有"开成元年十二月二十日立" 11 个楷书大字，现藏西安交通大学博物馆。

  唐代碑刻在中国浩瀚无垠的碑文化中占有极为重要的地位。中国的碑文化滥觞于春秋时期，历经三千年，瑰宝璀璨，高峰迭起。唐代随着经济的蓬勃发展，书法艺术的空前繁荣，加之帝王的竭力倡导，作为中国传统文化重要组成部分的碑文化也发展到了我国历史上最辉煌的鼎盛期。据查考，近百年新发现的唐代石刻文献就多达15000余种，丰碑巨碣、摩崖、造像、墓志、经幢等各种类型都有，名垂青史的楷、行、隶、篆、草书法名品佳刻数以百计。纵观中国碑文化发展史，唐代存世的书法名碑是历代之冠。唐代是楷书的成熟期和鼎盛期，因此，唐代碑刻中楷书数量最多，艺术成就最高，对后世也影响最大。交大这通石碑亦为楷书。

行书入碑是由唐太宗李世民率先垂范并倡行的。唐太宗李世民出身于家学渊源的书香贵族世家，不仅武功韬略超群，而且文才出众，尤其酷嗜书法，具有很高的书法艺术造诣，一生不仅亲撰或亲书了《祭比干文》《晋祠铭》《温泉铭》《圣教序》等许多碑，而且在一些功勋卓著的名臣去世后，还亲撰碑文纪念、表彰，如一代名臣魏征病逝后，其碑文即是由唐太宗亲撰。在唐太宗的竭力倡导和唐高宗的继承推动下，其后的武则天、唐中宗、唐睿宗、唐玄宗等自初唐至中唐的几代皇帝，都不仅钟情书法，而且对书丹立碑也极为爱好和重视，涌现出了许多由皇帝亲自撰文，或由皇帝亲自书丹，或撰文、书丹都出自皇帝之手，或由皇帝降旨敕建的御碑。与唐高宗李治并称为"二圣"的一代女皇武则天，除了为自己留下了举世闻名的《无字碑》外，一生还亲撰、亲书了许多御碑，至今还有多块留存于世。

由于一代雄主唐太宗的率先垂范、极力倡行和继后几代帝王的不懈弘扬，在唐代，撰写碑文成为一项甚为高雅而庄重的事情，逐渐形成了高规格惯例，许多著名文士和高官显爵者竞相撰写碑文。唐代的"三绝碑"最多。所谓"三绝碑"，是集撰文、书法、篆题或镌刻三种卓越技能、技艺于一体的碑刻，历来被视为我国碑刻中的珍品。

碑刻文化具有世界性，无论是古埃及、古希腊、古印度，还是神秘的玛雅，都留下无数令后人探索不尽、心驰神往的碑刻。从古老的埃及方尖碑到两河流域石刻碑铭，从古希腊石刻到罗马碑记，无不体现出人类对石碑这一载体的认知。在世界碑林中，中国古代碑刻的时间最长、数量最多、种类最全、内容最为丰富、生命力最强。自殷商到清末，我国碑刻制作已有三千多年的历史，仅就现存的数量而言，最保守的估计也在6万种以上。

碑刻是大自然材质与人类文明智慧的共同结晶，是由天人合一的力量完成的文化杰作。中国古代碑刻既是中国古代文化的特殊产物，又是时代精神的必然成果，注定要集根意识和生命意识于一身，承担着"为天地立心，为生民立命，为往圣继绝学，为万世开太平"的重任。[1]

注　释：

[1]李慧. 汉魏六朝及隋唐碑刻文献的文学与文化研究[M]. 西安：西安交通大学出版社，2018：13.

第六节　元代陶器陶俑

2000年前后，在西安交大校园东南侧建筑工地发现了一座元代墓葬，这一墓葬被盗过，除发掘出一批陶器、陶俑陪葬品外，其他均无发现，共清理陶器、陶俑34件，现均保存在西安交通大学博物馆。本节选择了其中的14件陶器、陶俑进行介绍，分别是：牵马男俑1件，男侍俑2件，女侍俑2件，牵马俑、侍从俑及陶车马组合1件，陶马2件，陶车1件，陶灶1件，陶仓4件。这批陶器、陶俑具有鲜明的民族特色，艺术手法写实，造型比例匀称，是不可多得的精品，为蒙元时期的社会历史研究提供了宝贵的实物资料。

元代蒙古的民族风俗习惯和墓葬制度与汉人有较大区别，元人并不推崇厚葬，因此用俑殉葬的现象并不多。但近些年来在陕西、河南等地出土了一系列制作精美的元代陶俑，共同在古代陶俑衰落期构筑出一道峰回路转的景象，同时让我们对元代陶俑陶器的设计构思及艺术成就有了新的认识。这一现象的出现，大概与忽必烈为巩固其统治在中原地区推行以汉法治汉地的政策有关。这一政策使得陕西、河南等地曾重用汉人儒士并基本遵循儒家礼制，因而丧葬习俗中还保留有用陶俑、陶器等陪葬的习俗。

元代陶俑多以细泥灰陶和黑陶为主，陶质坚硬细腻，多不上釉，素烧成型，也有成型后施以彩绘的情况。西安交大出土的这批陶俑属于素烧泥质灰陶。

一、牵马男俑、男侍俑、女侍俑

（1）牵马男俑高27.5厘米、宽8厘米，泥质灰陶。单辫自脑后下垂，头戴帽笠，帽顶有穗贴帽下垂。身着窄袖右衽长袍，腰束双股软质长带，带子在腹前扎一结。左手半握拳于胸前，与右手一起作牵马状，似在牵马起程。长袍下露出裤脚，足蹬靴，立于方形台板之上。

（2）男侍俑 1 高 30 厘米、宽 10 厘米，泥质灰陶。头戴燕尾式高帽，身着长至膝的圆领窄袖袍服，腰间束带，足蹬靴，立于台板之上。双手隐于袖内，抄于胸前，左手肘内侧有一小孔。

（3）男侍俑 2 高 27.5 厘米、宽 9 厘米，泥质灰陶。单辫下垂，头戴帽笠，帽檐下露出一撮头发。身着右衽窄袖长袍，腰束带，足蹬靴。双手隐于袖内，抄于胸前，左手肘内侧有一小孔。面部五官清晰，全身衣褶刻画细腻。

袍服是蒙元时期男子最主要的服装。陕西地区出土的男性陶俑中右衽交领窄袖袍服最为常见，可分为短式和长式两种。短式袍服一般长与膝齐，或冈过膝；长式袍服长达脚面，但不及地，可以看见人所穿的裤或靴子。我校出土的这批陶俑中，男俑虽按不同造型可分为两类，但多是着长式右衽交领窄袖袍服，腰束双股软质长带，带子在腹前扎一结，长袍下露出裤脚，足蹬靴，立于方形台板之上。除男侍俑 1 之外，其余几尊男陶俑均着钹笠帽。蒙古族传统的冠帽有"冬帽而夏笠"之说。"帽"即暖帽，是一种用珍贵皮毛制成的暖额帽；"笠"即钹笠帽，是一种圆檐斗笠形帽，因形似钹，所以叫钹笠帽。从出土实物资料来看，蒙古族男子冠帽主要有暖帽、钹笠帽、瓦楞帽等，女子冠帽主要是"姑姑冠"。我校出土的这批男侍俑头上戴的正是钹笠帽，且帽顶有穗贴帽下垂。

中国古代社会有重头轻足的习俗，各个民族的冠服都是非常地华贵，当然人们也十分注重对头发的梳理与打扮。蒙元时期，作为统治者的蒙古族，一直保留着本民族的髡发习俗，蒙元统治者虽然曾下令其他民族实行髡发，但最终没能推行下去，汉民族依然保留着唐宋以来的传统，特别是妇女发式更是形态各异。

"婆焦"发式是男子髡发的一种形式，关于这种发式，郑思肖曾言："环剃去顶上一弯头发，留当前发，剪短散垂，却析两旁发，垂绾两髻，悬加左右肩衣袄上，曰'不狼儿'，言左右垂髻，碍于回视，不能狼顾。或合辫为一，直拖垂衣背。"[1]不管"合辫为一"，或"垂绾两髻"，这种"婆焦"发式共同的特点是额前留有一

图 85 （元）灰陶马 2

Figure 85 (Yuan Dynasty) The Grey Pottery of the Horse 2

第七章
"早时金碗出人间":校园出土文物

图 86　（元）灰陶男侍俑 1
Figure 86　(Yuan Dynasty) The Grey Pottery of the Male Servant 1

图 87 （元）灰陶男侍俑 2

Figure 87 (Yuan Dynasty) The Grey Pottery of the Male Servant 2

第七章
"早时金碗出人间":校园出土文物

图 88 (元)灰陶牵马男侍俑

Figure 88　(Yuan Dynasty) The Grey Pottery of the Horse Carriage Attendants

图 89 （元）灰陶女侍俑

Figure 89 (Yuan Dynasty) Maid Servant in Grey Pottery

图 90 （元）灰陶女侍俑面部

Figure 90　(Yuan Dynasty) Maid Servant's Face in Grey Pottery

图 91 （元）灰陶女侍俑发饰

Figure 91　(Yuan Dynasty) Maid Servant's Hair Accessory in Grey Pottery

图 92 （元）灰陶男侍俑面部 1

Figure 92　(Yuan Dynasty) Male Servant's Face in Grey Pottery 1

图 93 （元）灰陶男侍俑发饰 1

Figure 93　(Yuan Dynasty) Male Servant's Hair Accessory in Grey Pottery 1

图 94 （元）灰陶男侍俑面部 2

Figure 94 (Yuan Dynasty) Male Servant's Face in Grey Pottery 2

图 95 （元）灰陶男侍俑发饰 2

Figure 95 (Yuan Dynasty) Male Servant's Hair Accessory in Grey Pottery 2

图 96 （元）灰陶碗

Figure 96 (Yuan Dynasty) Grey Pottery Bow l

图 97 （元）灰陶盏

Figure 97 (Yuan Dynasty) Grey Pottery Cup

第七章
"早时金碗出人间"：校园出土文物

图 98 （元）灰陶罐
Figure 98 (Yuan Dynasty) Grey Pottery Pot

图 99 （元）灰陶釜
Figure 99 (Yuan Dynasty) Grey Pottery Caldron

图 100 （元）灰陶仓

Figure 100 (Yuan Dynasty) Grey Pottery Grain Container

图 101 （元）灰陶灶

Figure 101 (Yuan Dynasty) Grey Pottery Hearth

第七章
"早时金碗出人间"：校园出土文物

图 102 （元）灰陶车

Figure 102 (Yuan Dynasty) Grey Pottery Carriage

图 103 （元）灰陶马盂

Figure 103 (Yuan Dynasy) Grey Pottery Horse Jar

图 104 （元）灰陶宽檐钹笠

Figure 104 (Yuan Dynasty) Wide-eave Cymbal Hat (grey pottery)

撮"桃子状"的散发。我校这批元代陶俑的男子发式都是这种"婆焦"发式，可分为单辫下垂和单辫结环两种形式。这种"婆焦"发式是蒙古族男子与其他民族特别是汉族男子在相貌上最明显的区别。

（4）女侍俑 2 件均高 25.5 厘米、宽 8.6 厘米，泥质灰陶。面部刻画清晰。束发于顶，绾成扁圆形发髻，外穿窄袖左衽短小袄，内穿长裙，腰间束带，双手抄于胸前，姿态娴雅，立于台板之上。

陶宗仪的《南村辍耕录》曰："国朝妇人礼服，鞑靼曰袍，汉人曰团衫，南人曰大衣，无贵贱皆如之。服章但有金素之别耳，唯处子则不得衣焉。"[2] 可知，元代已婚妇女多着袍服。也有上衣下裙的形式，基本出现在普通妇女的日常着装中，在历年出土的元代陶俑上多有体现，此类陶俑大多为年轻的侍女形象。可见，这种服装形制比较受年轻女子的喜爱。我校出土的女侍俑正是这样一幅身着裙衫的形象，上穿窄袖左衽短衫，下穿曳地长裙，腰间束带，姿态娴静地站立着。蒙古族和汉族女子的发式基本相同，很大程度上延续了唐宋以来的传统。未成年或未婚女性一般梳双丫髻，即头发中分，成双鬟；成年女性比较流行头上堆髻，即头发中分、梳成长辫、盘于头顶，我校出土的这批女俑正是这种发式。

元代人物陶俑是运用模塑结合的工艺技法，即以模成型，再行捏制加工，刻画细部及衣纹。匠人们对俑塑人物的外貌、表情、服饰、发型皆进行了细腻的刻画，人物造型各不相同，比例精确，风格写实。由于人物形象以蒙古人和胡人的形象为主，且多身着蒙元服饰，因而体现出鲜明的民族特色，别具风采。

二、陶马 2 件

（1）陶马 1 通座高 27.5 厘米，泥质灰陶。陶马的鞍、鞯、辔、蹬齐全。鞍与马尾以革带连接，革带上用璎珞做装饰，马尾打结。

（2）陶马 2 通座高 28.5 厘米泥质灰陶，造型简练写实。陶马的鞍、鞯、辔、蹬齐全，但鞍的形制与陶马 1 不同。鞍与马尾以革带连接，革带上用璎珞做装饰，马尾打结。

两件陶马的形象并不高大，大概属于吃苦善战的蒙古马种。陶马的鞍、鞯、辔、蹬齐全，鞍与马尾以革带连接，革带上用璎珞做装饰，马尾打结，造型简练、逼真、写实。

三、陶车

通高13.5厘米、长21.5厘米、宽7.5厘米，泥质灰陶。车前为兽首双辕与马相连，车后有兽首双翅，车舆为长方形穹隆顶，中心一乳突，乳突中空，由顶中心向四角隆出四道棱脊，车盖前端出檐，呈弧状。车厢前部有门，方便上下出入，车厢左右两侧有两排仿木结构竖条格窗，车厢后部无门无窗。做工精巧，刻画细腻。

四、车马俑组合

一车一马组合。这组车马俑组合与陶车配套的车轮只出土一个，辐条16根，在西安地区也有其他元墓出土类似这种车马组合形式。

一车四马组合。陶车为厢体车造型，车盖顶部略呈穹隆状，上插饰顶珠。车厢左右两壁上部为竖向窗棂格，下部有弧形防泥板。陶车马出土时与屈肘伸手呈扶辕状的男俑组合而立，因而名为驭车马俑组合。

五、陶仓

陶仓高24厘米、口径4.5厘米、底10厘米，泥质灰陶。直口微侈，圆唇，短颈，圆肩，周边出宽檐，直筒形腹，腹中部略收，平底。器盖宽檐，中部隆起，顶有一尖圆钮。

六、陶灶

陶灶高12.8厘米、灶径17厘米、釜径10.5厘米，泥质灰陶。器表打磨精细。圆形灶台上附一带盖的釜，灶前有拱形火门，灶尾设柱形烟囱。元代灶台形制简洁规整，主要突出了实用功能。

由上可见，我校出土的这批陶俑体现出元代陶俑的主要风格特色，反映出元代社会中各类人物形象和生活面貌，内容丰富多彩。从考古发现看，陕西地区蒙元墓葬主要分布在西安及其周边地区，年代以元代中晚期居多。①

注　释：

[1] 郑思肖. 郑思肖集[M]. 陈福康，校点. 上海：上海古籍出版社，1991：182.

[2] 陶宗仪. 南村辍耕录：卷一一[M]. 北京：中华书局，1959：140.

---

① 以上对器物的形状及尺寸大小描述文字均见张怡，张履正. 西安交通大学博物馆藏品集锦·历代艺术文物卷[M]. 西安：陕西人民美术出版社，2014：83-91，123，124.

第七节　明代宦官墓葬群

1996年至1998年，在西安交大校园西南区的宪梓堂与思源学生活动中心建筑工地，先后发现明代墓葬10座。根据出土的七方墓志铭内容可知，这些墓葬的墓主均为明秦王府宦官。

公元1368年，明太祖朱元璋建立明朝，开国年号为"洪武"。洪武三年（1370）朱元璋分封诸王，次子朱樉被封为"秦王"，镇守西安。继袭秦王爵位者共有14人，历届秦王居住之地史称"秦王府"，其遗址在今西安城内新城广场和省人民政府一带。

秦王府城于洪武四年（1371）开始修建，洪武九年（1376）竣工。从整体上来看，秦王府城"宫殿轩敞，川园亭池极一时之丽观"[1]，是明代藩王府城的一个典型代表。据嘉靖《陕西通志》所记，"王城"（亦称"宫城"）内主要有承运殿、圆殿、存心殿、东殿、西殿、王宫等宫室建筑。承运殿为秦王宫殿的前殿，亦即正殿；圆殿为中殿，"在承运殿后"；存心殿为后殿，"在圆殿后"；东殿"在承运殿东廊之中"，西殿"在承运殿西廊之中"，应是承运殿东西两侧的配殿；王宫亦"在承运殿之后，嘉靖八年奏准复修"，大概是秦王的寝室。另外，承庆宫"在长春园之后，世子未受封时处此"；西宫"在西过门之西"，当是王妃的宫殿。除此之外，嘉靖《陕西通志》中说秦王府城中还有一些其他建筑：山川坛、社稷坛、旗纛庙、秦祖庙、宗庙、书堂等。嘉靖年间曾任陕西左布政使的张瀚在其《西游纪》中说明秦王府颇有"台池鱼鸟之盛"，"书堂后引渠水为二池，一栽白莲，池中畜金鲫，人从池上击梆，鱼皆跃出，投饵食之，争食有声。池后叠土垒石为山，约亭台十余座，中设几席，陈图史及珍奇玩好，烂然夺目。石砌遍插奇花异木。方春，海棠舒红，梨花吐白，嫩蕊芳菲，老桧青翠。最者千条柏一本，千枝团栾丛郁，尤为可爱。后园植牡丹数亩，红紫粉白，国色相间，天香袭人。中畜孔雀数十，飞走呼鸣其间，投以黍食，咸自牡丹中飞起竞逐，尤为佳丽"[2]。据嘉靖《陕西通志》卷五《封建下·皇明藩封》载，明秦王府还有一个庞大的官僚机构，秦府公署官署有长史司（下辖典簿厅、纪善所、良医所、典膳所、审理所、奉祀所、典宝所、工正所和典仪所）、右护卫（下辖经历司、镇抚所、五千户所和五十百户所）、仪卫司和军器局，其中"左右长史、典簿、伴读各一员，教授七员，审理、纪善、典宝、奉祀、典仪、典膳、良医正副各一员，工正一员，仓官正副各一员，护卫指挥七员，千户七员，百户三十六员。所镇抚二员，经历一员，仪卫正副各一员。"

图 105 （明）黑釉陶罐

Figure 105 (Ming Dynasty) The Black Glazed Pottery Pot

第七章
"早时金碗出人间":校园出土文物

图 106　（明）张义墓志盖石

Figure 106　(Ming Dynasty) The Coping Stone of ZhangYi's Epitaph Stone

图 107　（明）张义墓志铭石

Figure 107　(Ming Dynasty) The Epitaph Stone of Zhang Yi

图 108 （明）张义墓志文

Figure 108 (Ming Dynasty) Epitaph of Zhang Yi

图 109　（明）杨春墓志盖石

Figure 109　(Ming Dynasty) The Coping Stone of Yang Chun's Epitaph Stone

图 110　（明）杨春墓志铭石

Figure 110　(Ming Dynasty) The Epitaph Stone of Yang Chun

图 111　（明）杨春墓志文

Figure 111　(Ming Dynasty) Epitaph of Yang Chun

图 112 （明）施琮墓志盖石

Figure 112 (Ming Dynasty) The Coping Stone of Shi Cong's Epitaph Stone

图 113 （明）施琮墓志铭石

Figure 113 (Ming Dynasty) The Epitaph Stone of Shi Cong

图 114　（明）施琮墓志文

Figure 114　(Ming Dynasty) Epitaph of Shi Cong

第七章
"早时金瓯出人间"：校园出土文物

图 115 （明）任伦墓志盖石

Figure 115　(Ming Dynasty) The Coping Stone of Ren Lun's Epitaph Stone

图 116 （明）任伦墓志铭石

Figure 116　(Ming Dynasty) The Epitaph Stone of Ren Lun

图 117 （明）任伦墓志文

Figure 117 (Ming Dynasty) Epitaph of Ren Lun

第七章 "早时金碗出人间"：校园出土文物

图 118 （明）魏浚墓志盖石

Figure 118 (Ming Dynasty) The Coping Stone of Wei Jun's Epitaph Stone

图 119 （明）魏浚墓志铭石

Figure 119 (Ming Dynasty) The Epitaph Stone of Wei Jun

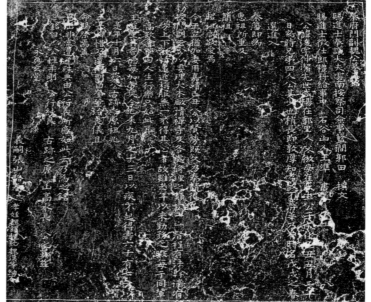

图 120　（明）魏浚墓志文

Figure 120　(Ming Dynasty) Epitaph of Wei Jun

第七章
"早时金碗出人间":校园出土文物

图 121　（明）邹厚墓志盖石

Figure 121　(Ming Dynasty) The Coping Stone of Zou Hou's Epitaph Stone

图 122　（明）邹厚墓志铭石

Figure 122　(Ming Dynasty) The Epitaph Stone of Zou Hou

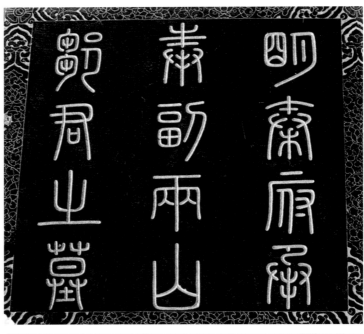

图 123 （明）邹厚墓志文

Figure 123　(Ming Dynasty) Epitaph of Zou Hou

第七章 "早时金碗出人间"：校园出土文物

图 124　（明）郭鋐墓志盖石

Figure 124　(Ming Dynasty) The Coping Stone of Guo Hong's Epitaph Stone

图 125　（明）郭鋐墓志铭石

Figure 125　(Ming Dynasty) The Epitaph Stone of Guo Hong

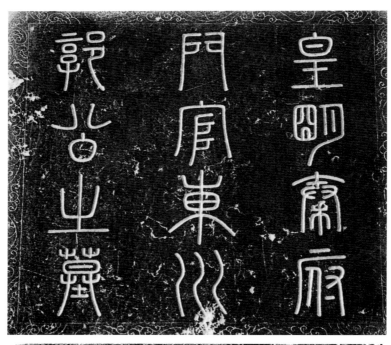

图 126 （明）郭鋆墓志文

Figure 126 (Ming Dynasty) Epitaph of Guo Hong

第七章
"早时金碗出人间"：校园出土文物

图 127 （明）棺板彩绘 1
Figure 127 (Ming Dynasty) Paintings on the Coffin Board 1

图 128 （明）棺板彩绘 2

Figure 128 (Ming Dynasty) Paintings on the Coffin Board 2

第七章
"早时金碗出人间":校园出土文物

图 129 明代墓葬发掘现场 1
Figure 129 Tomb Excavation Site of Ming Dynasty 1

图 130　明代墓葬发掘现场 2

Figure 130　Tomb Excavation Site of Ming Dynasty 2

交大出土的七方墓志的墓主，就是终身效劳于秦王府的宦官，他们分别是典宝张义、门副施琮、典宝正任伦、门副魏浚、承奉副邹厚、门官郭鎕、中官杨春。这七方墓志现藏西安交通大学博物馆。

七方墓志的形制与内容见本章附录。

由七方墓志内容可知，这些墓主大都是青少年时就被选入秦王府，如管理财务的典宝正任伦，志记其"公自幼敏慧如成人，父母预异为后日显，无何，秦惠王招选奇特，以膺任用公应选列，内外咸称，时方总角未弁也。"也就是说他还是孩童时代就被秦王府选中，被选的原因是聪敏过人。他去世时78岁，在秦王府效力长达60年之久。中官杨春也是如此，志记其"自垂髫时聪敏英发，举止不凡。秦惠祖见而悦之，命隶内籍。"他去世时79岁，在秦王府亦超过60年之久。

从志文看，这七位墓主大多有"义嗣"，即义子，其中魏浚还是任伦的义子。

由墓志可知这七位墓主的籍贯分别是：张义（西安人）、杨春（延安宜川）、施琮（咸阳延陵里）、任伦（同州白水人）、魏浚（咸阳在郭里人）、邹厚（咸宁永新人）、郭鎕（咸宁人）。他们既不同宗，也不同祖，又不同乡，死后却葬于同一茔地，都没有归宗自家祖茔，这对"宦官死后不能归宗"的说法是个有力佐证。

另外，杨春与郭鎕墓志中明确记有葬地"咸宁鲍陂之原""咸宁鲍陂里古迹原"，这说明我校校园东南范围的称谓在唐代曾叫过"胭脂坡"，在明代称"鲍陂原"，后来又称"沙坡"，且延续至今。今日，校园东南区还依稀可见昔日鲍陂原南高北低地貌。

我们知道，墓志铭是我国古代埋设在墓中用以记叙死者姓名、籍贯、生平及亲属世系的铭刻文献，它的形制起源于秦汉，变化于魏晋，定型于南北朝，兴盛于隋唐，经宋元明清仍然行用。

"墓志是反映一个朝代人们现实生活的'文化身份证'，也是中国古代最有'历史基因'的特色文化之一。"[3]"慎终追远"是古人的集体文化心理意识，它在家族文化中不可或缺，本质上是在建立精神血缘关系，使家族古今一体，具有超时空性。当一个人走完他的人生历程时，包括他自己和亲人、友人等都希望给他一个公正的总结或评价，给一生画上一个句号，对后人有一个交代。荀子说："生，人之始也；死，人之终也；始终俱善，人道毕矣；故君子敬始而慎终，终始如一。"[4]慎终追远，是古人对待死亡的态度，而撰碑刻石、颂扬美德，使先辈的懿德美行存留后世子孙，是寄托仁人孝子哀思的最佳方式，亦是传统。

墓志铭是人生印痕的载体，生前的肉身以家为依托，死后的灵魂要以墓志为依托，这是家族文化得以延续的重要链接。墓志铭可以使后人与先辈们精神相连，心意相通，文化相承，梦魂相萦，一个家族倘若能够不断开枝散叶，成为根深叶茂的旺族，墓志铭发挥着不可替代的文化传承作用。当我们的祖辈一代代消失了，我们从墓志的字里行间还能复活他们的信仰、他们的思想、他们的意志、他们的功德、他们的生活，从而使一代代的后辈能够规范着生活中的一切，行不越轨，与道俱在。

墓志铭是人终其一生的盖棺定论，是"留名百世"的重要平台。在中国古代的主流意识形态里，无论达官显贵还是文人墨客，都希望留名后世，以企不朽。要想让身后墓志铭写得好，首先身前要做得好，因而从某种意义上说，墓志铭的文化宗旨是引导人们做一个好人。人的一生如果能够做到仰不愧天，俯不怍地，那就能对得起祖先，对得起良心，就能得到墓志铭的公正评价，因此，"行由己作，名自人成"[5]是最根本的道理。

作为中国古代重要文化现象的墓志铭，它既是古代丧葬礼俗中相当重要的一个环节，又承载着一定的社会价值与文化内涵。

交大发掘的这10座明墓形制均坐北朝南，有斜坡墓道，三座墓葬墓室外有东、西耳室各一。其发掘的葬具均为木质，或一棺一椁，或一棺无椁。棺椁皆用漆绘，褐漆为底，以黄褐漆绘花纹，再用细麻布包裹棺椁。在施琮的墓室内，棺的前档中央绘有慈眉善目的观音。其左手上扬，右手下垂，宽衣博带，赤脚分立于莲花上，头部有背光，周身有火焰，四周有云彩花草。

另外，在棺的后档上还裹以丝绸，上绣一双龙戏珠图案，周围界以方框。

在出土的随葬品中，主要有瓷器、陶器和锡制明器，但相当部分已成残片。瓷器有罐两件，青花碗一件；陶器有陶盆一件；锡器有小酒壶两件，樽一件；铜钱共发现45枚，有"开元通宝""乾元重宝""熙宁元宝""天圣元宝"几种。建筑材料有砖、瓦和脊兽等。

不难看出，以上所述均是我们了解明代社会的珍贵实物资料。

注 释：

[1] 黄家鼎，陈大经，杨生芝. 咸宁县志·建置：卷二[M]. 康熙七年刻本. 西安：[出版者不详]，1668：4.

[2] 张瀚. 松窗梦语：卷二[M]. 北京：中华书局，1985：42.

[3] 葛承雍. 西安新获墓志重新启动历史记忆：《西安新获墓志集萃》序[EB/OL]. (2016-10-10) [2019-07-11]. http://excssn.cn/kgx/kgsb/201610/t20161010-3227681-1.shtml.

[4] 王先谦. 荀子集解[M]. 沈啸寰，王星贤，点校. 北京：中华书局，1988：424.

[5] 严可均. 全上古三代秦汉三国六朝文·全后汉文：卷七五[M]. 影印版. 北京：中华书局，1958：882.

附 录

一、张义墓志铭

明正德二年（1507）七月二日葬。

志、盖同大，长 0.63 米，宽 0.61 米，厚 0.10 米。

[盖文] 秦府典宝张君墓志铭

[志文] 秦府内典宝张君墓志铭

秦府左长史奉政大夫汝南强晟撰文

秦府右长史奉政大夫辽阳杜谨书丹

□君讳义，本西安右护卫戎籍。父讳顺，母耿氏，君自幼□沉重寡言，正统末，以良家子被选入秦□邸，隶内使籍经侍惠□，历年滋久，逮弘治初，简王念其醇实效劳，奏请于朝，敕授□宝副之秩，掌督屯粮等事。君小心慎密，弗纵弗侈，□为王之所□，且经侍昭王□，今嗣□□所司职业，未尝有毫发过愆，人咸以为贤，兹于□□丁卯六月九日以疾卒于内署，距其生于正统□□，享寿僅六十又六。讣闻，嗣主命门副□斌、白润掌行丧事，其义嗣内使李隆择以本年七月二日葬于城南内官之茔。於乎，如君者其亦可谓□始令终者矣！是宜铭。铭曰：生尽其职，没□于室。体魄斯依，兹焉以息。

二、杨春墓志铭

明嘉靖二年（1523）十二月十日葬。

志、盖同大，长、宽均 0.56 米，厚 0.08 米。

[盖文] 秦府中官杨公墓志铭

[志文] 秦府中官杨公墓志铭

赐进士第工部都水清吏司主事竹谷陈嘉言撰

赐进士第行人司行人长安蔺益书

公讳春，字汝和，世为延安宜川之巨族。自垂髫时聪敏英发，举止不凡。秦惠祖见而悦之，命隶内籍。公夙夜祗敬，事上处众，无不有法。迨事简祖益恭，弘治丙辰，奉勘合管理兴平王府家事及寝园粮储等务。公之承事小心翼翼，严内外之防，谨出纳之度，惟公惟慎，无纤毫之私也。历事昭祖至今国主，以其忠诚始终一致，皆雅重之。嘉靖癸未，公盖七十有九矣，然犹康健莅事，寝疾未几，遂于十一月十七日卒，意若公也，诚所谓寿考而令终者矣。据其生乃正统乙丑十二月九日也。仆闻主上哀悼，乃命门官杨汴董治葬事，实为殊遇。公为人敦厚，处人以和，凡所交接无不以有德目之。有义嗣三人，曰甯聪，曰秦松，曰刘凤。于本年十二月十日安厝咸宁鲍陵里古迹原。先是其义嗣甯聪辈持乃公状乞予铭，予欲辞弗获，因按状而志之，且为之铭。铭曰：

吁嗟杨公，赋质忠诚。律身处事，不固而贞。享年八秩，寿与德并。城郁郁既安且宁，吁嗟杨公。

义嗣甯聪等泣血上石

三、施琮墓志铭

明嘉靖四年（1525）十一月十九日葬。

志、盖同大，长、宽均 0.60 米，厚 0.085 米。

[盖文] 大明秦府故门副施公墓志铭

[志文] 大明秦府故门副施公墓志铭

秦政大夫河南府同知致仕南川张冔撰文

西安府庠生沧峪宋德书篆

呜呼！古之仁人享有盛福，以寿终其身者固多，或殁世而名誉弗闻，则亦不足贵焉。若门副施公，其人所鲜及者乎？公讳琮，字汝献，世为关中咸阳之延陵里人。累祖以殷实称于乡逮，父岩，母牛氏，益敦善良。公生而颖异不群，成化间，秦祖王询选入府历内使乃首与焉。比入宫廷，多历年所，恒以忠敬自持，夙夜罔懈。至正德二年间，今贤主嘉其劳绩，疏名于朝，敕授遵义门门副。老成练达，兼委羊圈仓事，综理周密，人多倚赖，无或少议。其生于景泰五年三月初七日，卒于嘉靖四年十一月十九日。公遽以疾终，得寿七十有二。殁之日，主上悼惜，命门正白公润董其葬事，内外僚士下走，莫不兴悲。其义嗣中官孟君诏尤极哀孝。是年十二月初六日出殡于古迹岭之南，从吉兆也。宜系以铭，铭曰：厚其福，亦隆其齿；荣于生，复安于死。国宠王恩，乃克至此。乐彼九原，公目瞑矣！

四、任伦墓志铭

明嘉靖七年（1528）七月三日葬。

志长、宽均 0.525 米，厚 0.15 米；盖长、宽均 0.525 米，厚 0.115 米。

[盖文] 大明秦府典宝正任公墓志铭

[志文] 大明秦府典宝正任公墓志铭

赐进士□工部都水司主事九嶨陈嘉言撰

奉政大夫河南府同知南川张冔书

嘉靖戊子岁六月廿日，秦府典宝正任公卒，其义嗣中官魏浚等衰绖，手状稽颡谓子曰：先君不幸，愿吾子掩幽以志实，若弗却，吾君休泽庶不坠。予悯词恳，敢志按状：公讳伦，字天叙，大父见生温，温生公，为次；妣郭氏，世为同州白水人。公自幼敏慧如成人，父母预异为后日显，无何，秦惠王招选奇特，以膺任用公应选列，内外咸称，时方总角未弁也。及侍简王，勤益厉，诚愈确，应事接物必叮咛再四，方见于行，故平生鲜有败事。□□久之。弘治二年，保陞遵义门门副，历侍□蒙今王，王见其才裕于时，心弗渝昔，特令管理羊圈仓、金花落纸房等处。王盖显扬之以彰其能也。于正德二年保陞典宝正，呜呼，若公者可谓贤矣！哉公初入府，踰年父逝母存，公身系王室，弗克归事，遂迎母于宦，以终养，生事□悉以礼，子职尽矣。历侍□□，七十余年；荣佩冠服，四十其载。不忠而能之乎？忠孝兼得，优游寿考，可谓世所难遇、人不易得者也！迄没之日，今王悼念累日，命才能有干者门副杨汴、中官张海董理丧事，本年七月初三日葬于古迹岭，从内相茔也。公义嗣十，长门副施宗先卒，次即中官浚，曰周龄、曰田保、曰孟诏、曰马永、曰李迢、曰骆春、曰吕良、曰王愈者，皆表表人物，可为内佐。距公生于景泰三年九月十一日，及卒，享寿七十有八，呜呼，公生顺死安，无复遗恨，殆亦王家之濯濯者乎！是宜有铭，铭曰：生如露，死则墓，令闻有遗其永固。

西安护卫淡钱勒

五、魏浚墓志铭

明嘉靖十四年（1535）十月六日葬。

志长 0.67 米，宽 0.65 米，厚 0.095 米；盖长、宽均 0.65 米，厚 0.09 米。

[盖文] 秦府门副魏公墓志铭

[志文] 秦府门副魏公墓志铭

赐进士奉义大夫云南按察司佥事蓝涧郭田撰文

赐进士征仕郎礼科给事中石谷山人王准书篆

公讳浚，字仲洁，先世咸阳，在郭里人，父倣，母崔氏，生公于成化乙丑五月二十日亥时，兄弟四人，公其少也。稍长，即敦厚知孝敬，不浮华，乃有时名。戊戌之春选，进入秦藩，即为惠祖所重。及简祖、昭祖，咸敬爱焉。今王立犹加委用，嘉靖己丑，公以贤劳既久，乃奏请得敕授门副云。公以委理大木厂、清禅寺及各处修理之类，公一一督程有法，干济有方，上下欢忻，远近称服，无一不得其心者。故虽老年以来，勤务之暇，每于同辈高饮会谈，曰：人生行乐只如此耳。王益重其耆德，每加劳奖。今乙未九月之十三日以疾不起，得寿六十有七云。以是年十月六日葬公古迹之原祖兆。王甚悼惜，乃遣门副曰奎董治丧仪，且命赐祭焉。盖恩出非常，遭逢殊典，由公行义所感如此云，乃为之铭。铭曰：公性柔刚，公行纯良。古迹之原，山高水长。公之葬兹，永奠玄堂。

义嗣张山、骆春，孝姪魏铎、魏绂、魏汉等纳石

六、邹厚墓志铭

明嘉靖十五年（1536）十二月九日葬。

志、盖同大，长、宽均 0.635 米，厚 0.13 米。

[盖文] 明秦府承奉副两山邹君之墓

[志文] 明秦府承奉副两山邹君墓志铭

赐进士徵仕郎礼科给事中提督团营军务石谷山人王准撰

赐进士承直郎刑部四川清吏司主事太徵山人张治道书篆

两山君姓邹，讳厚，字子坤，两山其别号云，世为咸宁永新人。父处士玉，母杨氏，生君于弘治庚戌十月初六日。幼歧嶷不凡，年十岁选入我秦府宫中，凡三十

余年。小心敬慎，人无与伍，每所敬委，必恭必饬，事既而人不怨，上下便之。且天性至孝，太夫人先卒，虽官不废于处士君，奉养不辍。嘉靖戊子处士君卒，哀毁过礼，殡葬如式，远近羡慕。国主奏其才，官典膳正。两山君竭力事事，凡典膳弊悉黜，由是恣羡数千，往官所者或私其有，两山君悉上之官，承奉正凤冈张公贤之，荐于上，奏陞承奉副。二年而疾作，迺于嘉靖丙申十月十二卒，寿四十有七，卒之年十二月九日。葬两山君于咸宁乐游原下，从先承奉何公所域。两山君门人职官陈保、甯玉、张腾同两山之姪生员一和来（灞）西求铭，石谷子与之哭曰：今乃忍铭我两山邪！石举人时，两山以职官来京师，对酒谈笑，定交客邸。未几，往来南北，相违者几年。戊子，石谷子官京师，两山以典膳来，复会于安福巷，秉烛话往，慷忼激烈，古人莫加。壬辰，石谷子罢官归耕，两山时至（灞）西，馌我陇上，视昔愈祗。今岁秋，石谷子二女亡，两山至（灞）西，慰谕恳恳，无异骨肉。未三月而两山遽然，嗟嗟！悲乎！悲乎！余今乃忍铭我两山邪？祸福难逆，短长有数，君子修身以俟之而已。铭曰：忠于君，孝于其父母，交友以道，不寿而殂，中南巃嵷，灞浒灞浒，百代视所曰：贤哉，两山君之墓！

邓锦、张宥刻

七、郭鎕墓志铭

明嘉靖三十六年（1557）五月廿三日葬。

志、盖同大，长、宽均 0.585 米，厚 0.09 米。

[盖文] 皇明秦府门官东川郭公之墓

[志文] 皇明秦府门官东川郭公墓志铭

赐进士第资政大夫前兵部尚书西陂刘储秀撰

太学生白谷雷闻书

公姓郭氏，讳鎕，字以振，别号东川，家世咸宁人。父进，母尹氏，生公于弘治庚戌三月二十八日。蚤事武宗皇帝，出入禁闼，声绩颇著。将擢内监，会今上改元，敕授秦定王为中侍，王嘉其忠荩，乃奏升门官，经理敬录屯四府仓三十余年，公勤不怠，卓有能声。及事今王，屡获嘉宠，人甚奇之。公生平喜读儒书，乐接士友，轻财好施，人无异议。乃以疾卒于嘉靖丁巳五月二十三日，享寿六十八岁。葬咸宁鲍陂之原。王遣门官王永治丧，赐以葬祭，诚优典也。弟礼、侄邦亨、邦宁、邦忠、邦林、邦瑞、邦锡、志禄、孙登科、福寿、长寿、延寿不忍泯此懿德，乃请铭以昭诸永。铭曰：尔德良哉！尔寿延哉！尔官荣哉！尔心其慰哉！

尾声　"新竹高于旧竹枝，全凭老干为扶持"

百年庠序自南洋，千古长安是帝乡。

若数前贤皆历历，当思来日更煌煌。

诗书犹可赓前汉，多士今能继盛唐。

常乐坊中竹万本，新枝高于旧枝长。

第一节　南洋传统之坚守

开风气之先者独有景命承天，后人莫不濡其恩泽。是以为世忧乐，元膺君子之志；义无反顾，允伸君子之任；经世致用，克成君子之行。而君子志向襟怀，率以"先天下之忧而忧，后天下之乐而乐"[1]。交通大学在西迁的征程及之后的岁月中铸造出不朽的"西迁精神"，它代表着交大人的整体风貌，是西安交通大学的文化标志和精神内核。追根溯源，"西迁精神"是"南洋公学传统"的继承与发扬，而"南洋公学传统"汲纳了"传统士人精神"的精髓。也可以说，"西迁精神"是"传统士人精神"及"南洋公学传统"在当代知识分子群体中新的发展与传承。"西迁精神"不是一蹴而就的，是交大人在几十年的奋斗过程中形成的品格与风骨，是全体知识分子的宝贵财富。百廿年的奋斗，一代又一代知识分子的无私奉献，传承的正是中国传统士人对于国家民族的天然使命。而国家民族，诚可谓中国传统士人精神之指归。

国家民族，不仅是交大历史前进的题中要义，更是中国传统士人精神这一中国知识分子特有的精神人格的内涵性概念。正是从这个意义讲，交大"西迁精神"的最终凝结，非惟脱胎于六十余年前交大轰轰烈烈的西迁历史，实亦渊源于交大人尤其是随交大西迁的老一辈知识分子对中国传统士人精神及南洋公学传统的坚守与继承。精神不朽，奋斗不止。正是因为汲纳了"传统士人精神"及"南洋公学传统"中的精髓，交大的"西迁精神"才有了向前发展的厚实基础，才有了交大人六十余年的艰苦创业。

交大人有"为世忧乐的君子之志"。中国古代士人具有浓重的忧患意识，从《诗经》"知我者，谓我心忧；不知我者，谓我何求"[2]到《离骚》"长太息以掩涕兮，哀民生之多艰"[3]，从《周易》"安而不忘危，存而不忘亡，治而不忘乱"[4]到《左传》"'居安思危。'思则有备，有备无患"[5]，从杜甫"穷年忧黎元，叹息肠内热"[6]到范仲淹"居庙堂之高则忧其民，处江湖之远则忧其君"[7]，都是"赤心事上，忧国如家"[8]之责任精神的体现。忧患意识来源于士人对国家、民族、社会前途的深切关怀，亦是士人的普遍情怀，在此基础上形成了君子"为世忧乐"的强烈社会责任感。孟子言"如欲平治天下，当今之世，舍我其谁也"[9]；曹植曰"闲居非吾志，甘心赴国忧"[10]，苏洵坦言"贤者不悲其身之死，而忧其国之衰"[11]；陆游于病重之际犹是"位卑未敢忘忧国"[12]；晚明顾炎武疾呼"保天下者，匹夫之贱，与有责焉耳矣"[13]；清末林则徐坚称"苟利国家生死以，岂因祸福避趋之"[14]。这种为世忧乐的君子之志，从南洋公学起，历经三个世纪的时光流转，在交大人身上一直接续相承。

甲午海战的隆隆炮声震动了清王朝，警醒了当时的知识阶层：中华民族已经到了危亡时刻。沉痛啊！痛定思痛之后，中国的有识之士开始在甲午海战的失败中反思民族自强之路。南洋公学的校歌《警醒歌》中唱道："……警！警！警！野吞声，朝饮恨，百年养士期何称。毋谓藐藐躬，只手擎天臂一振；毋谓藐藐童，桃李成荫眼一瞬，自觉觉人、不任将谁任？醒！醒！醒！……"[15]盛宣怀认为："自强首在储才，储才必先兴学。"① 有鉴于此，在1895年至1896年的两年中，盛宣怀

---

① 盛宣怀，南洋高等商务学堂移交商部折，西安交大档案2326卷。

分别在天津和上海创办北洋中西学堂和南洋公学，开中国近代史上高等教育之先河，欲以教育救国，践行了传统士人"为世忧乐"的君子之志；南洋公学的诞生正是交通大学前辈守先贤寓未来的创举。继之而起，唐文治、叶恭绰、凌鸿勋、蔡元培、吴保丰等历任主持交通大学校务者，都把办学与救国紧密相连，为国家民族独立呕心沥血培养人才。他们笃信"将有非常之大事，必生希世之异人"[16]，因而无不将自身传承的士人品格与风骨融入教书育人之中。黄炎培曾明言："最初启示革命者，吾师；其后提挈革命者，吾师。"[17] 在交通大学历任前辈的指引下，交大人形成了"为世忧乐"的精神传统。从 1896 年到 1949 年，交通大学在半个多世纪的时间里培养了一大批"为世忧乐"的优秀人才。他们舍生忘死，为争取国家民族独立而斗争，如在辛亥滦州起义殉义的白毓崑、再造共和的蔡锷以及诸多于国家民族危难之际云集响应的交大学子。华夏大地上有交大前贤留下的坚实脚印，祖国的旗帜上有交大先辈血染的风采。

中华人民共和国成立初期，百废待兴，加之国际环境风云变幻。1955 年，中央人民政府根据国内外形势变化、国家工业布局、西部建设需要、高等教育发展等情况，作出交通大学内迁西安的决定。从决定下达到成功完成主体西迁，交大人用 3 年多时间，不仅跨越了 1500 公里的空间距离，而且战胜了由十里洋场落地黄土高原的心理落差。这期间，多少人放弃国内外优越的待遇和舒适的环境，选择奔赴西部挑战困难；这期间，多少人可以留在上海、留在亲人身边，却非要加入西征的队伍勇往直前。1955 年放弃美国优渥待遇而归国的苗永淼教授，时年只有 31 岁，当得知交通大学即将西迁时，他毫不犹豫地选择任教交通大学，坚定地随学校西迁；时任交通大学教务长的陈大燮、动力机械系主任朱麟五、电工器材制造系主任钟兆琳等老一辈知识分子都明确地表达意愿，随学校西迁。"向科学进军，建设大西北！"在他们的心中，"祖国的需要就是我们的志愿"。

西迁，向更远的地方寻找国家民族的未来。这一西迁，就是半个多世纪的持之以恒；这一坚持，就是半个多世纪的艰苦创业。为世忧乐是交大老一代知识分子的自觉选择。

交大人有"义无反顾的君子担当"。"士不可以不弘毅，任重而道远"[18]，这是

尾声
"新竹高于旧竹枝,全凭老干为扶持"

中国传统知识分子在几千年的历史沉浮与激荡中形成的士人精神的核心内容。这一精神之核心,孔子启其蒙,曰"士志于道"[19];孟子发起端,是谓"士穷不失义,达不离道。……古之人,得志,泽加于民;不得志,修身见于世。穷则独善其身,达则兼济天下"[20];后来之人莫不承其说以自况。可以说,先贤以"道"自任、经世济民的君子担当,对后世知识分子影响极其深远。自先秦以降,中国的知识阶层就把"以天下为己任"这副沉甸甸的担子自觉地挑在了肩上,代代相传,从未停息。汉末刚正不阿的党锢领袖李膺,"高自标持,欲以天下名教是非为己任"[21];为政有方的名臣陈蕃与不畏奸佞的名士范滂皆怀"澄清天下之志"[22];唐韩愈有"以国家之务为己任"[23]的时代呼唤;宋张载建树了传颂不衰的"横渠四句"——为天地立心,为生民立命,为往圣继绝学,为万世开太平。[24]这些都继承并传递了"君子之任,义无反顾"这一悠久的士人精神传统。

交通大学自南洋公学起,就把创办一所名副其实的高水平大学作为崇高的理想与使命追求。为了这一理想,几代人夙夜在公、殚精竭虑,付出艰辛劳动与巨大心血,有的甚至献出了生命。盛宣怀终其一生为他创办的南洋公学奔走呼喊、呕心沥血。1902年,当袁世凯借"墨水瓶事件"①想要停办学校、大幅削减南洋公学经费时,盛宣怀顶住巨大压力,千方百计保证学校继续开办。

南洋公学首任总理何嗣焜,在总理校务的四年时间里辛勤耕耘,提倡中西结合,重视国粹厚植,制订基本办学方针,建成宏伟学府雏形,终因操劳过度猝逝于办公桌前,真可谓"一身报国有万死,双鬓向人无再青"[25]。

唐文治任校长时常年住校,日日必去学生中,入夜提着灯笼查房,时常与学生同桌用膳;某年校队足球联赛失利,身为校长的他竟然与球员一起抱头痛哭;1911年,面对他所痛陈的"飘摇风雨,屡濒于危"的政局,办学异常艰辛,最困难时,他带头减薪,此后学校经济状况好转,仍坚持校长薪水减半。1917年,在

---

① 据《南洋公学—交通大学年谱》"1902年——壬寅年(光绪二十八年)"条记载:"十月,学生因教务长郭某无能,嘴脸似墨水瓶,时常加以取笑。一日,有人在教务长桌上放了一个墨水瓶,教务长强诬某学生所为,向汪凤藻告状,遂令开除该生。全班学生不服,学生集会并派代表要求汪凤藻收回成命,汪凤藻不听,反而出布告开除全班学生,引起'墨水瓶风潮'。全校学生大动公愤,又欲开除全校学生。翌日,由于调停人员未按约来校,除师范及附属小学外,各班学生同时因风潮而散学。……冬,汪芝房(凤藻)因'墨水瓶风潮'而被迫辞职,刘葆良(树屏)继任总理。"

学校第一次举行校庆大典时,唐文治回顾南洋公学十年卧薪尝胆、于艰难困苦中咬牙前行,不无欣慰地说:"以功课而言,则一日未尝停课;以工厂器械而言,则屡有扩充;以学生额数而言,则历年累有加增。费几许心血,历无限艰辛,乃得稍稍有此成绩,故今日对于诸君子更不觉悲极而喜。"[26]

于抗战风云中担任校长的吴保丰,在最艰苦的岁月依然用自己的良知创造着奇迹。他虽身为国民党中央执行委员,在血雨腥风的爱国民主运动中却深深同情学生,拒绝执行残酷镇压学生的指令,甚至冒着巨大风险,动用自己的汽车帮助中共地下党员冲出军警特务包围圈,为此,被迫辞职,真可谓"报国行赴难,古来皆共然"[27]。

传承先进文化、推进科技进步、培养造就堪称栋梁的第一流人才,是交大历来的责任担当。学校创始人盛宣怀明确表示要"造就桢干大才";校长唐文治反复强调,交大使命就是要"造就领袖人才,分播吾国,作为楷模"[28]、"造就中国之奇才异能,冀与欧美各国颉颃争胜"[29]。要完成这个使命,就要有责任担当,即"吾人欲成学问当为第一等学问,欲成事业当为第一等事业,欲成人才当为第一等人才。而欲成第一等学问、事业、人才,须先砥砺第一等品行。"[30]正是有这样的使命与责任担当,交大在教书育人的过程中始终强调德智体美必须全面发展,俱臻卓越。进入社会主义建设时期,彭康校长踵武前贤,提出培养造就又红又专的科学家和工程师,尤其要重视拔尖人才的选拔与培养,"我们希望能培养出大科学家""我们要多培养几个钱学森,甚至比他更好"[31]。崇高的责任担当,使得交大在长期办学中形成了"起点高、基础厚、要求严、重实践"的鲜明办学特色。

交通大学正是有了为国担当、义无反顾的领航人,才使得一批批"以天下为己任"的群贤毕至,英才汇集。

有"东方麻省理工"之称的交通大学在迎来其一甲子的生日时刻,祖国的建设呼唤她西迁,西部的发展渴望她西迁,高等教育的布局需要她西迁。"舍我其谁?"义无反顾的君子之任与服务人民的家国情怀,促使她毅然负重前行、勇往向西!彭康校长曾一再表示,要在西北扎下根来,愿尽毕生之力办好西安交通大学;钟兆琳教授以"天下兴亡,匹夫有责"自勉,认为支援西北是当代知识分子的责任;陈大燮教授更是申明态度,迁校西安对国家工业建设是有很重大意义的,交大人应肩负起历史的重任。

君子之任，义无反顾。义无反顾者，不辞其苦；伸君子之任者，其坚如钢。从南洋公学起，一代代交大人秉君子之志，担君子之任，前赴后继，代不乏人。如果没有一代代的传承，就不可能有西迁的壮举。

交大人有"经世致用的实干精神"。鲁迅先生曾说："我们从古以来，就有埋头苦干的人，有拼命硬干的人，有为民请命的人，有舍身求法的人，……虽是等于为帝王将相作家谱的所谓'正史'，也往往掩不住他们的光耀，这就是中国的脊梁。"[32] 空谈误国，惟实干可以兴邦。"知行合一"[33]，是中国传统士人精神中最具执行力的内容。真正的知识分子，不仅要有为世忧乐的君子之任、义无反顾的君子担当，更需要经世致用的君子之行。"一语不能践，万卷徒空虚"[34]，国家民族的复兴，需要的是脚踏实地的苦干。

南洋公学的草创，即是盛宣怀先生实业救国主张的成果。其后，唐文治校长执掌校务，更是秉承实业救国方针，志在培养振兴社会经济、发展国计民生的实业人才，在他亲拟的南洋校歌中有"实心实力求实学，实心实力务实业"之句，足可以看出其身上所传承的传统士人经世致用的实干精神。正是在这一实学实干精神的指导下，交通大学树立了"中体西用、崇德尚实"的育人理念和"严谨治学、严格要求"的教风学风，培育出大批德艺双馨、爱国爱民的栋梁之才，诸如钱学森、张光斗、吴文俊等。

实干精神的最重要品格就是坚定意志、不避艰辛、脚踏实地、埋头苦干。1955年4月7日晚彭康校长接到高教部"交通大学内迁西安"的电话通知，4月9日就分别召开校党委会和校务委员会并开始部署工作，同时马上与陕西省、西安市政府接洽；仅仅一个月后的1955年5月中旬，新校校址的实地勘察与选定工作已完成；1955年10月下旬，校园规划制定完毕，2000余名建筑工人进驻工地，春节只休息了三天；1956年5月，新建成的教室已基本能满足上课所需；1956年9月，首批迁至西安的6000名师生员工在西安正式开学。同月，学校在西安人民大厦举行了盛大的开学典礼。在迁校建校的繁重复杂工程中，从大型设备的搬迁，到一花一木的移植，从教工宿舍的安置，到学生课程的安排，各项工作都有条不紊。

千里奔波没有丢失一本图书，万箱搬运没有损坏一件仪器。甚至，1956年大规模启动迁校的当年，招生质量还好于往年。这就是先辈的实干精神在一代代交大人身上的传承。

"玉经磨琢多成器，剑拔沉埋便倚天。"[35]西迁后的交通大学始终保持经世致用的实干精神，迁校60余年间，25万毕业生从西迁后的交大走出，其中有40%扎根于西部，成为各领域的中坚力量；培养出的33位院士中有近一半在西部工作。他们就像散落的一颗颗星辰，照亮了西北广袤的大地。而"扎根西部、服务国家、世界一流"已经成为西迁精神新传人的自觉行动。

从南洋公学、交通大学到西安交通大学，不畏艰辛的拓荒者前赴后继、薪尽火传，从盛宣怀、唐文治、叶恭绰到彭康，他们一路披荆斩棘、排除万难、夙夜在公、勤勉工作，形成了不畏艰险、敢为人先、锐意进取的奋斗精神，追赶超越、建功立业、精益求精的卓越追求，兼收并蓄、博采众长、厚积薄发的创新意识。

交通大学的西迁，是中国高等教育负重前行的西征，肩负的是建设西部的伟大使命，凸显的是"敢叫日月换新天"的时代魄力，它改变了整个中国西部高等教育的格局，改变了西部没有规模宏大的多科性工业大学的面貌，是中国知识分子爱国奋斗的优秀典范。以"爱国、奋斗"为核心的"西迁精神"，将以强大的感召力砥砺着后人鼓起勇气走前人没有走过的路。[36]

注　释：

[1]范仲淹.范仲淹全集：卷八[M].李勇先，王蓉贵，点校.成都：四川大学出版社，2007：195.

[2]高亨.诗经今注·王风·黍离[M].上海：上海古籍出版社，1980：96.

[3]洪兴祖.楚辞补注：卷一[M].北京：中华书局，1983：13-14.

[4]阮元.十三经注疏[M].影印版.北京：中华书局，1980：88.

[5]杜预.春秋左传集解：卷一五[M].上海：上海人民出版社，1977：887.

[6]杜甫.杜诗详注：卷四[M].仇兆鳌，注.北京：中华书局，1999：265.

[7]同[1].

[8]韩愈.韩昌黎文集校注：卷二[M].马其昶，校注.上海：上海古籍出版社，1986：140.

[9]同[4]2699.

[10] 曹植. 曹植集校注[M]. 赵幼文, 校注. 北京：人民文学出版社, 1998：380.

[11] 吴楚材, 吴调侯. 古文观止：卷一〇[M]. 北京：中华书局, 2016：460.

[12] 陆游. 剑南诗稿校注：卷七[M]. 钱仲联, 校注. 上海：上海古籍出版社, 1985：578.

[13] 顾炎武. 日知录校注：卷一三[M]. 陈垣, 校注. 合肥：安徽大学出版社, 2007：723.

[14] 梁章钜, 梁恭辰. 楹联丛话·楹联四话：卷四[M]. 北京：中华书局, 1987：366.

[15] 霍有光, 顾利民. 南洋公学交通大学年谱[M]. 西安：陕西人民出版社, 2002：3.

[16] 孔凡礼. 苏轼文集：卷三八[M]. 北京：中华书局, 1986：1077.

[17] 毛杏云. 春风桃李[M]. 上海：上海交通大学出版社, 2006：49.

[18] 刘宝楠. 论语正义：卷一二[M]. 北京：中华书局, 1990：399.

[19] 同[18] 164.

[20] 同[4] 2764-2765.

[21] 刘义庆. 世说新语笺疏·德行第一：卷上之上[M]. 刘孝标, 注. 余嘉锡, 笺疏. 北京：中华书局, 2007：7.

[22] 范晔. 后汉书：卷六七[M]. 北京：中华书局, 1973：2203.

[23] 韩愈. 韩昌黎文集校注：卷四[M]. 马其昶, 校注. 上海：上海古籍出版社, 1986：236.

[24] 黄宗羲. 宋元学案：卷一七[M]. 北京：中华书局, 1982：664.

[25] 陆游. 剑南诗稿校注：卷一四[M]. 钱仲联, 校注. 上海：上海古籍出版社, 1985：1136.

[26] 唐文治. 唐文治教育文选[M]. 西安：西安交通大学出版社, 1995：127.

[27] 彭定求, 等. 全唐诗：卷一三〇[M]. 北京：中华书局, 1979：1321.

[28] 同[26] 243.

[29] 同[26] 231.

[30] 贾箭鸣. 百年淬厉电光开：西安交大的历史脉络与文化传承[M]. 西安：西安交通大学出版社, 2014：336.

[31] 同[30]

[32] 鲁迅. 鲁迅全集：卷六[M]. 北京：人民文学出版社, 1973：119.

[33] 王守仁. 王阳明全集：卷一[M]. 上海：上海古籍出版社, 1992：3.

[34] 钱谦益. 列朝诗集·甲集：卷二〇[M]. 许逸民, 林淑敏, 点校. 北京：中华书局, 2007：2009.

[35] 王定保. 唐摭言：卷三[M]. 北京：中华书局, 1959：33.

[36] 李慧, 王奕轩, 杨金钊."西迁精神"的文化渊源及新时代回响[J]. 西安交通大学学报(社会科学版), 2019(3)：84-90.

第二节　西迁精神之光大

交通大学西迁扎根的古城西安，是西汉"张骞凿空"[1]之丝绸之路的起点，汉民族就是从这里出发，打通了一条向西而行的通道，从此，黄皮肤黑头发的炎黄子孙有了敢为天下先的观念，并开始与世界接轨。丝绸之路不仅是一条人类商贸、文化交流之路，更是一条成就英雄之路。从古至今，向西而行都意味着要去开拓、冒险、奉献乃至牺牲。为了打通和维护丝绸之路的畅通，汉唐两代涌现出无数丝路英雄，汉代的张骞、卫青、霍去病、郑吉、李广、李蔡、公孙贺、陈汤、傅介子、赵充国、冯奉世、辛武贤、马援、班超、班勇、耿弇、窦宪等，唐代的李勣、程知节、哥舒翰、王忠嗣、王君㚟、郭知运、王方翼，等等。霍去病"匈奴不灭，无以家为"[2]的壮志，陈汤"明犯强汉者，虽远必诛"[3]的誓言，班超"不入虎穴，不得虎子"[4]的智慧，成了丝绸之路上永久的回响。伟大的时代必定英雄辈出，平庸的时代必定英雄匮乏。汉唐两代之所以能成为中国历史上最为强盛的时代，这与丝路英雄辈出不无关系。至汉以降，向西而行的丝绸之路是否畅通，也就标志着国家是否强盛。为此，汉唐人"雄绝域之志"[5]，跋涉千里，用实际行动捍卫着丝路的安全，保障着丝路的繁荣通畅。他们以"无以归报，愿一甘心"[6]的坚定信念"厉三军之气，同万夫之力"[7]，在丝路上谱写了一曲曲荡气回肠的英雄壮歌，并最终凝结成"振英风于绝域，申壮节于殊方"[8]的丝路英雄精神。同样是向西而行的交通大学，自西迁黄土地以来，古老深邃的历史沃壤不断滋养和壮大着交大精神，尤其是丝路英雄精神的浸润与熏陶，使得交大的"西迁精神"增添了几多历史的厚重与气概。

丝路英雄精神浸润下的大局观。丝路，自古长安西出，一去千里，朔风凛冽，大漠无垠，面对恶劣的地理和天候环境，正是"操烈松筠，志凌铁石，奋不顾命，甘赴国忧"[9]的大局意识和牺牲精神激励着一代代炎黄子孙前赴后继、勇往直前。无论是张骞出使西域还是玄奘印度取经，无论是卫青、霍去病打通河西走廊，还是傅介子、班超经营经略西域，丝路英雄们既奔驰于瀚海，建功于异域，骁勇善战，以身报国；又将中原王朝的先进文化、先进技术传播输送到西域各地，普惠于各国人民。

汉唐两代在开拓与经营经略丝路的过程中培养出兼收并蓄、海纳百川的世界胸襟，他们的眼光已不仅仅是自己一国之利益，而是开始关注周边各国共同福祉，这或许可视为"人类命运共同体"意识的滥觞。从汉代开始在西域设立的都护府、长史府以及唐代设立的羁縻府等，就是中原王朝实施各民族互惠共赢的最早实践。为了维护丝路的安定和谐，保障丝路的繁荣大局，无数丝路英雄数十年如一日远离故乡和亲人，在大漠辛勤奉献、无所畏惧。如经营西域三十年、为保护西域和平与丝路畅通而做出巨大贡献的班超，就是其中杰出的代表。他经营西域，总持大纲，不责细小，宽和待下，不扰民政，受到西域各国民众衷心拥戴；他在西域开荒屯田，种植小麦，解决屯兵粮草，引进先进的农业文明；他的都护府成为中外物资交流的中转站，大批西域货物被源源不断运到内地；他还派遣副使甘英勇敢地向西而行，最远抵达波斯湾。班氏一族自班彪至班固、班超、班勇，祖孙三代皆为维护丝路畅通而栉风沐雨、砥节奉公。而这正是国家、民族发展的未来之所系。

国家和民族发展的未来，是丝路英雄们的大局观；同样，这也是交大西迁人的大局观。党中央作出"交大内迁西安"的决定，就当时国内外局势及国家发展大局来看，是符合历史大局的。而交大人也清醒地意识到，"在当时，建设大西北的需要，从国家大局来看，西迁是正确的"[10]。只有西部发展壮大了，国家才能长治久安。正因此，1955年5月25日交通大学校务委员会在公告中郑重表示："必须动员全体师生员工正确地接受国务院的这个决定，要有全局观点和克服困难的精神，充分发挥在工作中的积极性和主动性，为顺利完成迁校任务而努力！"①交大内迁西安，"有条件承担国家急需的培干和科研任务"[11]，有能力改变中国西部高等教育相对落后的局面，有利于发展大西北，这是国家发展大局的需要，更是民族未来发展的需要；国家和民族发展的未来，是包括交大人在内的每一位中华儿女的大局观。"年长有心终报国，时清到处便营家。"[12]在彭康校长身体力行带领下，以一级教授

---

① 交通大学校务委员会，交通大学校务委员会关于迁校问题的决议，西安交通大学档案馆馆藏档案1955年永久17-02。

陈大燮、钟兆琳，二级教授沈尚贤、赵富鑫、周惠久、严晙、黄席椿、张鸿、陈季丹、殷大钧以及最年轻的教授陈学俊为代表，组成了迁校的核心力量，他们舍家撇业，义无反顾，把党和国家的要求与学校命运、个人发展紧密地结合在一起，胸怀大局，慷慨西行。从1955年交通大学接受迁校任务，到1959年交通大学上海部分和西安部分独立建校，其间虽历经波折，但最终圆满地完成了祖国的重托，为之后支援西北建设打开了新局面。

西迁，对于在繁华沪上诞生，在江南烟雨中成长起来的交通大学而言，是建校以来所经受过的最严峻、最艰辛的考验，因为这不是短暂的支援，而是要永久的扎根，是要为了祖国的未来去开拓大业。如果没有爱国的大局观是很难完成使命的。

如果说张骞的"凿空"是改变中国历史格局的英雄壮举的话，那么交通大学的西迁就是改变中国高等教育发展不均衡格局的时代壮举。

丝路英雄精神熏陶下的奋斗观。将国家、民族与个人命运紧密结合是汉唐两代蔚然成风的社会风尚。"为国而生"[13]的爱国情怀，建功立业的时代呼唤，积极进取的世界胸怀，争做卫霍的英雄梦想，使多少炎黄子孙奋发踔厉，成为丝路上的不朽英雄。"夫翠鹄犀象，非不鸷也，有其用则不全；麟凤龟龙，非不灵也，无其时则不至。"[14]在中华历史的长河里，丝路英雄们因时而至，他们"吞沙石而贾勇，召风雨而成枭"[15]，披风卧雪，身冒矢石，奋斗于殊方绝域，一旦身死，乃成丰碑。与那些"功垂戈鼎，业盛山河"[16]的丝路英雄相比，当年放弃个人优厚生活待遇的西迁人是英雄，而为交大迁校默默奉献的普通人也同样是英雄。英雄的高度即民族的高度。他们虽非"奋阵行伍"之间，却用60余年的奉献和奋斗诠释着"丈夫誓许国，愤惋复何有"[17]的生命价值。他们的奋斗，为中华民族的复兴奠定了坚实的基础。

对于交大西迁人而言，奋斗从来就不是个例，而是整体的价值选择。

"辞家战士无旋踵，报国将军有断头。"[18]西迁后的交大付出了在上海所不能想象的艰苦创业，做出了巨大牺牲。创办工程力学专业的朱城先生，曾是麻省理工学院的高才生，他夜以继日地工作，把一切时间和精力都用在新专业的创办与发展上；他竭智尽力地编纂学生急需的讲义教材，"著成堪与国际大师铁木辛柯相媲美的中国版《材料力学》"[19]；由于超负荷的工作，他累倒在自己酷爱的岗位上，于 1959 年去世，年仅 38 岁。真正是"愿得此身长报国，何须生入玉门关"[20] 之丝路英雄壮志的写照。

西迁后的交大，多少人在忘我拼搏，多少人在无私奋斗。陈学俊院士自幼受中华传统文化熏陶，立志报国。他认为国家建设"必须要有大批专门人才，发展经济，教育为本"，于是抱定"终身从事高等教育工作"的理想，要为国家"努力培养电力和动力建设骨干"。[21] 西迁任务下达后，他积极响应，弃房舍业，举家西迁，扎根西部；"不言春作苦，常恐负所怀"[22]，他将所有精力都投入到科研与教学工作中，经过数十年的奋斗，不仅创建了多相流新学科和国家重点实验室，更是培养出一批又一批优秀的青年才俊，他们已担负起西安交大发展的大梁。还有利用专业知识为国家挽回损失的孟庆集教授、"甘当为后人铺路的石子"[23] 的屈梁生院士、"一息尚存、奋斗不已"[24] 的殷大钧教授，凡此例子，不胜枚举。从他们身上，我们不仅能看到"犯其至难而图其至远"[25] 的奋斗精神，更体会到了"爱国爱校、追求真理、勤奋踏实、艰苦朴素"的优良传统和校风。中华民族正是有无数这样的脊梁，才有足够屹立于世界民族之林的底气。

如果说汉唐两代的丝路英雄靠"雄绝域之志"的奋斗精神为后世留下了两个强盛时代的身影，那么，踵武前贤的西安交通大学也是靠奋斗精神在中国高等教育史上竖立起了一块耀眼的丰碑。

西迁精神的时代回应。卓越厚重的西迁精神实际上代表着新中国知识分子的集体精神，是对他们生命、意识、风骨、品格的集体写照。在人生境界方面，他们彰显出胸怀广、视野宽、格局大、目标远的恢宏气象；在知识水平方面，他们呈现出学问细、科研精、用心专、思维深的高超水准；在职业道德方面，他们突显出作风实、纪律严、做事真、待人诚的优良道德。因此，西迁精神虽然是在一个时代、一个地域发生的一个事件中形成的精神范式和行为典范，却显示了那一代人最普遍的品格特质和思想内涵，为后代留下了能够继承的宝贵精神财富。西迁精神不仅构成了中国知识分子薪火相传的精神传统，而且也构成了中国知识分子面向未来的文化自信。

60余年来，交大师生无私地服从国家安排，直面时代需要；弘扬传统文化，肩负历史使命；创新未来之路，开拓理想征程，铸就了责任、使命与奉献相统一的"西迁精神"。

"西迁精神"不仅具有深刻的历史意义和广泛的社会意义，而且具有强大的现实价值。"西迁精神"蕴含的爱国奉献、无怨无悔，胸怀大局、服从安排，迎难而上、智慧创新，弘扬传统、励精图治，艰苦创业、自强不息等内容，将永不过时。

"西迁精神"将不断发挥精神示范作用、道德引领作用、价值践行作用和思想导向作用，鼓励新一代知识分子到国家需要的地方去建设，到生活艰苦的地方去改变，到文化落后的地方去发展，用活力、魄力和创造力面对逆境，战胜困境。这才是"西迁精神"内在的无穷魅力，也是"西迁精神"对新时代、新使命、新征程之时代呼唤的回应。

今年是西安交通大学"再次西迁"进驻中国西部科技创新港开启奋斗征程的元年。站在新的历史起点上，交大人将高扬"爱国主义、集体主义、英雄主义、乐观主义"的"四面旗帜"，做好"西迁精神"的新传人，奋力创造出无愧于历史、无愧于时代的新业绩。

百廿年的弦歌不辍，交通大学始终秉持为国家民族而生、应时代风气而兴的家国情怀，在创建中国高等教育一流学府、培育中国高等教育科技人才的征途上不断前行，奋斗不止。①

注　释：

[1] 司马迁.史记·大宛列传：卷一二三[M].北京：中华书局，1982：3169.

[2] 班固.汉书[M].北京：中华书局，1986：2486.

[3] 班固.汉书[M].北京：中华书局，1986：3015.

[4] 范晔.后汉书[M].北京：中华书局，1973：1572.

[5] 柳宗元.柳宗元集[M].北京：中华书局，1979：239.

---

① 参见李慧，王奕轩，杨金钊."西迁精神"的文化渊源及新时代回响[J].西安交通大学学报（社会科学版），2019（3）：84-90.

[6] 徐伟,吴景山.王忠嗣碑校正[J].敦煌学辑刊,2015(2):156.

[7] 同[6].

[8] 董诰.全唐文[M].北京:中华书局,1983:1659.

[9] 李慧,曹发展.咸阳碑刻[M].西安:三秦出版社,2003:434.

[10] 房立民.交通大学西迁亲历者口述史1[M].西安:西安交通大学出版社,2016:138.

[11] 同[10] 47.

[12] 彭定求,等.全唐诗[M].北京:中华书局,1979:7514.

[13] 同[8].

[14] 同[8].

[15] 同[8].

[16] 吴钢.全唐文补遗:第三辑[M].西安:三秦出版社,1996:406.

[17] 杜甫.杜诗详注[M].仇兆鳌,注.北京:中华书局,1999:265.

[18] 沈德潜.清诗别裁集[M].石家庄:河北人民出版社,1997:539.

[19] 贾箭鸣.百年淬厉电光开:西安交大的历史脉络与文化传承[M].西安:西安交通大学出版社,2014:54.

[20] 同[12] 3104.

[21] 同[10] 71.

[22] 陶渊明.陶渊明集[M].北京:中华书局,1979:85.

[23] 房立民.交通大学西迁亲历者口述史2[M].西安:西安交通大学出版社,2016:144.

[24] 同[23].

[25] 孔凡礼.苏轼文集[M].北京:中华书局,1986:118.

结束语

从 1956 年到如今，西迁校址这片神奇的土地伴随着交大人走过了半个多世纪的历程。风霜雨雪中，一座座高楼拔地而起；春去秋来时，一批批学子展翅高飞。在一次次看似很平常的建筑开发中，这片古老沧桑的土地给了交大人厚重的人文回报，真可谓：西迁壮举惊天地、泣鬼神！这是西迁先驱们永载史册的功绩，更是西迁新传人卧薪励志的底气。为了让后人铭记西迁精神，西安交通大学于 2018 年 9 月 10 日在西迁校址（兴庆校区）西花园刻立了《西迁铭》，全文如下：

> 国有成均，东海之滨；百廿兴学，储才育人。
> 为民族计，远徙三秦。世纪薪火，甲子耕耘。
> 兴庆肇基，雁塔相因。曲江拓宇，沣渭腾鲲。
> 地维西部，港号创新。楼宇既立，大师方存。
> 瞻怀先贤，钦彼功勋。赴国之需，不恤一身。
> 筚路蓝缕，黾勉朝昏。四海结实，天下咸尊。
> 顾我后辈，霞蔚朝暾。良训彝则，是遵是循。
> 夫胸怀大局，无私奉献；弘扬传统，艰苦创业。
> 是乃九州共勉，曰西迁精神。故宜铭诸金石，垂示后昆。
> 时维戊戌，仲秋之辰。

参考文献

著作类：

[1] 司马迁. 史记 [M]. 北京：中华书局，1963.

[2] 司马相如. 司马相如集校注 [M]. 金国永，校注. 上海：上海古籍出版社，1993.

[3] 刘向. 说苑校证 [M]. 向宗鲁，校证. 北京：中华书局，1987.

[4] 扬雄. 扬雄集校注 [M]. 张震泽，校注. 上海：上海古籍出版社，1993.

[5] 班固. 汉书 [M]. 北京：中华书局，1964.

[6] 许慎. 说文解字 [M]. 长沙：岳麓书社，2007.

[7] 张衡. 张衡诗文集校注 [M]. 张震泽，校注. 上海：上海古籍出版社，1986.

[8] 荀悦. 申鉴 [M]. 上海：世界书局，1935.

[9] 曹植. 曹植集校注 [M]. 赵幼文，校注. 北京：人民文学出版社，1998.

[10] 杜预. 春秋左传集解 [M]. 上海：上海人民出版社，1977.

[11] 葛洪. 笔记小说大观·西京杂记 [M]. 影印版. 扬州：江苏广陵古籍刻印社，1983.

[12] 陶渊明. 陶渊明集 [M]. 北京：中华书局，1979.

[13] 范晔. 后汉书 [M]. 北京：中华书局，1973.

[14] 刘义庆. 世说新语笺疏 [M]. 刘孝标，注. 余嘉锡，笺疏. 北京：中华书局，2007.

[15] 刘勰. 文心雕龙注 [M]. 范文澜，注. 北京：人民文学出版社，1962.

[16] 萧统. 文选 [M]. 上海：上海古籍出版社，1986.

[17] 杨衒之. 洛阳伽蓝记校释 [M]. 周祖谟, 校释. 北京: 中华书局, 1963.

[18] 令狐德棻. 周书 [M]. 北京: 中华书局, 1971.

[19] 魏徵. 隋书 [M]. 北京: 中华书局, 1973.

[20] 李泰. 括地志辑校 [M]. 贺次君, 辑校. 北京: 中华书局, 1980.

[21] 王维. 请施庄为寺表 [M]// 王维. 王维集校注. 陈铁民, 校注. 北京: 中华书局, 1997.

[22] 王维. 王右丞集笺注 [M]. 赵殿成, 笺注. 上海: 上海古籍出版社, 1984.

[23] 瞿蜕园, 朱金城. 李白集校注 [M]. 上海: 上海古籍出版社, 1980.

[24] 李白. 李太白全集 [M]. 王琦, 注. 北京: 中华书局, 1999.

[25] 杜甫. 杜诗详注 [M]. 仇兆鳌, 注. 北京: 中华书局, 1999.

[26] 高适. 高适集校注 [M]. 孙钦善, 校注. 上海: 上海古籍出版社, 1984.

[27] 韦述. 两京新记 [M]// 续修四库全书. 上海: 上海古籍出版社, 2002.

[28] 刘餗. 隋唐嘉话 [M]. 北京: 中华书局, 1979.

[29] 姚汝能. 安禄山事迹 [M]. 上海: 上海古籍出版社, 1983.

[30] 韩愈. 韩昌黎文集校注 [M]. 马其昶, 校注. 上海: 上海古籍出版社, 1986.

[31] 韩愈. 韩昌黎诗系年集释 [M]. 钱仲联, 集释. 上海: 上海古籍出版社, 1984.

[32] 柳宗元. 柳宗元集 [M]. 北京: 中华书局, 1979.

[33] 刘禹锡. 刘禹锡集笺证 [M]. 瞿蜕园, 笺证. 上海: 上海古籍出版社, 1989.

[34] 杜佑. 通典 [M]. 北京: 中华书局, 1992.

[35] 白居易. 白居易集 [M]. 顾学颉, 校点. 北京: 中华书局, 1999.

[36] 白居易. 白居易文集校注 [M]. 谢思炜, 校注. 北京: 中华书局, 2017.

[37] 元稹. 元稹集 [M]. 冀勤, 校点. 北京: 中华书局, 2015.

[38] 段成式. 酉阳杂俎校笺 [M]. 许逸民, 校笺. 北京: 中华书局, 2015.

[39] 郑处诲, 裴廷裕. 明皇杂录; 东观奏记 [M]. 田廷柱, 点校. 北京: 中华书局, 2012.

[40] 赵璘. 因话录 [M]. 上海: 上海古籍出版社, 1957.

[41] 杜牧. 樊川诗集注 [M]. 冯集梧, 注. 上海: 上海古籍出版社, 1999.

[42] 孟棨. 本事诗 [M]. 上海：上海古籍出版社，2012.

[43] 王仁裕，等. 开元天宝遗事（外七种）[M]. 丁如明，等校点. 上海：上海古籍出版社，2012.

[44] 郑綮. 开天传信记 [M]. 上海：上海古籍出版社，1987.

[45] 刘昫. 旧唐书 [M]. 北京：中华书局，1975.

[46] 王定保. 唐摭言 [M]. 北京：中华书局，1959.

[47] 李昉. 太平广记 [M]. 北京：中华书局，1961.

[48] 乐史. 太平寰宇记 [M]// 景印文渊阁四库全书. 台北：台湾商务印书馆，1986.

[49] 范仲淹. 范仲淹全集 [M]. 李勇先，王蓉贵，点校. 成都：四川大学出版社，2007.

[50] 欧阳修，宋祁. 新唐书 [M]. 北京：中华书局，1975.

[51] 宋敏求. 长安志 [M]// 中华书局编辑部. 宋元方志丛刊. 影印版. 北京：中华书局，1990.

[52] 宋敏求. 长安志 [M]. 辛德勇，郎洁，点校. 西安：三秦出版社，2011.

[53] 孔凡礼. 苏轼文集 [M]. 北京：中华书局，1986.

[54] 王文诰. 苏轼诗集 [M]. 孔凡礼，点校. 北京：中华书局，1982.

[55] 苏轼. 东坡词编年笺证 [M]. 薛瑞生，笺证. 西安：三秦出版社，1998.

[56] 司马光. 资治通鉴 [M]. 北京：中华书局，1956.

[57] 黄伯思. 东观余论 [M]// 景印文渊阁四库全书. 台北：台湾商务印书馆，1986.

[58] 洪兴祖. 楚辞补注 [M]. 北京：中华书局，1983.

[59] 计有功. 唐诗纪事校笺 [M]. 王仲镛，校笺. 北京：中华书局，2007.

[60] 程大昌. 雍录 [M]. 黄永年，点校. 北京：中华书局，2002.

[61] 陆游. 剑南诗稿校注 [M]. 钱仲联，校注. 上海：上海古籍出版社，1985.

[62] 普济. 五灯会元 [M]. 北京：中华书局，1997.

[63] 魏庆之. 诗人玉屑 [M]. 王仲闻，点校. 北京：中华书局，2007.

[64] 谢维新. 古今合璧事类备要前集 [M]// 景印文渊阁四库全书：939. 台北：台湾商务印书馆，1986.

[65] 郑思肖. 郑思肖集 [M]. 陈福康，校点. 上海：上海古籍出版社，1991.

[66] 虞集. 道园学古录 [M]// 景印文渊阁四库全书：1207. 台北：台湾商务印书馆，1986.

[67] 骆天骧. 类编长安志 [M]// 中华书局编辑部. 宋元方志丛刊. 影印版. 北京：中华书局，1990.

[68] 骆天骧. 类编长安志 [M]. 黄永年，点校. 西安：三秦出版社，2006.

[69] 李好文. 长安志图 [M]. 辛德勇，郎洁，点校. 西安：三秦出版社，2011.

[70] 陶宗仪. 南村辍耕录 [M]. 北京：中华书局，1959.

[71] 王守仁. 王阳明全集 [M]. 上海：上海古籍出版社，1992.

[72] 冯梦龙. 古今谭概 [M]. 北京：中华书局，2007.

[73] 张瀚. 松窗梦语 [M]. 北京：中华书局，1985.

[74] 顾炎武. 日知录校注 [M]. 陈垣，校注. 合肥：安徽大学出版社，2007.

[75] 黄宗羲. 宋元学案 [M]. 北京：中华书局，1982.

[76] 钱谦益. 列朝诗集·甲集 [M]. 许逸民，林淑敏，点校. 北京：中华书局，2007.

[77] 王士禛. 带经堂诗话 [M]. 北京：人民文学出版社，1963.

[78] 顾祖禹. 读史方舆纪要 [M]. 贺次君，施和金，点校. 北京：中华书局，2005.

[79] 彭定求，等. 全唐诗 [M]. 北京：中华书局，1979.

[80] 吴楚材，吴调侯. 古文观止 [M]. 北京：中华书局，2016.

[81] 黄家鼎，陈大经，杨生芝. 咸宁县志 [M]. 康熙七年刻本. 西安：[出版者不详]，1668.

[82] 沈德潜. 清诗别裁集 [M]. 石家庄：河北人民出版社，1997.

[83] 浦起龙. 读杜心解 [M]. 北京：中华书局，1961.

[84] 郑燮. 板桥集 [M]. 清晖书屋刻本.

[85] 董诰，等. 全唐文 [M]. 北京：中华书局，1983.

[86] 阮元. 十三经注疏 [M]. 影印版. 北京：中华书局，1980.

[87] 朱彬. 礼记训纂 [M]. 饶钦农，点校. 北京：中华书局，1998.

[88] 严可均. 全上古三代秦汉三国六朝文 [M]. 影印版. 北京：中华书局，1958.

[89] 梁章钜，梁恭辰. 楹联丛话 [M]. 北京：中华书局，1987.

[90] 徐松. 唐两京城坊考 [M]. 张穆，校补. 北京：中华书局，1985.

[91] 刘宝楠. 论语正义 [M]. 北京：中华书局，1990.

[92] 黎翔凤. 管子校注 [M]. 北京：中华书局，2004.

[93] 王先谦. 荀子 [M]. 北京：中华书局，1988.

[94] 郭庆藩. 庄子集释 [M]. 王孝鱼，点校. 北京：中华书局，1985.

[95] 孙诒让. 周礼正义 [M]. 北京：中华书局，1987.

[96] 唐文治. 唐文治教育文选 [M]. 西安：西安交通大学出版社，1995.

[97] 汪荣宝. 法言义疏 [M]. 北京：中华书局，1987.

[98] 鲁迅. 鲁迅全集 [M]. 北京：人民文学出版社，1973.

[99] 刘师培. 刘申叔遗书 [M]. 影印版. 南京：江苏古籍出版社，1997.

[100] 翦伯赞. 中国史纲要 [M]. 北京：北京大学出版社，2006.

[101] 高亨. 诗经今注 [M]. 上海：上海古籍出版社，1980.

[102] 杨伯峻. 列子集释 [M]. 北京：中华书局，1985.

[103] 刘学锴，余恕诚. 李商隐诗歌集解 [M]. 北京：中华书局，2004.

[104] 刘学锴. 温庭筠全集校注 [M]. 北京：中华书局，2009.

[105] 袁珂. 山海经校注 [M]. 北京：北京联合出版公司，2014.

[106] 黄怀信. 大戴礼记汇校集注 [M]. 西安：三秦出版社，2005.

[107] 史念海. 三辅黄图校注 [M]. 何清谷，校注. 西安：三秦出版社，1998.

[108] 黄晖. 论衡校释 [M]. 北京：中华书局，1990.

[109] 吴在庆. 杜牧集系年校注 [M]. 北京：中华书局，2008.

[110] 谢思炜. 白居易诗集校注 [M]. 北京：中华书局，2006.

[111] 何堂坤. 中国古代铜镜的技术研究 [M]. 北京：中国科学技术出版社，

1992.

[112] 郑炳林. 敦煌碑铭赞辑释[M]. 兰州：甘肃教育出版社，1992.

[113] 贺西林. 古墓丹青[M]. 西安：陕西人民美术出版社，2001.

[114] 黄佩贤. 汉代墓室壁画研究[M]. 北京：文物出版社，2008.

[115] 汪正章. 建筑美学：跨时空的再对话[M]. 北京：东方出版社，2014.

[116] 张永禄. 唐代长安词典[M]. 西安：陕西人民出版社，1990.

[117] 魏道儒. 坛经译注[M]. 北京：中华书局，2010.

[118] 吴钢. 全唐文补遗：第三辑[M]. 西安：三秦出版社，1996.

[119] 霍有光，顾利民. 南洋公学交通大学年谱[M]. 西安：陕西人民出版社，2002.

[120] 贾箭鸣. 百年淬厉电光开：西安交大的历史脉络与文化传承[M]. 西安：西安交通大学出版社，2014.

[121] 毛杏云. 春风桃李[M]. 上海：上海交通大学出版社，2006.

[122] 李健超. 增订两京城坊考[M]. 西安：三秦出版社，1996.

[123] 李慧，曹发展. 咸阳碑刻[M]. 西安：三秦出版社，2003.

[124] 李慧. 西安交通大学校址千年历史文化考[M]. 西安：西安交通大学出版社，2006.

[125] 李慧. 汉魏六朝及隋唐碑刻文献的文学与文化研究[M]. 西安：西安交通大学出版社，2018.

[126] 房立民. 交通大学西迁亲历者口述史1[M]. 西安：西安交通大学出版社，2016.

[127] 周济. 继承、弘扬西迁精神，为创建世界高水平大学而努力奋斗[Z]// 西安交通大学党委办公室，校长办公室. 西安交通大学年鉴，2006.

论文类：

[1] 湖南省博物馆. 新发现的长沙战国楚墓帛画[J]. 文物，1973（7）：3-4.

[2] 孙民柱. 西安交大校园西汉壁画墓及其墓主人考证[J]. 西安交通大学学报（社

会科学版），1998（2）:83-87.

[3] 杭德州,雒忠如,田醒农.唐长安城地基初步探测[J].考古学报,1958（3）:83.

[4] 马得志.唐长安兴庆宫发掘记[J].考古,1959（10）:551.

[5] 胡锐.论南北朝时期道教宫观之发展与特点[J].宗教学研究,2003（2）:104-107.

[6] 中国科学院考古研究所西安唐城发掘队.唐代长安城考古纪略[J].考古,1963（11）:604.

[7] 孙民柱.白居易常乐里东亭故居地考证[J].西安交通大学学报(社会科学版),1997（1）:84-86.

[8] 西安市文物管理委员会.西安市东南郊沙坡村出土一批唐代银器[J].文物,1964（6）:30-32.

[9] 齐东方,张静.唐代金银器皿与西方文化的关系[J].考古学报,1994（2）:173-189.

[10] 齐东方.西安沙坡村出土的粟特鹿纹银碗考[J].文物,1996（2）:45-50.

[11] 齐东方.唐代粟特式金银器研究：以金银带把杯为中心[J].考古学报,1998（2）:154.

[12] 尚民杰."都管七个国"银盒所涉两国考[J].文博,2002（2）:42-45.

[13] 冯兵,隋唐时期里坊制、坊市制与"市"的变迁[J].学习与实践,2016（4）:125-131.

[14] 徐伟,吴景山.王忠嗣碑校正[J].敦煌学辑刊,2015（2）:156.

[15] BO GYLLENSVÄRD.Tang Gold and Silver：Bulletin No.29[A].Stockholm：The Museum of Far Eastern Antiquities,1957:37.

[16] 李慧,王奕轩,杨金钊."西迁精神"的文化渊源及新时代回响[J].西安交通大学学报（社会科学版）,2019（3）:84-90.

文物图片索引（共 148 幅）

序号	名称	图号	页码
1	唐长安城平面图	图 A	I
2	西安交通大学（兴庆校区）出土文物地点示意图	图 B	II
3	西安交通大学（兴庆校区）隋唐历史人物居住地示意图	图 C	III
4	西安交通大学（兴庆校区）隋唐寺观位置示意图	图 D	IV
5	（西汉）贝壳 1	图 31	73
6	（西汉）贝壳 2	图 32	73
7	（西汉）彩绘陶罐 1	图 60	200
8	（西汉）彩绘陶罐 2	图 61	200
9	（西汉）大五铢铜钱	图 10	29
10	（西汉）大小五铢铜钱	图 17	62
11	（西汉）动物牙齿	图 11	37
12	（西汉）老年人牙齿	图 30	72
13	（西汉）绿釉陶瓶	图 62	201
14	（西汉）柿蒂形铜饰	图 18	63
15	（西汉）陶盆	图 63	202
16	（西汉）陶球	图 64	202
17	（西汉）铜车軎	图 19	64
18	（西汉）铜盖弓帽	图 20	64

序号	名称	图号	页码
19	（西汉）铜戈	图 21	65
20	（西汉）铜箍	图 22	65
21	（西汉）铜环	图 23	66
22	（西汉）铜口沿	图 24	66
23	（西汉）铜弩机	图 25	67
24	（西汉）铜饰件	图 26	67
25	（西汉）铜镞头	图 27	68
26	（西汉）葬玉（8件）	图 28	68
27	（西汉）玉晗蝉	图 29	69
28	（西汉）昭明铜镜	图 59	196
29	（西汉）长生未央砖	图 E	V
30	（西汉）网纹砖	图 F	VI
31	西汉壁画墓墓室发掘全景	图 13	52
32	西汉壁画墓壁画顶部	图 14	53
33	西汉壁画墓壁画局部 1	图 15	54
34	西汉壁画墓壁画局部 2	图 16	55
35	西汉壁画墓壁画全景	图 G	VII
36	（汉）素面铜钵 1	图 I	11
37	（汉）素面铜钵 2	图 12	40
38	（汉）桃扇玛瑙	图 H	VIII
39	（唐）鎏金镂空花鸟球形银香薰 1	图 I	IX
40	（唐）鎏金镂空花鸟球形银香薰 2	图 65	205
41	（唐）环柄银杯	图 66	206
42	（唐）錾花花鸟莲瓣高足银杯	图 J	X
43	（唐）鎏金花鸟葵式高足银杯	图 67	207
44	（唐）狩猎纹高足银杯	图 K	XI

序号	名称	图号	页码
45	（唐）鹿纹十二瓣银碗	图L	XII
46	（唐）带盖银罐	图68	208
47	（唐）镂空花鸟纹挂链银香薰1	图2	12
48	（唐）镂空花鸟纹挂链银香薰2	图69	209
49	（唐）云首柄银杯	图70	210
50	（唐）鎏金花卉高足银杯	图71	211
51	（唐）鎏金錾花花鸟葵式银碗	图M	XIII
52	（唐）錾花花鸟纹银盒	图72	212
53	（唐）都管七国人物银盒1	图45	140
54	（唐）都管七国人物银盒2	图73	213
55	（唐）鹦鹉纹海棠形圈足银盒1	图46	146
56	（唐）鹦鹉纹海棠形圈足银盒2	图74	214
57	（唐）海棠形龟纹小银盒1	图47	150
58	（唐）海棠形龟纹小银盒2	图48	156
59	（唐）海棠形龟纹小银盒3	图75	215
60	（唐）三重银盒1	图N	XIV
61	（唐）三重银盒2	图49	160
62	（唐）三重银盒3	图76	216
63	（唐）玉花簪头1	图O	XV
64	（唐）玉花簪头2	图77	221
65	（唐）玉花簪头3	图78	223
66	（唐）玉花簪头4	图79	224
67	（唐）玉花簪头5	图80	225
68	（唐）玉花簪头6	图81	226
69	（唐）玉花簪头7	图82	227
70	（唐）玉花簪头8	图83	228

序号	名称	图号	页码
71	（唐）汉白玉佛头	图 44	128
72	（唐）玛瑙剑鞘	图 34	89
73	（唐）素面瓷罐	图 35	97
74	（唐）象首铜挂钩	图 36	105
75	（唐）开成石柱 1	图 37	114
76	（唐）开成石柱 2	图 38	115
77	（唐）开成石础 1	图 39	116
78	（唐）开成石础 2	图 40	117
79	（唐）开成石柱础 1	图 41	118
80	（唐）开成石柱础 2	图 42	119
81	（唐）开成石柱础 3	图 43	120
82	（唐）古梵文咒语石碑	图 84	230
83	（唐）兴庆宫地砖	图 33	83
84	唐代虾蟆陵遗址发掘现场 1	图 53	186
85	唐代虾蟆陵遗址发掘现场 2	图 54	187
86	唐代虾蟆陵遗址发掘现场 3	图 55	188
87	唐代虾蟆陵遗址发掘现场 4	图 56	188
88	白居易东亭遗址养竹记碑刻（1996 年百年校庆刻立）	图 50	175
89	白居易东亭碑记（1996 年百年校庆刻立）	图 51	179
90	养竹记碑刻全文（1996 年百年校庆刻立）	图 52	180
91	（宋）豆青釉开片碗 1	图 P	XVI
92	（宋）豆青釉开片碗 2	图 3	13
93	（宋 元）陶罐	图 4	14
94	（元）灰陶马 1	图 5	18
95	（元）灰陶马 2	图 85	234
96	（元）灰陶男侍俑 1	图 86	235

序号	名称	图号	页码
97	（元）灰陶男侍俑2	图87	236
98	（元）灰陶牵马男侍俑	图88	237
99	（元）灰陶女侍俑	图89	238
100	（元）灰陶女侍俑面部	图90	239
101	（元）灰陶女侍俑发饰	图91	239
102	（元）灰陶男侍俑面部1	图92	240
103	（元）灰陶男侍俑发饰1	图93	240
104	（元）灰陶男侍俑面部2	图94	241
105	（元）灰陶男侍俑发饰2	图95	241
106	（元）灰陶碗	图96	242
107	（元）灰陶盏	图97	242
108	（元）灰陶罐	图98	243
109	（元）灰陶釜	图99	243
110	（元）灰陶仓	图100	244
111	（元）灰陶灶	图101	244
112	（元）灰陶车	图102	245
113	（元）灰陶马盂	图103	246
114	（元）灰陶宽檐钹笠	图104	246
115	（元）灰陶车马侍者俑	图Q	XVII
116	（元）灰陶玉壶春瓶	图6	21
117	（明）青花瓷碗1	图R	XVIII
118	（明）青花瓷碗2	图7	22
119	（明）黑釉陶罐	图105	250
120	（明）张义墓志盖石	图106	251
121	（明）张义墓志铭石	图107	251
122	（明）张义墓志文	图108	252

序号	名称	图号	页码
123	（明）杨春墓志盖石	图109	253
124	（明）杨春墓志铭石	图110	253
125	（明）杨春墓志文	图111	254
126	（明）施琮墓志盖石	图112	255
127	（明）施琮墓志铭石	图113	255
128	（明）施琮墓志文	图114	256
129	（明）任伦墓志盖石	图115	257
130	（明）任伦墓志铭石	图116	257
131	（明）任伦墓志文	图117	258
132	（明）魏浚墓志盖石	图118	259
133	（明）魏浚墓志铭石	图119	259
134	（明）魏浚墓志文	图120	260
135	（明）邹厚墓志盖石	图121	261
136	（明）邹厚墓志铭石	图122	261
137	（明）邹厚墓志文	图123	262
138	（明）郭鋿墓志盖石	图124	263
139	（明）郭鋿墓志铭石	图125	263
140	（明）郭鋿墓志文	图126	264
141	（明）棺板彩绘1	图127	265
142	（明）棺板彩绘2	图128	266
143	明代墓葬发掘现场1	图129	267
144	明代墓葬发掘现场2	图130	268
145	（清）金耳挖	图8	23
146	（清）铜指甲套	图9	24
147	（年代不详）残玉片1	图57	195
148	（年代不详）残玉片2	图58	195

Index (148 in total)

Serial Number	Item	Figure Number	Page
1	Chang'an City Plan in Tang Dynasty	Figure A	I
2	The Site of Unearthed Cultural Relics within Xi'an Jiaotong University (Xingqing Campus)	Figure B	II
3	Map of Former Residences of Sui and Tang Notables within Xi'an Jiaotong University (Xingqing Campus)	Figure C	III
4	Map of Sui and Tang Dynasty Temples within Xi'an Jiaotong University (Xingqing Campus)	Figure D	IV
5	(the Western Han Dynasty) Shell 1	Figure 31	73
6	(the Western Han Dynasty) Shell 2	Figure 32	73
7	(the Western Han Dynasty) Painted Pottery Pot 1	Figure 60	200
8	(the Western Han Dynasty) Painted Pottery Pot 2	Figure 61	200
9	(the Western Han Dynasty) Big Five *Zhu* Coins	Figure 10	29
10	(the Western Han Dynasty) Big and Small Five *Zhu* Coins	Figure 17	62
11	(the Western Han Dynasty) Animal Teeth	Figure 11	37
12	(the Western Han Dynasty) Teeth of the Elderly	Figure 30	72
13	(the Western Han Dynasty) Green Glazed Pottery Bottle	Figure 62	201
14	(the Western Han Dynasty) Persimmon Shaped Copper Ornaments	Figure 18	63
15	(the Western Han Dynasty) Pottery Basin	Figure 63	202
16	(the Western Han Dynasty) Pottery Ball	Figure 64	202
17	(the Western Han Dynasty) Bronze Carriage Axle	Figure 19	64
18	(the Western Han Dynasty) Bronze Hoopstick Cap	Figure 20	64

Serial Number	Item	Figure Number	Page
19	(the Western Han Dynasty) Bronze Dagger-axe	Figure 21	65
20	(the Western Han Dynasty) Bronze Hoops	Figure 22	65
21	(the Western Han Dynasty) Bronze Circular	Figure 23	66
22	(the Western Han Dynasty) Bronze Edge	Figure 24	66
23	(the Western Han Dynasty) Bronze Crossbow	Figure 25	67
24	(the Western Han Dynasty) Bronze Accessories	Figure 26	67
25	(the Western Han Dynasty) Bronze Arrowhead	Figure 27	68
26	(the Western Han Dynasty) Funeral Jade (8 Pieces)	Figure 28	68
27	(the Western Han Dynasty) Jade Hanchan (cicada used as burial object held in the mouth of tomb owner)	Figure 29	69
28	(the Western Han Dynasty) Zhaoming Bronze Mirror	Figure 59	196
29	(the Western Han Dynasty) Long-life Brick	Figure E	V
30	(the Western Han Dynasty) Netted Brick	Figure F	VI
31	Excavation Site of the Tomb in the Western Han Dynasty	Figure 13	52
32	Top of Western Han Tomb Mural	Figure 14	53
33	Detail of Western Han Tomb Mural 1	Figure 15	54
34	Detail of Western Han Tomb Mural 2	Figure 16	55
35	Panoramic Picture of Western Han Dynasty Tomb Mural	Figure G	VII
36	(Han Dynasty) Bronze Bowl without Decoration 1	Figure 1	11
37	(Han Dynasty) Bronze Bowl without Decoration 2	Figure 12	40
38	(Han Dynasty) Peach Agate	Figure H	VIII
39	(Tang Dynasty) Hollowed-out Gilded Silver Aromatherapy Ball with the Pattern of Flowers and Birds 1	Figure I	IX
40	(Tang Dynasty) Hollowed-out Gilded Silver Aromatherapy Ball with the Pattern of Flowers and Birds 2	Figure 65	205
41	(Tang Dynasty) Silver Cup with Ring-like Handles	Figure 66	206

Serial Number	Item	Figure Number	Page
42	(Tang Dynasty) Lotus-petal-shaped Silver Goblet with Intaglioed Flowers and Birds	Figure J	X
43	(Tang Dynasty) Sunflower-shaped Gilded Silver Goblet with the Pattern of Flowers and Birds	Figure 67	207
44	(Tang Dynasty) Silver Goblet with the Pattern of Hunting	Figure K	XI
45	(Tang Dynasty) Silver Bowl with Twelve Petals and the Pattern of Deer	Figure L	XII
46	(Tang Dynasty) Silver Jar with Lid	Figure 68	208
47	(Tang Dynasty) Hollowed-out Chained Silver Aromatherapy Ball with the Pattern of Flowers and Birds 1	Figure 2	12
48	(Tang Dynasty) Hollowed-out Chained Silver Aromatherapy Ball with the Pattern of Flowers and Birds 2	Figure 69	209
49	(Tang Dynasty) Silver Cup with Cloud-like Handles	Figure 70	210
50	(Tang Dynasty) Gilded Silver Goblet with the Pattern of Flowers	Figure 71	211
51	(Tang Dynasty) Sunflower-shaped Gilded Silver Bowl with the Pattern of Intaglioed Flowers and Birds	Figure M	XIII
52	(Tang Dynasty) Silver Box with the Pattern of Intaglioed Flowers and Birds	Figure 72	212
53	(Tang Dynasty) Seven Countries Contributing to China 1	Figure 45	140
54	(Tang Dynasty) Seven Countries Contributing to China 2	Figure 73	213
55	(Tang Dynasty) Begonia-shaped Pedestal Base Silver Box with Parrot Pattern 1	Figure 46	146
56	(Tang Dynasty) Begonia-shaped Pedestal Base Silver Box with Parrot Pattern 2	Figure 74	214
57	(Tang Dynasty) Begonia-shaped Moire Silver Box 1	Figure 47	150
58	(Tang Dynasty) Begonia-shaped Moire Silver Box 2	Figure 48	156
59	(Tang Dynasty) Begonia-shaped Moire Silver Box 3	Figure 75	215
60	(Tang Dynasty) Three-layer Silver Box 1	Figure N	XIV

Serial Number	Item	Figure Number	Page
61	(Tang Dynasty) Three-layer Silver Box 2	Figure 49	160
62	(Tang Dynasty) Three-layer Silver Box 3	Figure 76	216
63	(Tang Dynasty) Jade Flower-embellished Hair Stick 1	Figure O	XV
64	(Tang Dynasty) Jade Flower-embellished Hair Stick 2	Figure 77	221
65	(Tang Dynasty) Jade Flower-embellished Hair Stick 3	Figure 78	223
66	(Tang Dynasty) Jade Flower-embellished Hair Stick 4	Figure 79	224
67	(Tang Dynasty) Jade Flower-embellished Hair Stick 5	Figure 80	225
68	(Tang Dynasty) Jade Flower-embellished Hair Stick 6	Figure 81	226
69	(Tang Dynasty) Jade Flower-embellished Hair Stick 7	Figure 82	227
70	(Tang Dynasty) Jade Flower-embellished Hair Stick 8	Figure 83	228
71	(Tang Dynasty) White Marble Budda Head	Figure 44	128
72	(Tang Dynasty) Agate Sheath	Figure 34	89
73	(Tang Dynasty) Porcelain Jar without Decoration	Figure 35	97
74	(Tang Dynasty) Bronze Hanger in the Shape of Elephant Head	Figure 36	105
75	(Tang Dynasty) Stone Pillar in Kaicheng Period 1	Figure 37	114
76	(Tang Dynasty) Stone Pillar in Kaicheng Period 2	Figure 38	115
77	(Tang Dynasty) Stone Foundation in Kaicheng Period 1	Figure 39	116
78	(Tang Dynasty) Stone Foundation in Kaicheng Period 2	Figure 40	117
79	(Tang Dynasty) Stone Pillar Foundation in Kaicheng Period 1	Figure 41	118
80	(Tang Dynasty) Stone Pillar Foundation in Kaicheng Period 2	Figure 42	119
81	(Tang Dynasty) Stone Pillar Foundation in Kaicheng Period 3	Figure 43	120
82	(Tang Dynasty) Ancient Sanskrit Mantra Stele	Figure 84	230
83	(Tang Dynasty) Ground Tile of Xingqing Palace	Figure 33	83

Serial Number	Item	Figure Number	Page
84	Excavation Site of Xiama Tombs in Tang Dynasty 1	Figure 53	186
85	Excavation Site of Xiama Tombs in Tang Dynasty 2	Figure 54	187
86	Excavation Site of Xiama Tombs in Tang Dynasty 3	Figure 55	188
87	Excavation Site of Xiama Tombs in Tang Dynasty 4	Figure 56	188
88	" Tending Bamboo " Stone Tablet in the East Pavilion Site (built in the Centennial Anniversary of Xi'an Jiaotong University in 1996)	Figure 50	175
89	*Bai Juyi The Stone Tablet in the East Pavilion* (built in the Centennial Anniversary of Xi'an Jiaotong University in 1996)	Figure 51	179
90	Tablet Inscription of the Full Text of *Tending Bamboo* (built in the Centennial Anniversary of Xi'an Jiaotong University in 1996)	Figure 52	180
91	(Song Dynasty) Yellowish-green Cracked Glaze Bowl 1	Figure P	XVI
92	(Song Dynasty) Yellowish-green Cracked Glaze Bowl 2	Figure 3	13
93	(Song/Yuan Dynasty) Pottery Pot	Figure 4	14
94	(Yuan Dynasty) Grey Pottery of the Horse 1	Figure 5	18
95	(Yuan Dynasty) Grey Pottery of the Horse 2	Figure 85	234
96	(Yuan Dynasty) Grey Pottery of the Male Servant 1	Figure 86	235
97	(Yuan Dynasty) Grey Pottery of the Male Servant 2	Figure 87	236
98	(Yuan Dynasty) Grey Pottery of the Horse Carriage Attendants	Figure 88	237
99	(Yuan Dynasty) Maid Servant in Grey Pottery	Figure 89	238
100	(Yuan Dynasty) Maid Servant's Face in Grey Pottery	Figure 90	239
101	(Yuan Dynasty) Maid Servant's Hair Accessory in Grey Pottery	Figure 91	239
102	(Yuan Dynasty) Male Servant's Face in Grey Pottery 1	Figure 92	240
103	(Yuan Dynasty) Male Servant's Hair Accessory in Grey Pottery 1	Figure 93	240
104	(Yuan Dynasty) Male Servant's Face in Grey Pottery 2	Figure 94	241

Serial Number	Item	Figure Number	Page
105	(Yuan Dynasty) Male Servant's Hair Accessory in Grey Pottery 2	Figure 95	241
106	(Yuan Dynasty) Grey Pottery Bowl	Figure 96	242
107	(Yuan Dynasty) Grey Pottery Cup	Figure 97	242
108	(Yuan Dynasty) Grey Pottery Pot	Figure 98	243
109	(Yuan Dynasty) Grey Pottery Caldron	Figure 99	243
110	(Yuan Dynasty) Grey Pottery Grain Container	Figure 100	244
111	(Yuan Dynasty) Grey Pottery Hearth	Figure 101	244
112	(Yuan Dynasty) Grey Pottery Carriage	Figure 102	245
113	(Yuan Dynasy) Grey Pottery Horse Jar	Figure 103	246
114	(Yuan Dynasty) Wide-eave Cymbal Hat (grey pottery)	Figure 104	246
115	(Yuan Dynasty) Horse, Carriage and Attendants (grey pottery)	Figure Q	XVII
116	(Yuan Dynasty) Pear-shaped Vase with a Flared Lip	Figure 6	21
117	(Ming Dynasty) Blue and White Porcelain Bowl 1	Figure R	XVIII
118	(Ming Dynasty) Blue and White Porcelain Bowl 2	Figure 7	22
119	(Ming Dynasty) Black Glazed Pottery Pot	Figure 105	250
120	(Ming Dynasty) The Coping Stone of Zhang Yi's Epitaph Stone	Figure 106	251
121	(Ming Dynasty) The Epitaph Stone of Zhang Yi	Figure 107	251
122	(Ming Dynasty) Epitaph of Zhang Yi	Figure 108	252
123	(Ming Dynasty) The Coping Stone of Yang Chun's Epitaph Stone	Figure 109	253
124	(Ming Dynasty) The Epitaph Stone of Yang Chun	Figure 110	253
125	(Ming Dynasty) Epitaph of Yang Chun	Figure 111	254
126	(Ming Dynasty) The Coping Stone of Shi Cong's Epitaph Stone	Figure 112	255
127	(Ming Dynasty) The Epitaph Stone of Shi Cong	Figure 113	255
128	(Ming Dynasty) Epitaph of Shi Cong	Figure 114	256

Serial Number	Item	Figure Number	Page
129	(Ming Dynasty) The Coping Stone of Ren Lun's Epitaph Stone	Figure 115	257
130	(Ming Dynasty) The Epitaph Stone of Ren Lun	Figure 116	257
131	(Ming Dynasty) Epitaph of Ren Lun	Figure 117	258
132	(Ming Dynasty) The Coping Stone of Wei Jun's Epitaph Stone	Figure 118	259
133	(Ming Dynasty) The Epitaph Stone of Wei Jun	Figure 119	259
134	(Ming Dynasty) Epitaph of Wei Jun	Figure 120	260
135	(Ming Dynasty) The Coping Stone of Zou Hou's Epitaph Stone	Figure 121	261
136	(Ming Dynasty) The Epitaph Stone of Zou Hou	Figure 122	261
137	(Ming Dynasty) Epitaph of Zou Hou	Figure 123	262
138	(Ming Dynasty) The Coping Stone of Guo Hong's Epitaph Stone	Figure 124	263
139	(Ming Dynasty) The Epitaph Stone of Guo Hong	Figure 125	263
140	(Ming Dynasty) Epitaph of Guo Hong	Figure 126	264
141	(Ming Dynasty) Paintings on the Coffin Board 1	Figure 127	265
142	(Ming Dynasty) Paintings on the Coffin Board 2	Figure 128	266
143	Tomb Excavation Site of Ming Dynasty 1	Figure 129	267
144	Tomb Excavation Site of Ming Dynasty 2	Figure 130	268
145	(Qing Dynasty) Golden Earpick	Figure 8	23
146	(Qing Dynasty) Copper Nail Protector	Figure 9	24
147	(Age Unknown) Jade Pieces 1	Figure 57	195
148	(Age Unknown) Jade Pieces 2	Figure 58	195

西安交通大学（兴庆校区）出土文物收藏地点说明

一、中国国家博物馆（8件）

（唐）鎏金镂空花鸟球形银香薰2件（图I、图65）

（唐）环柄银杯1件（图66）

（唐）錾花花鸟莲瓣高足银杯1件（图J）

（唐）鎏金花鸟葵式高足银杯1件（图67）

（唐）狩猎纹高足银杯1件（图K）

（唐）鹿纹十二瓣银碗1件（图L）

（唐）带盖银罐1件（图68）

（以上文物图片均由中国国家博物馆提供）

二、故宫博物院（7件）

（唐）镂空花鸟纹挂链银香薰2件（图2、图69）

（唐）云首柄银杯1件（图70）

（唐）鎏金花卉高足银杯1件（图71）

（唐）鎏金錾花花鸟葵式银碗1件（图M）

（唐）錾花花鸟纹银盒1件（图72）

（唐）三足银釜1件（无图片）

（以上文物图片均由故宫博物院提供）

三、西安博物院（20件）

（汉）素面铜钵1件（图1、图12）

（汉）桃扇玛瑙1件（图H）

（唐）三重银盒3件（图N、图45、图46、图47、图48、图49、图73、图74、图75、图76）

（唐）玉花簪头6件（图O、图77、图78、图79、图80、图81、图82、图83）

（唐）汉白玉佛头1件（图44）

（唐）玛瑙剑鞘1件（图34）

（唐）素面瓷罐1件（图35）

（唐）象首铜挂钩1件（图36）

（宋）豆青釉开片碗1件（图P、图3）

（清）金耳挖1件（图8）

（清）铜指甲套1件（图9）

（年代不详）残玉片2件（图57、图58）

除以上文物外，本书所展示的其余文物均藏于西安交通大学博物馆。

Description

1. National Museum of China (8 Pieces)

(Tang Dynasty) Hollowed-out Gilded Silver Aromatherapy Ball with the Pattern of Flowers and Birds (2 Pieces, Figure I & 65)

(Tang Dynasty) Silver Cup with Ring-like Handles (Figure 66)

(Tang Dynasty) Lotus-petal-shaped Silver Goblet with Intaglioed Flowers and Birds (Figure J)

(Tang Dynasty) Sunflower-shaped Gilded Silver Goblet with the Pattern of Flowers and Birds (Figure 67)

(Tang Dynasty) Silver Goblet with the Pattern of Hunting (Figure K)

(Tang Dynasty) Silver Bowl with Twelve Petals and the Pattern of Deer (Figure L)

(Tang Dynasty) Silver Jar with Lid (Figure 68)

Pictures Above are Provided by National Museum of China.

2. The Palace Museum (6 Pieces)

(Tang Dynasty) Hollowed-out Chained Silver Aromatherapy Ball with the Pattern of Flowers and Birds (2 pieces, Figure 2 & 69)

(Tang Dynasty) Silver Cup with Cloud-like Handles (Figure 70)

(Tang Dynasty) Gilded Silver Goblet with the Pattern of Flowers (Figure 71)

(Tang Dynasty) Sunflower-shaped Gilded Silver Bowl with the Pattern of Intaglioed

Flowers and Birds (Figure M)

(Tang Dynasty) Silver Box with the Pattern of Intaglioed Flowers and Birds (Figure 72)

(Tang Dynasty) Three-legged Silver Kettle(No Figure)

Pictures Above are provided by the Palace Museum of China.

3. Xi'an Museum (20 Pieces)

(Han Dynasty) Copper Bowl without Decoration (Figure 1 & 12)

(Han Dynasty) Peach Agate (Figure H)

(Tang Dynasty) Three-layer Silver Box (3 Pieces, Figure N & 45 & 46 & 47 & 48 & 49 &73 & 74 &75 &76)

(Tang Dynasty) Hairpin Decorated with Jade Flowers (6 Pieces, Figure O & 77 & 78 & 79 & 80 & 81 & 82 & 83)

(Tang Dynasty) White Marble Budda Head (Figure 44)

(Tang Dynasty) Agate Sheath (Figure 34)

(Tang Dynasty) Porcelain Jar without Decoration (Figure 35)

(Tang Dynasty) Copper Hanger in the Shape of Elephant Head (Figure 36)

(Song Dynasty) Yellowish-green Cracked Glaze Bowl (Figure P & 3)

(Qing Dynasty) Golden Earpick (Figure 8)

(Qing Dynasty) Copper Nail Protector (Figure 9)

(Age Unknown) Jade Pieces (Figure 57 & 58)

In addition to the above cultural relics, the rest of the cultural relics displayed in this book are collected in the museum of Xi 'an Jiaotong University.

后　记

2006年春，为纪念交通大学建校110周年、西迁50周年，我们推出了《西安交通大学校址千年历史文化考》一书，在交大师生中引起热烈反响；2018年春，校宣传部成进部长与李重副部长策划并组织中文系对此书进行修订。当我们的书稿全部结束时，发现已不是"修订"了，从书名到内容都做了大幅度的改写，在保留了原书不少好资料的基础上，增加了相当篇幅的新内容，故而成就了这本《交通大学西迁校址千年地缘文化考》。下面我将书稿的分工和完成情况以及作者做一简单说明：

李慧，西安交通大学人文社会科学学院中文系主任、教授，提出全书的基本思路和宗旨，设计整体框架、写作体例及各章节的内容安排，完成了绪言、第一章、第二章、第七章、尾声、内容提要、图片收集及编排等，对全书进行审核、统稿。

李明，西安交通大学人文社会科学学院中文系讲师，南开大学文学博士、中国社会科学院博士后，完成了第三章、第六章的内容，独立创作全书九章开篇的9首七言律诗。

许浩然，西安交通大学人文社会科学学院中文系副教授，南京大学文学博士，复旦大学博士后，完成了第四章、第五章的内容。

王晓勇，陕西省社会科学院助理研究员，西安交通大学哲学博士，参与了绪言、尾声的部分内容。

魏琛琳，西安交通大学人文社会科学学院中文系讲师，香港大学文学博士，完成了书名、序、自序、内容提要、目录、文物图片索引、文物收藏地点说明、图片说明文字等的英文翻译。

杨金钊，西安交通大学人文社会科学学院中文系文艺学硕士研究生，参与了绪言、尾声、第一章的部分内容。

本书的书名由西安交通大学人文社会科学学院分党委副书记王劲副教授题写。

本书的装帧由西安交通大学人文社会科学学院艺术系薛卫真副教授和研究生陈丽如设计。

书中所用图片由中国国家博物馆、故宫博物院、西安博物院、西安交通大学博物馆、档案馆提供，其中中国国家博物馆8幅，故宫博物院6幅，西安博物院28幅，西安交通大学博物馆、档案馆102幅，示意图1来源于李健超先生《唐两京城坊考》，示意图2-4由董丹其绘制。西安博物院图片及校博物馆部分图片由中文系拍摄，特向拍摄的程让、史向东二位老师致谢。

我们由衷地感谢著名文化学者、书法家、研究员、西安交通大学客座教授肖云儒先生为本书精心作序。

我们由衷地感谢成进部长与李重副部长为此书出版所做的种种努力，尤其是为收集书中文物图片所费的周折和辛劳；感谢中国国家博物馆、故宫博物院、西安博物院对本书的大力支持；感谢西安博物院保管部伏海翔部长、校博物馆赵大良馆长、李一鸣副馆长、李家俊先生对本书的大力支持与真诚相助，感谢西安博物院保管部杨帆及校博物馆张履政、张怡、孙淇等年轻人对本书的鼎力支持和尽心尽力，其中张履政付出尤多；特别要感谢交大出版社秦茂盛副总编辑为此书付出的心血、柳晨编辑为此书付出的辛苦。

美国圣母大学东亚语言文化系主任朱永平教授、西安交通大学人文社会科学学院社会学系王奕轩副教授，为本书的英文翻译提供帮助；西安交通大学人文社会科学学院中文系刘祥副教授为本书收集资料提供帮助。

我的研究生董丹其、马凯悦参与了插图的选定、说明、排序及书稿的统排和一些其他工作；我的研究生杨金钊不仅参与了书稿的部分撰写，还参与了图片的编排，做了大量的工作。他们勇于担当，任劳任怨。

南洋公学于1908年创办了"国文科"，交通大学著名校友凌鸿勋、丁西林、陆定一、邹韬奋等均受惠于交通大学浓厚的人文滋养，不但学有所成且砥砺品行，成就了爱国爱校、追求真理的品格。中文系理应继承"国文科"优秀的人文传统，责无旁贷地为西安交通大学人文素养的培育贡献智慧与力量。

我们的合作团队温馨而有朝气，大家在谋篇布局、遣词用句的讨论上往往会争论很久还意犹未尽，真正体会到"幸福都是奋斗出来的"。

在《交通大学西迁校址千年地缘文化考》出版之际，我们还要列出13年前参与《西安交通大学校址千年历史文化考》一书的作者：主编李慧；特约副主编孙民柱，孙先生对西安交大校园文化倾注极大热情与心血，为后来的研究者提供了诸多信息，是校园历史文化研究的重要发起人之一；图书馆的张太平先生为收集资料做了大量工作，档案馆的侯磊先生拍摄插图；当时在中文系读研究生的王晓勇、胡友笋、阎娜、汤玲、张雪梅、李泓帅、马宝云等同学参与了书稿的撰写；时任中国书法家学会副主席、西安交通大学教授、享誉海内外的著名书法家钟明善先生作序并题写书名。

我们由衷地感谢所有对交通大学西迁校址千年地缘文化研究给予帮助的人。

《交通大学西迁校址千年地缘文化考》一书融历史叙述、文物讲解、文化传承于一体。本书不仅对交通大学西迁校址所在的这方土地进行了历史地线性回溯，并且将历年出土文物穿插其间，在阐述中国传统优秀文化的同时深刻揭示了"西迁精神"的内涵和文化渊源。透过本书，我们能看到、听到的不只是精美的文物、动人的历史故事，更能感受到中国传统文化魅力以及我们的祖先尤其是知识分子群体对理想的执守。董仲舒大一统的理念、张骞凿空西域的执着、卫霍抗击匈奴的决心、萧望之直言敢谏的忠勇、来济正道直行、白居易守节如竹，这些都深深地鼓舞着我们后来人坚守理想、不忘初心。

为什么我们的校园美如画，是先辈的心血浇灌了它！
为什么我们的眼里常含泪水，因为我们对交大这片土地爱得深沉！

愿西安交通大学的明天更加美好！

李　慧
2019 年 4 月 8 日